Christian-Dietrich Schönwiese
Bernd Diekmann

Der Treibhauseffekt
Der Mensch ändert das Klima

Christian-Dietrich Schönwiese
Bernd Diekmann

Der Treibhauseffekt

Der Mensch ändert das Klima

Deutsche Verlags-Anstalt · Stuttgart

CIP – Kurztitelaufnahme der Deutschen Bibliothek

Schönwiese, Christian-Dietrich:
Der Treibhauseffekt: der Mensch ändert das Klima/
Christian-Dietrich Schönwiese; Bernd Diekmann. –
2., unveränderte Auflage –
Stuttgart: Deutsche Verlags-Anstalt, 1988.
ISBN 3-421-02749-8
NE: Diekmann, Bernd:

2. Auflage 1988
© 1987 Deutsche Verlags-Anstalt GmbH, Stuttgart
Alle Rechte vorbehalten
Lektorat: Margot Adrion
Typographische Gestaltung: Marion Winter
Satz: Jung SatzCentrum, Lahnau
Druck und Bindearbeit: Friedrich Pustet, Regensburg
Printed in Germany

Inhalt

Vorwort

Die Erhaltung einer intakten und lebenswürdigen Umwelt gehört zu den drängendsten Aufgaben der Menschheit. Und Ergebnisse der Umweltforschung haben über ihren wissenschaftlichen Wert hinaus – manchmal im Gegensatz zu anderen Wissenschaftsbereichen – direkte Konsequenzen für uns alle: was wir zu erwarten haben; was, zu spät erkannt, schon eingetreten ist und was wir tun müssen, um vorzusorgen.

Der »Treibhauseffekt«, die Erwärmung der unteren Atmosphäre durch anthropogene, vom Menschen verursachte, Emission bestimmter Spurengase, gehört sehr wesentlich zu dieser Problematik. Diese globale Erwärmung, die – wenn wir nicht rechtzeitig reagieren – mit an Sicherheit grenzender Wahrscheinlichkeit in den kommenden 50 bis 100 Jahren das Ausmaß der natürlichen Klimaschwankungen der letzten 10 000 Jahre überschreiten wird, ist mit Veränderungen unserer gesamten klimatischen Umwelt verknüpft: Die ökologisch-wirtschaftlich-sozialen Auswirkungen auf die Menschheit stellen, wenn auch im einzelnen noch nicht sicher übersehbar, ein großes Risiko für uns dar.

Es handelt sich nicht um eine schlagartig eintretende Katastrophe – dafür sind wir ja sehr viel »aufgeschlossener« –, sondern um eine schleichende Gefahr, die sich, jedenfalls für den Laien, fast unmerklich anbahnt. Ihre Wirkung und vor allem ihre Andauer – vielleicht jahrhundertelang – dürfte aber diejenige plötzlich eintretender Katastrophen wesentlich übersteigen. Dabei ist es typisch für das Klima, daß es vielen sich überlagernden Einflüssen »natürlichen« Ursprungs unterliegt, deren Auswirkungen den Folgen des »menschlicherseits« verursachten Treibhauseffekts dann und wann zu widersprechen scheinen. Nur der Wissenschaftler ist in der Lage, diese verwickelten Zusammenhänge zu entschlüsseln und zu bewerten. Wir würden unseren Kindern und Enkeln einen schlechten Dienst erweisen, wenn wir auf Augenblicksereignisse fixiert bleiben und nicht in der Lage sind, langsam auf uns zukommende Gefahren rechtzeitig zu erkennen und entsprechende Vorsorge zu treffen.

In diesem Buch haben sich ein Klimatologe (C.-D. Schönwiese, Kapitel 1, 2, 4 bis 7 und 9) und ein Physiker (B. Diekmann, Kapitel 3 und 8) zusammengetan, um der Öffentlichkeit nach den neuesten Erkenntnissen der Forschung das komplexe und schwierige Problem verständlich zu machen. Wir sind uns bewußt, daß wir damit eine Wanderung auf schmalem Grat angetreten haben:

Denn einerseits bewirkt eine zu vorsichtige Sprache, in der die Unsicherheiten in den Vordergrund gestellt werden, in der Öffentlichkeit die Reaktion, das Problem sei – gemessen an anderen – so drängend nicht und bedürfe erst einmal weiterer wissenschaftlicher Forschung, *bevor* wir uns Gedanken über mögliche Konsequenzen machen. Werden die anthropogenen Klimaänderungen dann offensichtlich, kommt bestimmt der Vorwurf, die Wissenschaftler hätten nicht rechtzeitig auf die Gefahren hingewiesen. Vor dem anthropogenen Treibhauseffekt hat übrigens der schwedische Naturforscher Svante Arrhenius bereits vor rund hundert Jahren gewarnt.

Eine zu drastische, simplifizierende Sprache würde uns den Vorwurf der wissenschaftlichen Unseriosität beziehungsweise der Effekthascherei einbringen. Noch schlimmer wäre die Unterstellung, wir wollten von anderen Risiken ablenken.

So haben wir versucht, durchaus die Komplexität und die Unsicherheiten der Problematik zu betonen; gleichzeitig aber haben wir – wo immer es gerechtfertigt erschien – klare Aussagen bevorzugt und uns auch nicht an der Diskussion der Frage vorbeigeschlichen, wie wir die verschiedenen Risiken bewerten müssen und was wir tun können, um den Gefahren rechtzeitig und wirksam zu begegnen. Auch sehen wir es als unsere Aufgabe an, so manche aus dem Zusammenhang gerissene, schiefe, übertreibende oder sogar falsche Meldung in den Medien wieder zurechtzurücken. So sollen mögliche Irritationen beseitigt und der Anspruch der Öffentlichkeit auf objektive und korrekte Information erfüllt werden.

Viele Fachkollegen haben uns mit Informationen und konstruktiver Kritik unterstützt. Hervorgehoben seien vor allem H. Graßl (Forschungszentrum Geesthacht), der sehr engagiert und ausführlich zum klimatologischen Teil Stellung genommen hat, sowie K. Heinloth (Universität Bonn). H.-W. Georgii (Universität Frankfurt a. M) hat das Kapitel 4 kritisch durchgesehen. Unveröffentlichte Informationen haben wir erhalten von T. Barnett und C. Keeling (University of California, La Jolla, USA), K. Labitzke (Universität Berlin), M. Rotty (University of New Orleans, USA), T. Simkin (Smithsonian Institution, Washington, USA) und K. Wege (Observatorium des Deutschen Wetterdienstes, Hohenpeißenberg). Herr P. Zilleken (Bonn) hat uns zu sprachlichen Verbesserungen des Manuskripts verholfen; Herr J. Diekmann (Vechta) hat Formeln und Rechnungen geprüft. Die Reinzeichnungen der Abbildungen haben, bis auf wenige Darstellungen, die wir Büchern entnommen haben, Frau C. Ogrowsky (Kapitel 1, 2, 4 bis 7 und 9) und Frau E. Duell (Kapitel 3 und 8) mit großer Sorgfalt ausgeführt. Für diese Unterstützung möchten wir uns bei allen Helfern bedanken. Nicht zuletzt haben wir beide in konstruktiver Offenheit unsere Manuskripte gegenseitig verbessert und verdeutlicht. Schließlich danken wir der Deutschen Verlags-Anstalt für die freundliche Aufnahme und die ansprechende Gestaltung dieses Buches.

Frankfurt am Main und Bonn, im Juni 1987 ·
Christian-Dietrich Schönwiese und Bernd Diekmann

1. Mensch und Umwelt: eine Wechselbeziehung

Niemals hat der Mensch als Individuum oder die Menschheit als Ganzes isoliert auf dieser Welt gelebt. Von Geburt an begeben wir uns in die Abhängigkeit von Eltern und Schule, von Berufsausbildung und Beruf, von Medien als Informationsquellen usw., ja in die Abhängigkeit des ganzen Kulturkreises, in den wir gestellt sind. Mehr und mehr bedeutet das auch Abhängigkeit von globalen Situationen, von der Weltwirtschaft und der Weltpolitik. Das ist in groben Zügen unsere geistige Umwelt, an die wir uns einerseits anpassen müssen, um existieren zu können, die wir aber andererseits in gewissen Grenzen selbst mitgestalten, und natürlich haben wir eine gewisse Wahlfreiheit in unserer Abhängigkeit.

Neben dieser geistigen Umwelt – aber keinesfalls strikt von ihr getrennt – gibt es auch unsere materielle Umwelt (vgl. Abbildung 1). Die materielle Umwelt, die wir oft als »Natur« bezeichnen, ist das Metier der Naturwissenschaftler. An der Erforschung der geistigen Umwelt beteiligen sich neben den Geisteswissenschaften – im engeren Sinne – auch die Wirt-

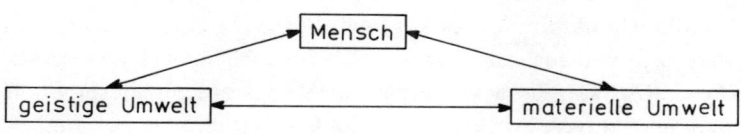

Abbildung 1:
Mensch und Umwelt.

schafts- und Sozialwissenschaften. Von der Natur sind wir abhängig, durch die Luft, die wir atmen, durch den Boden, auf dem wir stehen und auf dem wir auch unsere Landwirtschaft betreiben, durch das Wasser, das wir für unser Leben und unsere Wirtschaft benötigen, durch Tiere (Fauna) und Pflanzen (Flora, Vegetation), mit denen wir die Lebensgemeinschaft der Biosphäre bilden, die wir zum Teil aber auch für unsere Ernährung benötigen. Und diese materielle Umwelt ist meist gemeint, wenn von Umweltproblemen die Rede ist, wie auch in diesem Buch.

Die gesamte Umwelt beeinflußt also den Menschen, das Individuum, von der Geburt bis zum Tod, die Gesellschaft und die Kulturkreise in ihrer wirtschaftlichen und sozialen Entwicklung im Laufe der Jahrzehnte und Jahrhunderte, seit es Menschen auf der Erde gibt. Immer mehr Menschen beeinflussen aber auch die Umwelt, unsere Umwelt, und das durchaus nicht immer im positiven Sinn, sondern oft genug, und häufig ungewollt oder gedankenlos, im negativen Sinn. Hatten wir es in den letzten Jahrtausenden und auch noch Jahrhunderten weitgehend mit der Abhängigkeit des Menschen und der Menschen von der Umwelt zu tun – mit Blick auf die materielle Umwelt sprechen wir dabei gerne vom »Einklang zwischen Mensch und Natur« –, so wird nun mit immens anwachsender Intensität die Umwelt mehr und mehr vom Menschen abhängig. Das hängt eng mit dem enormen Anstieg der Weltbevölkerung zusammen. Als Konsequenz ist auch der Bedarf an Nahrungsmitteln und Energie entsprechend stark gestiegen, und, unserer traditionellen Ideologie folgend, auch der Anspruch an die Wirtschaftskraft der einzelnen Nationen sowie an den Lebensstandard des einzelnen Menschen. Und jeder weiß inzwischen: Das belastet unsere Umwelt, die wir damit nicht nur immer stärker beeinflussen, sondern von der wir nach wie vor auch abhängig sind. Vielleicht macht uns gerade diese Rückkopplung so betroffen. Spätestens an dieser Stelle muß auch unsere Anpassung an die Umwelt ihre Grenze finden; denn einerseits ist Anpassung notwendig, um in einer Welt existieren zu können, soweit man sie nicht ändern kann oder will, andererseits verführt Anpassung zur Abstumpfung und zur Bequemlichkeit dort, wo man etwas ändern sollte oder wenigstens versuchen sollte, etwas zu ändern.

Die Problematik wird uns in jüngerer Zeit, und das ist im Grunde viel zu spät, durch die Katastrophenmeldungen der Medien, die offenbar erst jetzt politische Aufmerksamkeit hervorrufen, immer mehr bewußt. Leider haben wir uns an vieles in dem Sinn angepaßt, daß die nicht selten sträflich übertriebenen Katastrophenmeldungen mit der Zeit zu Abstumpfung führen. »Es ist schon so viel passiert«, mag mancher sagen, »und wir leben immer noch; so schlimm wird es schon nicht werden.« Dazu tritt das Problem der kurzen politischen Amtsperioden und des noch kürzeren menschlichen Gedächtnisses. Eine Katastrophe verdrängt die andere, und vor lauter Katastrophenmeldungen verlieren wir die Übersicht. Noch schlimmer: So recht zugänglich sind wir nur noch für plötzlich auftretende Katastrophen, bei denen das volle Ausmaß schnell sichtbar wird, wie etwa bei Erdbeben oder nach dem Kernreaktorunfall von Tschernobyl vom April/Mai 1986. Schleichende Katastrophen, die noch schlimmere Folgen haben können, nicht zuletzt aufgrund ihrer viel längeren Dauer, werden nicht nur zu spät wahrgenommen, sondern zum Teil sogar bald wieder verdrängt, wie zum Beispiel das Waldsterben in Mitteleuropa. Manche dieser schleichenden Gefahren sind auch nur in der Wissenschaft, aber nicht in der Öffentlichkeit in voller Tragweite bekannt. Dazu gehört auch die Gefahr weltweiter Klimaänderungen durch den Menschen, insbesondere der sogenannte »Treibhauseffekt« oder besser: die Intensivierung dessen, was wir vereinfachend als Treibhauseffekt bezeichnen. Gemeint ist damit die Freisetzung (Emission) bestimmter Spurengase in die Atmosphäre in Zusammenhang mit steigendem Energieverbrauch, steigender landwirtschaftlicher und industrieller Aktivität, Waldrodungen und anderem. Diese Spurengase breiten sich in der Atmosphäre weltweit aus und führen zu einem Temperaturanstieg, zum Treibhauseffekt im engeren Sinn oder zum direkten Treibhauseffekt. Mit diesem Temperaturanstieg ist aber eine Änderung des gesamten Klimas – und zwar weltweit – verbunden, was wir als indirekten Treibhauseffekt bezeichnen können. Solche Effekte möchten wir in diesem Buch erörtern.

Das ist freilich nicht einfach, denn die Zusammenhänge sind äußerst kompliziert, und so manche aus dem Zusammenhang gerissene Pressemeldung verstellt den Blick auf das Wesentliche oder, was noch schlimmer ist, läßt die Zusammenhänge sozusagen in der Versenkung verschwinden. Aber nur bei Kenntnis wenigstens der wichtigsten Sachverhalte können wir zu einem ausgewogenen Urteil kommen. Hier handelt es sich nicht um akademisches Wissen, das wir noch einige Jahrzehnte ausschließlich in Fachsymposien diskutieren können. Es spricht sehr viel dafür, daß wir alle, nicht nur die Wissenschaftler, einsehen und handeln müssen, und zwar möglichst bald.

Um nun auf diese Zusammenhänge zuzusteuern, wenden wir uns der materiellen Umwelt näher zu. Wir wissen schon: Ein Teil davon ist die Luft, die wir atmen. Allgemeiner gesehen handelt es sich um die Atmosphäre der Erde, deren unterster Bereich unseren Lebensraum bildet. Diese Atmosphäre umfaßt drei Komponenten: erstens ein Gasgemisch (Stickstoff, Sauerstoff, Wasserdampf, Argon, Kohlendioxid usw.), das wir Luft nennen (Tabelle 1); zweitens Wasser- und Eispartikel (sogenannte »Hydrometeore«, die der Meteorologie den Namen gegeben haben), sichtbar als Wolken und Niederschlag (Regen, Schnee, Hagel); drittens weitere in der Atmosphäre schwebende Partikel (Rauch, Staub usw.), die der Meteorologe »Aerosole« nennt. Die variable Atmosphäre bewirkt als Mittlerin der Umweltreize, daß diese qualitativ und quantitativ unterschiedlich ausfallen: Einmal empfinden wir Kälte, ein anderes Mal Wärme, je nachdem, wie schnell sich die Atome und Moleküle der Luft bewegen; denn die Lufttemperatur ist nichts anderes als ein Maß für diese molekularkinetische Energie. Einmal ist es trübe mit dichter Bewölkung und Regen, ein anderes Mal haben wir einen heiteren Tag. Einmal hören wir Verkehrs- und Baulärm, dann ist es

14

Gas, chemisches Symbol		Prozent		ppm*
Stickstoff	N_2	78,08		
Sauerstoff	O_2	20,95		
Argon	Ar	0,93		
Kohlendioxid	CO_2	0,035	=	345**
Neon	Ne			18,2
Helium	He			5,2
Methan	CH_4			2**
Krypton	Kr			1,1
Wasserstoff	H_2			0,5
Distickstoffoxid	N_2O			0,5**
Xenon	Xe			0,09
Ozon	O_3			0,06***
usw.				

Standardmittelwerte für feuchte Luft:
N_2 76,06 %, O_2 20,40 %, H_2O (Wasserdampf) 2,60 %, Ar 0,91 %, usw. wie oben.

   * parts per million (millionstel Anteile)
  ** ansteigender Trend
*** in Bodennähe ansteigend, Stratosphäre ca. 10 ppm, dort abnehmend.

Tabelle 1:
Chemische Zusammensetzung der Atmosphäre der Erde in Bodennähe, Volumenanteile trockener (wasserdampffreier) und nicht verunreinigter (aerosolfreier) Luft (Quelle: nach G. Liljequist und K. Cehak, 1983; Georgii, 1985; Weltmeteorologische Organisation [WMO], 1986).

wieder ruhiger. Einmal riechen wir natürliche oder von Verkehr und Industrie stammende Abgase, woanders haben wir das Empfinden einer »reinen« Luft.

Wir bewegen uns aber nicht nur in der Atmosphäre, deren Luft wir atmen, sondern auch auf dem Boden, der sogenannten »Pedosphäre«. Dieser Boden hat unter anderem die wichtige Funktion, daß er uns über einen Teil der Pflanzen, die dort mehr oder weniger gut wachsen, und einen Teil der Tiere, die dort weiden, ernähren muß. Wie gut diese Pflanzen dort wachsen, hängt offenbar nicht nur vom Boden selbst und seinem Nährstoffgehalt, sondern auch von der Atmosphäre ab; denn wenn es nicht regnet, geht der Bodenwassergehalt zurück, und der beste Boden nützt nichts mehr. In ähnlicher Weise schadet den Pflan-

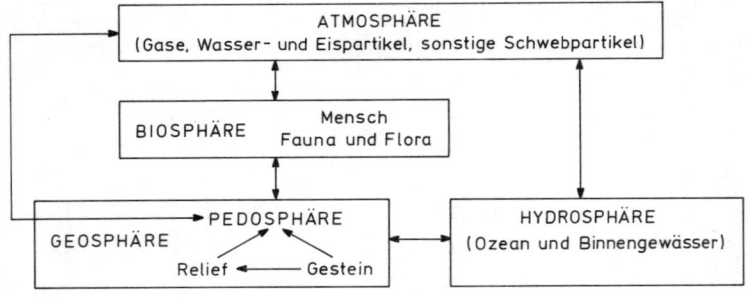

Abbildung 2:
Umweltsystem oder globales Ökosystem.

zen zu große Kälte oder zu große Hitze; sie bevorzugen einen ganz bestimmten Bereich von Lufttemperatur und Bodenfeuchte. Es gibt also offensichtlich eine Vielzahl von Kopplungen zwischen Atmosphäre und Biosphäre, aber auch zwischen Biosphäre und Pedosphäre sowie zwischen Atmosphäre und Pedosphäre (vgl. Abbildung 2).

Das vierte wichtige System unserer materiellen Umwelt – neben Atmosphäre, Pedosphäre und Biosphäre – ist das Wasser, die Hydrosphäre. Den weitaus größten Teil davon finden wir im Ozean. Aber auch der quantitativ sehr geringe Anteil ist nicht weniger bedeutsam: Flüsse, Seen und Grundwasser auf den Landgebieten, einschließlich dem Bodenwassergehalt. In unserem kurzen Überblick soll der Hinweis genügen, daß nicht nur der Mensch das Wasser zum Trinken benötigt. Das Leben im Wasser und das Wasser im Boden, das die Pflanzen als Transportmedium für die Nährstoffe brauchen, ist für sie – und für uns – ebenso wichtig. Über Verdunstung und Niederschlag ist das Wasser außerdem in den hydrologischen Zyklus eingebunden, durchläuft somit die Atmosphäre, die Pedosphäre und auch einen Teil der Biosphäre.

Der Mensch ist offensichtlich von günstigen Umweltbedingungen hinsichtlich Atmosphäre (Luft), Pedosphäre (Boden) und

Hydrosphäre (Wasser) abhängig, wobei das Wort günstig auch ein erhebliches Maß der Anpassung an die gegenwärtigen Bedingungen unseres »Umweltsystems« beinhaltet. Gemeint ist dabei nicht nur die Langzeitanpassung im Laufe der Evolution und wirtschaftlichen Entwicklung der Menschheit, sondern auch ein Reagieren auf Probleme, die in kürzeren Zeitspannen auf uns zukommen, insbesondere seit dem Zeitalter der Industrialisierung und in unserer Zeit der technisch hochentwickelten und bevölkerungsreichen Welt. Das Wort Anpassung ist gerade beim Menschen nicht ausschließlich passiv gemeint, es schließt verantwortliches Handeln und Vorsorge ein, so daß wir – um Mißverständnissen vorzubeugen – Anpassung einerseits und verantwortliches Reagieren andererseits, einschließlich Änderungen im Sinn von Vorsorge, unterscheiden sollten.

Anders ist das bei Flora und Fauna, die ausschließlich der passiven Anpassung unterliegen. Allerdings hat sich dort unter »natürlichen Randbedingungen«, den vom Menschen weitgehend ungestörten Gegebenheiten, ein ganz bestimmtes ökologisches System eingestellt, und zwar unter optimaler Nutzung dieser Randbedingungen. Meist betrachten wir regionale Ökosysteme wie etwa einen Wald oder ein Seeufer. Wir können aber auch großzügig und schematisch vom »globalen Ökosystem« sprechen, das dann dem in Abbildung 2 skizzierten Umweltsystem gleichzusetzen ist, wobei bei ökologischen Betrachtungen immer die Biosphäre im Zentrum der Betrachtung steht.

Nun noch einmal zurück zur Pedosphäre. Genauer betrachtet ist sie ein Teil der festen Erde, die manchmal als Geosphäre bezeichnet wird; manche verstehen darunter aber auch die ganze Erde einschließlich Hydro- und Atmosphäre.

Die Bodenbildung hängt auch vom Gesteinsuntergrund (Lithosphäre) und von der Erdoberflächengestalt (Relief) ab. An Berghängen beispielsweise bestehen wegen der Gefahr des Rutschens und Auswaschens ungünstige Bedingungen für die Bodenbildung. Die Bodenbildung wird aber weiterhin auch von der Atmosphäre beeinflußt. Sie ist bei warm-feuchten Bedingungen (überwiegend chemische Verwitterung) ganz anders als bei kalt-trok-kenen Gegebenheiten (überwiegend physikalische Verwitterung). Ohne daß wir hier in Details der Bodenkunde einsteigen können, ist das bemerkenswert, weil es auf eine Kopplung von Atmosphäre und Boden hinweist. Noch wichtiger ist, daß diese Kopplung wechselseitig besteht; denn unterschiedlicher Boden oder gar kein Boden, sondern nur Gestein, bedeutet unter anderem unterschiedliche thermische Eigenschaften der Erdoberfläche. So wird beispielsweise die Sonneneinstrahlung von unterschiedlichem Boden verschieden stark absorbiert, und die Wärme wird unterschiedlich weitergeleitet. Diese Absorption äußert sich dann in einer unterschiedlich hohen Erdoberflächentemperatur. Da Boden und Atmosphäre in Kontakt miteinander stehen, wirkt sich die Erdoberflächentemperatur auch auf die Lufttemperatur und somit die Atmosphäre aus. Dies ist nur ein sehr einfaches Beispiel für die vielfältigen und oft komplexen Wechselbeziehungen zwischen Atmosphäre und Pedosphäre.

Es ist ein kleiner Ausschnitt aus der Problematik, denn auch zwischen Atmosphäre und Hydrosphäre gibt es Wechselbeziehungen. So ist über Wasserflächen und Feuchtgebieten die Verdunstung deutlich größer als über trockenen Gebieten, wobei auch noch die Bewegung der Wasserflächen (Wellen) und deren Temperatur von Bedeutung sind. Mehr Verdunstung bedeutet aber auch mehr Wasserdampf in der Atmosphäre, somit höhere Luftfeuchte, die zu stärkerer Wolkenbildung führen kann. Die Bewölkung beeinflußt dann die Sonneneinstrahlung, folglich auch die Wasseroberflächentemperatur, von der wir schon wissen, daß sie wieder die Verdunstung und daher die Atmosphäre beeinflußt.

Im Umweltsystem Biosphäre – Atmosphäre – Pedosphäre – Hydrosphäre hängt letztlich alles mit allem zusammen. Es ist ein umfassendes und kompliziertes Wechselwirkungssystem, bei dem es nicht nur einfache – und somit isolierte – Ursache-Wirkung-Ketten gibt, sondern auch viele Querverbindungen (vernetztes System), so daß die Gesamtwirkung der wirksamen Prozesse nicht einfach die Summe der Einzelwirkungen ist (nicht-lineares System). Von einem wirklichen Verständnis dieses Umweltsystems sind wir noch weit entfernt, auch wenn wir viel Einzelwissen erworben haben und versuchen, Teile oder gar das Gesamtsystem mit Modellvorstellungen zu durchdringen. Jedes Modell ist im übrigen prinzipiell eine Vereinfachung der Wirklichkeit, oft in drastischer Art und Weise, und somit nur in mehr oder weniger guter Näherung richtig. Nun müssen wir eine weitere wichtige Komplikation wenigstens im Prinzip verstehen. Ein wiederum (vermeintlich) sehr einfaches Beispiel soll uns dabei helfen. Wir wissen, daß sich der Mensch im Umweltsystem keineswegs passiv verhält, sozusagen als natürlicher Partner im Ökosystem und innerhalb der Biosphäre; vielmehr greift er massiv in dieses System ein. Das hat im übrigen schon vor Jahrtausenden begonnen, vor allem mit Eingriffen in die natürliche Vegetation, besonders im Mittelmeerraum, ist in Intensität und Ausmaß aber in jüngerer Zeit immens angewachsen, wenn wir etwa nur an die Rodung von tropischem Regenwald denken. Solche Rodungen stellen Eingriffe in das globale Ökosystem dar, zeigen deshalb, ähnlich einem Medikament, neben den gewünschten auch unerwünschte Nebenwirkungen: Der verringerte Vegetationsbestand, bis zum Aufgehen der Saat bei landwirtschaftlicher Nutzung sogar das zeitweise vollständige Verschwinden der Vegetation, vermindert die Humus- und somit Bodenbildung. Der Nährstoffgehalt des Bodens sinkt, was man durch künstliche Düngung aufzufangen versucht. Die Bodenerosion (Abgleiten, Ausschwemmen, Verblasen von Boden) und damit der Bodenverlust, insbesondere während der vegetationsfreien Zeit, steigen stark an. Pflanzen und Tiere, die mit dem früheren Vegetationsbestand ein (regionales) Ökosystem gebildet haben, werden verdrängt. Die Verdunstung geht zurück, da Vegetation, besonders der Wald, viel mehr Wasser speichert und auch den Grundwasserspiegel anhebt als unbewachsener Boden. Folglich nimmt auch die Luftfeuchte ab.

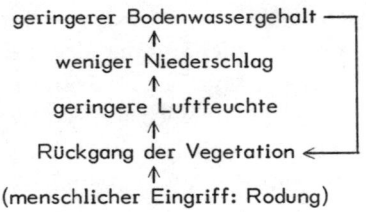

geringerer Bodenwassergehalt ⌐
↑
weniger Niederschlag
↑
geringere Luftfeuchte
↑
Rückgang der Vegetation ←┘
↑
(menschlicher Eingriff: Rodung)

Abbildung 3 a:
Vegetation-Niederschlag-Rückkopplung.

Diese zuletzt genannte Nebenwirkung scheint auf den ersten Blick nicht sehr wichtig. Das ist aber ein Irrtum. Denn der Rückgang der Verdunstung und damit der Luftfeuchtigkeit kann geringere Wolkenbildung bedeuten oder sogar Wolkenbildung ganz verhindern, denn Wolken entstehen aus aufsteigendem, sich dabei abkühlendem und schließlich kondensierendem Wasserdampf (vgl. Abbildung 3a). Weniger Wolken aber bedeuten Rückgang des Niederschlags und, als weitere Folge, Verringerung des Bodenwassergehalts. Dies aber beeinträchtigt die Vegetation, die dann ebenfalls zurückgeht, und das Spiel beginnt von neuem. Wir haben eine sogenannte »positive Rückkopplung« in Gang gebracht, die einen sich selbst verstärkenden Prozeß darstellt. Der Rückgang der Vegetation schreitet dann, auch ohne menschliche Rodung, in einer mehr oder weniger großen Region weiter fort und schlägt auf die Kulturpflanzen zurück, derentwegen ursprünglich gerodet worden ist.

Es darf nicht verschwiegen werden, daß der eben beschriebene Rückkopplungsvorgang nur unter bestimmten Bedingungen ablaufen kann. So gibt es in mittleren geographischen Breiten wie in Mitteleuropa dank der atmosphärischen Tiefdruckgebiete – mit ihren Wetterfronten – im allgemeinen so viel Niederschlag, daß menschliche Eingriffe der eben beschriebenen Art keine dramatischen Folgen zeigen. Anders ist dies in der Subtropenzone, wo das Niederschlagsangebot weitaus geringer ist. Wichtig sind dabei weniger die Kernzonen der Subtropen, wo Wüsten-

20

stärkere Reflektion der einfallenden Sonnenstrahlung
↑
Ausdehnung der Schnee- und Eisflächen
↑
Zunahme des Schneeanteils am Niederschlag
↑
Rückgang der bodennahen Lufttemperatur ←
↑
(natürliche Klimaänderung)

Abbildung 3 b:
Temperatur-Strahlung-Rückkopplung.

bildungen auf permanent zu geringes Niederschlagsangebot hinweist, als vielmehr die Übergangszonen von den Subtropen zu niederschlagsreicheren Regionen. So hat sich der früher einmal üppige Wald in den Mittelmeerländern, dem Übergangsbereich zwischen gemäßigtem und subtropischem Klima, seit den Rodungen in historischer Zeit nie mehr richtig regenerieren können. Im wesentlichen gibt es dort nur Winterniederschläge, die eine vorhandene Bewaldung zwar aufrechterhalten, aber eine verschwundene Bewaldung nicht wieder zur Entwicklung bringen können. In der Sahel-Zone, dem Übergangsbereich zwischen tropischem und subtropischem Klima in Nordafrika, haben wir in jüngster Zeit erlebt, wie zu intensive Bewirtschaftung, in Zusammenhang mit der seßhaft werdenden und sich stark vermehrenden Bevölkerung, aus den ehemals grünen Savannengebieten nun Steppen und Wüsten werden läßt. Diese Desertifikation (Verwüstung) schreitet in vielen Gegenden der Erde erschreckend fort. Dabei spielt eine Rolle, daß neben der in Abbildung 3a schematisch angegebenen Rückkopplung noch eine weitere in Gang gesetzt wird, die durch Erosion zu Bodenverlust führt.

Eine weitere positive Rückkopplung, die für das Verstehen der Klimageschichte wichtig ist, müssen wir noch kennenlernen. Sie hängt mit der Eigenschaft der Erdoberfläche zusammen, einfallende Sonnenstrahlung unterschiedlich stark zu absorbieren, was zur Erwärmung führt, beziehungsweise zu reflektieren.

21

Schnee und Eis absorbieren bekanntlich wenig und reflektieren daher einen hohen Anteil der einfallenden Sonnenstrahlung. Daher kann ein relativ kleines Gebiet eis- oder schneebedeckter Erdoberfläche die in Abbildung 3b skizzierte Selbstverstärkung auslösen, wobei die resultierende Abkühlung der Erdoberfläche zur Ausdehnung der Schnee- und Eisgebiete führt, diese wiederum zu weiterer Abkühlung und so weiter (Eis-Strahlung-Rückkopplung).

Neben solchen positiven Rückkopplungen gibt es aber auch negative, die eine in Gang gekommene Entwicklung sozusagen bremsen (Selbstabschwächung) und letztlich die positive Rückkopplung kontrollieren. Dadurch wird ein Explodieren des Umweltsystems beziehungsweise des Klimas verhindert. Übrigens sind diese Rückkopplungen neben den sogenannten Vernetzungen ein weiterer Grund für das nicht-lineare und daher so schwer durchschaubare Verhalten des Umweltsystems.

Halten wir also fest: Das Umweltsystem ist ein komplizierter, vielfach gekoppelter Mechanismus, der zudem noch eine Reihe von Rückkopplungen enthält. Greifen wir an irgendeiner Stelle ein, so greifen wir zugleich in das gesamte System ein; und wir sollten uns nicht einbilden, alle Nebenwirkungen (aufgrund der Vernetzung) und »Aufschaukelungen« (aufgrund der positiven Rückkopplungen) immer richtig und genau einschätzen zu können.

Der wesentliche Kern dieses Buches ist schon angesprochen: der Eingriff des Menschen, wobei uns hier vor allem das globale Ausmaß interessiert. Da solche Eingriffe nicht im Rahmen eines natürlichen Regelmechanismus vor sich gehen, sondern willkürlich und zunächst einseitig, muß der Mensch durch solches Tun als Störfaktor im Umweltsystem aufgefaßt werden. Freilich gibt es auch natürliche Störfaktoren wie zum Beispiel Waldbrände oder Vulkanausbrüche.

Das besonders Gefährliche an den menschlichen Eingriffen aber ist ihre zunehmende Intensität und das zunehmend globale Ausmaß, eng mit der Bevölkerungsentwicklung und dem Energiebedarf verknüpft, während natürliche Störungen doch mehr oder weniger episodisch ablaufen und im Mittel in ihrer Intensität nicht ansteigen.

Neben den genannten Eingriffen in die Biosphäre durch Rodungen und die Landwirtschaft und den damit verbundenen in die Pedosphäre, die schon vor Jahrtausenden eingesetzt haben, sind das in jüngerer Zeit vor allem die Zuleitung (Emission) von Schadstoffen in die Atmosphäre (Luft) und in die Hydrosphäre (Gewässer) sowie generell die Änderung der Zusammensetzung der Atmosphäre. Es wäre ein großer Fehler, neben den toxischen Substanzen andere zu übersehen, nur weil sie unsichtbar und geruchlos sind und sich erst sozusagen schleichend im Lauf der Jahrzehnte und Jahrhunderte auswirken; denn auch diese Eingriffe in die Umwelt wirken auf den Menschen zurück, und zwar, wenn die Effekte erst einmal eingetreten sind, nicht nur episodisch und regional beschränkt. Nein, über viele Jahrzehnte, ja sogar über Jahrhunderte hinweg und in globalem Ausmaß müssen wir dann die Folgen der von uns veränderten Umwelt tragen. Ein Teil dieser so nachhaltig gestörten Umwelt ist, wie wir noch sehen werden, nichts anderes als unser Klima.

Dieses Problem ist allerdings nicht neu. Schon im Jahr 1896 hat der schwedische Naturforscher Arrhenius auf die Gefahr hingewiesen, daß wir durch den Gebrauch fossiler Energie (Kohle, Erdöl und Erdgas) unser Klima weltweit ändern könnten. Seitdem führt eine ganze Kette wissenschaftlicher Erkenntnisse und Hinweise qualitativ immer in die gleiche Richtung. Es wird also Zeit, daß wir diese vielen wissenschaftlichen Hinweise ernst nehmen; denn der Verdacht von Arrhenius hat sich seitdem nicht nur erhärtet, das Problem ist auch immer umfassender und gravierender geworden.

Die Wissenschaftler vieler Länder befassen sich seit Jahrzehnten damit und haben sich im Rahmen der »Weltklimakonferenz« 1979 in Genf, veranstaltet von der Weltmeteorologischen Organisation WMO, der Weltorganisation für Ernährung und Landwirtschaft FAO, der Weltgesundheitsorganisation WHO und anderen, mit folgendem Aufruf an alle Länder der Erde gewandt:

».. . Die Konferenz hält es für dringend notwendig, daß die Nationen der Welt

– vollen Nutzen aus dem gegenwärtigen Wissen der Menschheit über das Klima ziehen;

– Schritte unternehmen, um dieses Wissen wesentlich zu verbessern;

– mögliche vom Menschen verursachte Klimaänderungen, die sich negativ für das Wohlergehen der Menschheit auswirken könnten, vorherzusehen und zu verhindern.«

Das ist eine deutliche Sprache. Und als Folge dieser Konferenz ist im »Weltklimaforschungsprogramm«, an dem sich viele Nationen der Erde beteiligen (seit 1982 auch die Bundesrepublik Deutschland mit einem besonderen Programm), eine der umfangreichsten und ehrgeizigsten wissenschaftlichen Unternehmungen entstanden, die die Welt je gesehen hat. Und es fehlt auch nicht an Stellungnahmen und immer wieder neuen Aufrufen internationaler wissenschaftlicher Gremien.

Es handelt sich daher tatsächlich um ein überaus wichtiges und weltbewegendes Problem; und jeder hat einen Anspruch, objektiv und genau darüber informiert zu werden. Diesem Anliegen dient dieses Buch. In Kapitel 2 wollen wir uns dabei zunächst einmal mit dem Phänomen Klima, den natürlichen Klimaschwankungen und deren Auswirkungen auf die Menschheit befassen. Darauf folgt in Kapitel 3 die Erörterung der globalen menschlichen Aktivitäten (Bevölkerungswachstum, Ernährungs- und Energieprobleme, großräumige Waldrodungen), aus denen uns die Gefahren für unser Klima erwachsen. Auf dieser Grundlage stellen wir dann in Kapitel 4 fest, welche Änderungen in der Atmosphäre der Erde daraus resultieren, und in Kapitel 5 und 6 erfahren wir, was das für unser Klima bedeutet: die vom Menschen verursachten weltweiten Klimaänderungen, die wir somit aufgrund unserer globalen Aktivitäten erwarten – der direkte und indirekte »Treibhauseffekt«. Die Abschätzung der sozioökonomischen Folgen (Kap. 7) ist zwar noch sehr schwierig, dennoch aber von großer Bedeutung für die Menschheit. Zum Schluß müssen wir dann versuchen, die verschiedenen Risiken abzuwägen (Kap. 8), um entscheiden zu können, was wir tun wollen oder müssen. Das Buch schließt dann mit einer Zusammenfassung der Fakten und daraus resultierenden Schlußfolgerungen (Kap. 9).

2. Das Klima: unser ständiger Begleiter

2.1 Was ist Klima?

Was bedeutet eigentlich Klima? Das Wort ist schon in der griechischen Antike geprägt worden: κλινω *(klino)*, das heißt: ich neige. Gemeint ist dabei der mittlere Winkel der Sonneneinstrahlung. Er bewirkt bei starker Neigung (steiler Einstrahlung) eine »heiße Zone«, die Tropen, bei geringer Neigung (flache Einstrahlung) eine »kalte Zone«, die Polarzone, und dazwischen die »gemäßigte« Klimazone. Und genau diese drei Hauptklimazonen haben die Griechen der Antike schon definiert. Heute unterscheiden wir als Zwischenzone noch die subtropische und subpolare Zone (vgl. Abbildung 4). Wichtig ist bei diesen Definitionen die zeitliche Mittelung über viele Jahre – nach den Richtlinien der Weltmeteorologischen Organisation WMO mindestens dreißig Jahre –, um zum Beispiel das typische Temperaturniveau eines Monats oder eines Jahres (im »vieljährigen Mittel«) an einem bestimmten Ort oder in einer bestimmten Region zu erkennen.

Betrachten wir dagegen nur einen Augenblick, einen Tag oder höchstens einige Tage, so sprechen wir von Wetter, bei einer Betrachtung darüber hinaus bis zu einigen Monaten von Witterung (Hochsommer oder Winter), wobei der Witterungsbegriff allerdings nur in der deutschen Sprache üblich ist. Mit dem Begriff Wetter, entsprechend bei den Begriffen Witterung und Klima, verbinden wir dann neben der Lufttemperatur auch weitere Elemente (Wetter-, Witterungs- und Klimaelemente), nämlich Luftfeuchte, Bewölkung, Niederschlag, Wind, Sichtweite und anderes, einschließlich bestimmter Wettererscheinungen wie Gewitter. Zur Meteorologie, aber nicht zum Wetter gehören außerdem elektrische und magnetische Erscheinungen, bestimmte Spurengaskonzentrationen usw., und dies nicht nur in der bodennahen, sondern auch in der höheren Atmosphäre, so daß diese Wissenschaft der Erdatmosphäre über die Wetterkunde und auch über die Klimakunde weit hinausgeht.

Wir sehen, daß wir in der Klimatologie zunächst einmal unsere betrachtete zeitliche Größenordnung (Zeitskala) erweitern, wobei die Klimatologie kein eigenständiges Fachgebiet ist, son-

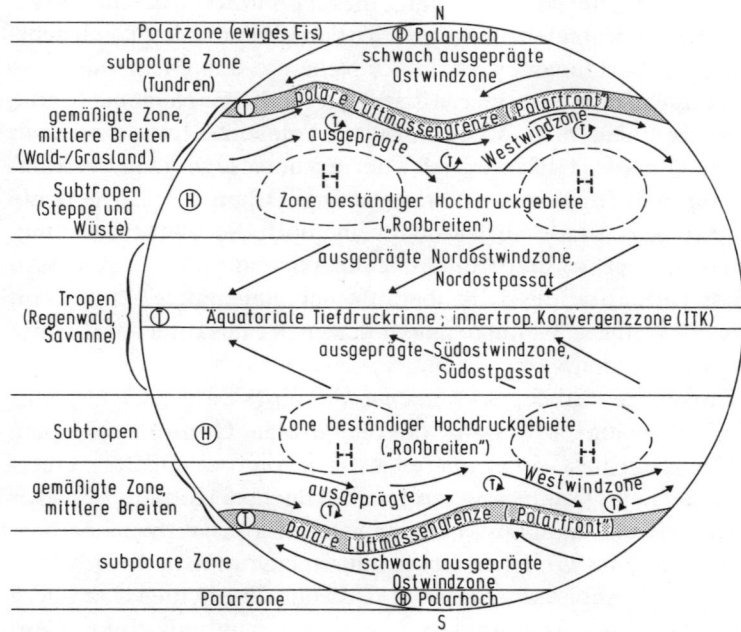

Abbildung 4:
Vereinfachtes Schema der allgemeinen planetarischen Zirkulation mit Angabe der daraus resultierenden Klimazonen (Quelle: nach C.-D. Schönwiese, 1979, mit freundlicher Genehmigung des Springer-Verlags, Heidelberg).

27

dern eine besondere Betrachtungsweise, vornehmlich der Meteorologie, aber auch mit Bezügen zur Geographie, Ozeanographie, Glaziologie, Biologie usw., nicht zuletzt zur Physik, Chemie und Mathematik. Die Mittelung des Wetters über viele Jahre hinweg, um zu den Klimaelementen der Lufttemperatur, des Niederschlags usw. zu kommen, wie sie in den Klimakarten der Schulatlanten dargestellt sind, ist jedoch sehr unvollständig. Auch die Erfassung absoluter sowie mittlerer Extremwerte, etwa für die Lufttemperatur am kältesten Wintertag, und der mittleren Tages- und Jahresgänge der Klimaelemente reicht noch nicht aus. Das Klima ist eine stets veränderliche Größe in Raum und Zeit, und die moderne Klimastatistik kennt viele Methoden, um das Klima unter diesem Aspekt zu beschreiben. Dabei ist besonders wichtig, daß es neben der bisher beschriebenen Beobachtungszeit – beim Klima mindestens einige Jahre – so etwas wie eine charakteristische Zeit der Klimaphänomene gibt. Solche Phänomene sind zum Beispiel die letzte Eiszeit vor etwa 70 000 bis 11 000 Jahren oder der mittlere Tagesgang der Lufttemperatur an einem bestimmten Ort. Offenbar muß die Beobachtungszeit wesentlich größer sein als die Andauer (charakteristische Zeit) solcher Klimaphänomene, und offenbar gibt es für die Definition des Klimabegriffs nur eine untere, aber keine obere zeitliche Schranke, außer dem Alter der Erde von 4,6 Milliarden Jahren.

Die untere zeitliche Schranke ist allerdings nicht eindeutig festgelegt. Häufig wird dafür die theoretische Grenze der Vorhersagbarkeit des Wetters herangezogen, die bei ungefähr einem Monat liegt, praktisch derzeit bei ein bis zwei Wochen. Im weiteren muß uns diese Diskussion um Definitionen nicht näher interessieren, und wir halten fest: Klima ist eine statistische Beschreibung atmosphärischer Phänome, die im allgemeinen charakteristische Zeiten von mindestens einem Monat aufweisen. Meist beruhen solche Beschreibungen aber auf mehrjährigen Beobachtungen. Aus historischen Gründen, die wir noch beleuchten müssen, sind solche Informationen, besonders wenn sie über

Zeitspannen von zwanzig bis vierzig Jahren hinausgehen, nur aus der untersten Atmosphäre – direkte Messungen zwei Meter über der Erdoberfläche, Wind in zehn Metern über dem höchsten nächstgelegenen Hindernis – verfügbar.

Die Ursachen der atmosphärischen Vorgänge, die wir in Wetter und Klima beobachten und die wir möglichst weitgehend verstehen müssen, um zu Wettervorhersagen zu kommen, sind aber auch und sogar vorwiegend in der höheren Atmosphäre zu suchen, zumindest in einer Schicht, die über den Polen bis etwa acht Kilometer, über den Tropen bis etwa sechzehn Kilometer und in Mitteleuropa bis etwa zehn, elf Kilometer Höhe über die Meeresspiegelhöhe reicht.

Dieses unterste Stockwerk der Atmosphäre heißt »Troposphäre« nach dem griechischen Wort τρoπoς *(tropos)*, das heißt Wendung, was auf die im Mittel nach oben abnehmende Lufttemperatur hinweist. Darüber, bis etwa fünfzig Kilometer Höhe, finden wir die »Stratosphäre«, in der die Lufttemperatur mit der Höhe zunächst gleichbleibt (*stratus* heißt gleichbleibend); in der oberen Stratosphäre finden wir jedoch eine Temperaturzunahme mit der Höhe. Wolken und Niederschlag sowie Gewitter und ähnliche typische Wetterphänomene gibt es aber nur in der Troposphäre, mit wenigen Ausnahmen im Fall tropischer Gewitter, die in die untere Stratosphäre vorstoßen können, sowie stratosphärischen Wolken im polaren Winter. Für manche Problemstellungen, nicht zuletzt auch in der Klimatologie, ist die Stratosphäre aber durchaus wichtig.

Nun zurück zur Klimatologie. Wie kommen die Klimazonen, von den Tropen bis ins Polargebiet, zustande? Die groben Temperaturgegebenheiten haben wir uns schon klargemacht aufgrund der unterschiedlichen Sonneneinstrahlung. Für eine kurze, anschauliche und grob vereinfachende Zusammenfassung mag zunächst die folgende Vorstellung genügen. In der »heißen« tropischen Zone ist die Bilanz aus Sonneneinstrahlung und Wärmeabstrahlung der Erdoberfläche positiv – dies gilt im übrigen auch für die gesamte Erdoberfläche im Mittel –, so daß

29

diese sich erwärmt – und mit ihr auch die bodennahe Atmosphäre. Diese erwärmte Luft steigt aufgrund ihrer relativ geringen Dichte in die Höhe, kühlt sich dabei ab, und es bilden sich Wolken und Niederschlag. Diese Hebung reicht allerdings nicht bis in beliebig große Höhe, sondern die Luft fließt in der oberen Troposphäre und unteren Stratosphäre polwärts ab. In den Subtropen, je nach Jahreszeit zwischen etwa 20 bis 40 Grad geographischer Breite, sinken diese Luftmassen unter Erwärmung wieder ab und weisen daher nur geringfügige Bewölkung auf. Dies spiegelt sich auch in der Vegetation wider, die vom Regenwald der inneren Tropen (bei viel Niederschlag) über Savanne und Steppe bis in die regenarmen Wüsten der inneren Subtropen übergeht. Aus dynamischer Sicht wissen wir, daß im allgemeinen Hebungsgebiete mit tieferem Luftdruck und Absinkgebiete mit höherem Luftdruck verknüpft sind. So tritt in den inneren Tropen tatsächlich die »äquatoriale Tiefdruckrinne« in Erscheinung, während sich in den Subtropen Hochdruckzellen bilden. In den Polargebieten, bei negativer Bilanz aus Sonneneinstrahlung und Wärmeabstrahlung der Erdoberfläche, bilden sich kalte Luftmassen, die absinken und zu einem polaren Hochdruckgebiet führen.

In der bodennahen Luftschicht, in der die Reibung der Luft an der Erdoberfläche eine wesentliche Rolle spielt, besteht die Tendenz einer Luftbewegung vom Hoch- zum Tiefdruckgebiet, wobei diese Bewegung aufgrund der Erdrotation auf der Nordhalbkugel nach rechts und auf der Südhalbkugel nach links abgelenkt wird. So stellt sich, ausgehend von den subtropischen Hochdruckzellen, eine ausgeprägte und beständige Strömung in Richtung zu den inneren Tropen ein, die Nordostpassate der Nordhalbkugel und die Südostpassate der Südhalbkugel. Im Bereich der äquatorialen Tiefdruckrinne bildet sich folglich eine Strömungskonvergenz, die als »innertropische Konvergenz« bezeichnet wird.

Von den polaren Hochdruckgebieten ausgehend, ist dementsprechend eine Strömungskomponente äquatorwärts festzustellen, die allerdings nicht nur variabler, sondern auch schwächer ausgeprägt ist, weil die stärkere Wirkung der Erdrotation in polnahen Gebieten nahezu einen Ostwind erzwingt. Die polaren Luftmassen kommen daher nur, jahreszeitlich und von der asymmetrischen Ausdehnung der polaren Kaltluftmassen abhängig, bis etwa 50 bis 70 Grad geographischer Breite voran, wo sich eine Mischungszone mit der wärmeren subtropischen Luft bildet. In dieser Mischungszone kommt es zur Verwirbelung und zu Hebungsvorgängen, aus denen die wandernden Tiefdruckgebiete mit ihren Wetterfronten entstehen, die im Wechselspiel mit Hochdruckeinfluß unser Wetter in der gemäßigten Klimazone so wechselhaft gestalten. Diese Tiefdruckgebiete (Zyklonen) wandern vorwiegend von West nach Ost, da sich an der polwärtigen Flanke der Subtropenhochs eine mit der Höhe zunehmend intensive Westwindzone einstellt. Angemerkt sei noch, daß ohne Mitwirkung der Reibung, von einem bis zwei Kilometer Höhe oberhalb der Erdoberfläche an aufwärts, auf der Nordhalbkugel Hochdruckgebiete im Uhrzeigersinn und Tiefdruckgebiete im Gegenuhrzeigersinn exakt entlang der Linien gleichen Luftdrucks (Isobaren) umströmt werden; bei der Südhalbkugel ist dies umgekehrt.

Dieses gesamte großräumige Strömungssystem, das wegen der Neigung der Erdachse gegenüber der Umlaufbahn der Erde um die Sonne den bekannten jahreszeitlichen Verschiebungen unterliegt (vgl. Abbildung 5), wird als allgemeine oder planetarische Zirkulation bezeichnet. Es ist jedoch von kleinräumigen Strömungssystemen überlagert, wie zum Beispiel vom Land- und Seewindsystem an der Küste, worauf wir hier aber nicht näher eingehen können. Diese großräumige Zirkulation, wie sie in Abbildung 4 schematisch für die bodennahe Luftschicht zusammengefaßt ist, kann mit Hilfe physikalisch-mathematischer Modellrechnungen in recht guter Annäherung simuliert werden. Wegen der Anwendung numerischer Verfahren der Mathematik bei der Lösung der komplizierten physikalischen Gleichungssysteme werden sie auch als »numerische Modelle«

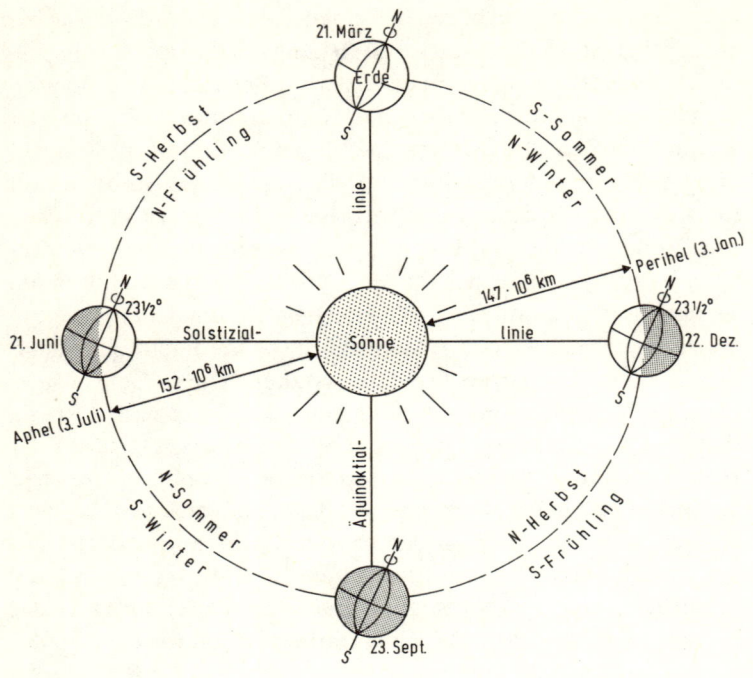

Abbildung 5:
Die Jahreszeiten des Klimas kommen dadurch zustande, daß die Erdachse gegenüber der Ebene der Erdumlaufbahn um die Sonne um derzeit 23,5 Grad geneigt ist. Deshalb erhält die Nordhemisphäre im Sommer mehr Sonnenstrahlung als im Winter. Am 21. März und 23. September (Äquinoktien, das heißt, Tag und Nacht sind gleich lang) erhalten Nord- und Südhemisphäre gleichviel Sonnenstrahlung. Nur zufällig sehen wir am 21. März auf die Tag- und am 23. September auf die Nachtseite.
Diese Erdachsenneigung, die leichte Exzentrizität (Ellipse) der Erdumlaufbahn sowie das Datum von Aphel (erdnächsten) und Perihel (erdfernstem Punkt der Erdumlaufbahn) sind die sogenannten Orbitalparameter, die sich im Laufe der Jahrhunderttausende ändern. Die Datumsänderung von Perihel und Aphel kommt durch die Kreiselbewegung der Erdachse im Raum, die sogenannte Nutation, zustande (Quelle: nach C.-D. Schönwiese, 1979, mit freundlicher Genehmigung des Springer-Verlags, Heidelberg).

bezeichnet. Im hier besprochenen Zusammenhang aber wird der Begriff »allgemeine Zirkulationsmodelle« bevorzugt (*general circulation model*, GCM). Diese Modelle berechnen die meteorologischen Größen (wie Lufttemperatur, Luftdruck usw.) aber nur an bestimmten Stellen, den Gitterpunkten eines Netzes, das um die Erde gespannt ist. Der Gitterpunktabstand beträgt meist 200 bis 300 Kilometer in horizontaler Richtung. Vertikal ordnet man mehrere Schichten (eigentlich Flächen) solcher Gitterpunktnetze übereinander an, von der bodennahen Luftschicht bis in die untere Stratosphäre. An allen Gitterpunkten in allen Schichten müssen nun alle physikalischen Vorhersagegleichungen in Zeitschritten von einigen Minuten gelöst werden, um, ausgehend von einem durch Meßwerte belegten Anfangszustand, das Wetter – eigentlich bisher nur das Strömungs-, Temperatur-, Druck- und Feuchtefeld, nicht einzelne Wolken und Gewitter – für einige Tage im voraus berechnen zu können. Der Aufwand ist, trotz gravierender Modellvereinfachungen und relativ weitmaschigem Netz, so groß, daß eine vierundzwanzigstündige Wettervorhersage selbst an den größten Computern der Welt ungefähr eine Stunde Rechenzeit benötigt.

Was aber hat das mit dem Klima zu tun? Das Klima ist ja sozusagen nichts anderes als mittleres Wetter, und daher werden Modelle der eben beschriebenen Art im Prinzip auch für klimatologische Zwecke eingesetzt. Diese sogenannten »Klimamodelle« werden nach längerer Rechenzeit zwar nicht mehr bestimmte Wetterfronten in ihrer Verlagerung verläßlich angeben können, jedoch einige typische Entwicklungen wie etwa für einen gesamten Januarmonat enthalten. Daher können solche Modelle mehr oder weniger gut auch das Klima simulieren. Dabei tritt jedoch eine Reihe von Komplikationen auf. Erstens muß in jedem Fall der ganze Globus betrachtet werden. Zweitens wird ein wirklichkeitsnaher Zustand, zum Beispiel eine mittlere Januarwitterung mit ihren typischen statistischen Charakteristika, erst nach langer Integrationszeit (Vorhersagezeit) erreicht, was nun schon einige Tage Rechenzeit am Groß-

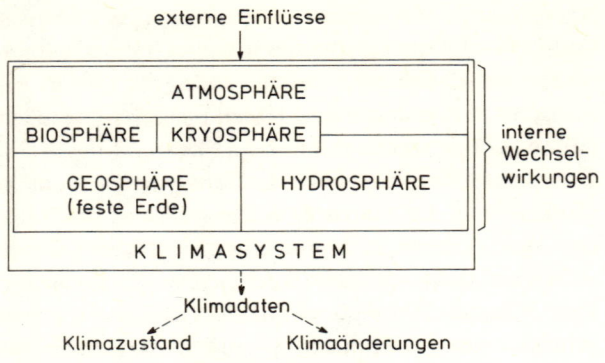

Abbildung 6:
Klimasystem.

computer erfordert. Der dritte Punkt ist sogar noch problematischer: Während bei der Wettervorhersage die alleinige Betrachtung der Atmosphäre mehr oder weniger ausreicht – Ozean, Eis- und Festlandbedingungen (wie eine Schneedecke) werden als konstant angesehen –, müssen bei Klimamodellen zumindest auch die Vorgänge simuliert werden, die sich im oberen Ozean abspielen.

Und noch etwas kommt hinzu: Auch das Eis auf der Erde, die Kryosphäre, muß berücksichtigt werden. Die Rolle von Schnee und Eis ist ja schon im Zusammenhang mit der Strahlung-Temperatur-Rückkopplung (Abbildung 3b) zum Ausdruck gekommen. Da auch der Boden (Pedosphäre) sowie die Biosphäre berücksichtigt werden müßten, geht das vollständige Klimasystem (vgl. Abbildung 6) über das in Abbildung 2 schematisch dargestellte Umweltsystem noch hinaus. Auch wenn vollständige Klimamodelle noch Zukunftsmusik sind, führt uns diese Diskussion doch zu einer zweiten Klimadefinition, die wir der ersten statistisch-beschreibenden an die Seite stellen müssen: Das Klima ist das Produkt der Wechselwirkungen und Rückkopplungen im gesamten System Atmosphäre – Hydrosphäre –

34

Kryosphäre – Geosphäre – Biosphäre (Luft, Wasser, Eis, Land und Leben), dem sogenannten Klimasystem, wobei wir uns wie bisher auf Phänomene beschränken, die sich in relativ großen Zeitabschnitten abspielen. Hinzu treten noch Einflüsse, die von außen auf das Klimasystem einwirken. Diese externen Einflüsse verdienen ebenso unsere Aufmerksamkeit wie die internen Wechselwirkungen. Dabei bedeutet das Wort extern nicht unbedingt extraterrestrisch (also von außen auf die Erde einwirkend), obwohl das auch der Fall sein kann. Gemeint ist vielmehr, daß es sich im Gegensatz zu Wechselwirkungen um einseitig gerichtete Antriebsmechanismen handelt. Zwei Beispiele sollen das verdeutlichen.

Das erste Beispiel ist der Vulkanismus. Große explosive Vulkanausbrüche schleudern Partikel und Gase, die zum Teil ebenfalls in Partikel übergehen, bis in die Stratosphäre, wo sie relativ lange (einige Jahre) verweilen können und die einfallende Sonnenstrahlung zu einem größeren Anteil als sonst reflektieren und absorbieren. Dabei erwärmt sich die stratosphärische Luftschicht, während am Grund der Atmosphäre, in unserem Lebensraum, das dadurch bewirkte Defizit an Sonneneinstrahlung zur Abkühlung führt. Das kann insbesondere dann zu Klimaänderungen führen, wenn es im Laufe von Jahrzehnten oder nach längeren Zeitintervallen erhöhter Vulkanaktivität zur Akkumulation von Partikeln vulkanischen Ursprungs in der Stratosphäre kommt. Dieser Vorgang ist offenbar ein terrestrischer, weil er auf der Erde vor sich geht; er wird aber deswegen als extern definiert, da er ohne Wechselwirkung auf das Klimasystem einwirkt, das heißt, Vulkane beeinflussen das Klima, während umgekehrt das Klima wahrscheinlich nicht auf den Vulkanismus Einfluß nimmt.

Das zweite Beispiel betrifft die Sonne; es ist daher nicht nur extern, sondern auch extraterrestrisch. Wir wissen, daß bereits geringe Variationen der langfristigen, über viele Jahre gemittelten Sonneneinstrahlung das Klima ändern. Wichtig ist in diesem Zusammenhang die sogenannte »Solarkonstante«; das ist die

Sonnenenergie pro Zeit- und Flächeneinheit, die am fiktiven äußeren Rand der Atmosphäre gemessen wird; fiktiv, weil die Atmosphäre nicht sprunghaft, sondern kontinuierlich in den interplanetarischen Raum übergeht. Diese Solarkonstante beträgt – gemittelt über alle Jahreszeiten und die ganze Erde – rund 1,37 Kilowatt pro Quadratmeter (oder knapp 2 Kalorien pro Quadratzentimeter und Minute) bezüglich senkrecht einfallender Sonnenstrahlung.

Davon dringt ungefähr die Hälfte – im globalen und jährlichen Mittel – zur Erdoberfläche durch, direkt sowie gestreut an den Gasen und Partikeln der Atmosphäre. Nun wissen wir, daß im Laufe der Jahrhunderttausende die Sonneneinstrahlung um einige Prozent variiert, und zwar aufgrund von Änderungen der Erdumlaufbahn um die Sonne. Es handelt sich dabei um nahezu periodische Schwankungen der Exzentrizität der Erdumlaufbahn, der Erdachsenneigung und des Datums für den erdnächsten und erdfernsten Punkt der Erdumlaufbahn, wobei die beiden letztgenannten Vorgänge nur eine regionale Umverteilung der einfallenden Sonnenenergie bewirken. Bereits 1920 hat der jugoslawische Astronom M. Milanković daraus die unterschiedliche Sonneneinstrahlung für bestimmte Regionen und Jahreszeiten berechnet und versucht, das Phänomen der Eiszeit damit in Verbindung zu bringen. In ihrer ursprünglichen Form versagte diese Hypothese; seit einigen Jahren liegt jedoch auf gleicher Grundlage eine wesentlich fortgeschrittene Version vor, bei der die unterschiedliche »Sensitivität« verschiedener geographischer Regionen und Jahreszeiten sowie Rückkopplungen berücksichtigt werden, und es gibt gute Argumente dafür, daß diese Erdbahnparameter-Hypothese tatsächlich ein so bedeutender externer Einfluß auf das Klimasystem ist, daß sich das Kommen und Gehen der Eiszeiten damit erklären und vorhersagen läßt.

Möglicherweise unterliegt die Solarkonstante auch in der zeitlichen Größenordnung von einigen Jahrhunderten und Jahrtausenden merklichen Änderungen, und zwar durch unterschiedliche solare Aktivität (»unruhige« beziehungsweise »ruhige« Sonne), wobei erhöhte solare Aktivität durch ein erhöhtes Ausmaß der Sonnenflecken beobachtbar ist, das sind relativ kalte und entsprechend dunklere Gebiete auf der sichtbaren Sonnenoberfläche. Begleitet wird dieses Phänomen durch verstärkte Sonnenfackeln, so daß zumindest im ultravioletten Spektralbereich der Sonne eine erhöhte Einstrahlung meßbar ist. Ob dies aber für die gesamte, über alle Wellenlängen integrierte Sonnenstrahlung gilt, ist – trotz jahrzehntelanger Diskussion – ebenso umstritten wie die Hypothese, daß es klimawirksame Sonnenpulsationen gibt. Der ausgeprägte etwa elfjährige Sonnenfleckenzyklus ist aller Wahrscheinlichkeit nach ohne Klimarelevanz.

Aus dem großen Komplex der Vorgänge, die das Klima und seine Variationen steuern, soll noch eine wichtige interne Wechselwirkung genannt sein: das El-Niño-Phänomen. Es handelt sich dabei um recht plötzlich auftretende, großräumige Erwärmungen der obersten Ozeanschicht im Bereich des tropischen Pazifiks vor der Westküste Südamerikas und wahrscheinlich auch im Bereich des tropischen Atlantiks. Besonders in Peru ist dieses Phänomen seit längerer Zeit bekannt und bekam in der Landessprache, da es jeweils meist um die Weihnachtszeit einsetzt, den Namen »El Niño« (das Kind oder Christkind). Dieses Phänomen reicht aber weit auf den Ozean hinaus und dauert jeweils einige Monate an, bevor es verschwindet und dann im Abstand von einigen Jahren wieder auftaucht. Zwar ist der Auslösemechanismus noch nicht geklärt; ohne Frage handelt es sich aber um eine ozeanisch-atmosphärische Wechselwirkung, wobei das Aufquellen relativ kalten Wassers im Bereich des Humboldt-Stromes nachläßt, so daß die Meeresoberflächen-Temperaturen um einige Grad ansteigen. Als Folge des El-Niño-Phänomens kann es dann in diesen Regionen zu ungewöhnlich und äußerst ergiebigen Niederschlägen kommen, während woanders gleichzeitig ungewöhnliche Dürren auftreten. Auch diesen Vorgang versucht man mit Hilfe von Klimamodellen zu simulieren. Eine weitere Wirkung des El-Niño-Phänomens ist übrigens ein drastischer Rückgang der Fischfangquote, da das kalte Auftriebswasser, das dann fehlt, wesentlich nährstoff- und somit fischreicher ist als das wärmere »El-Niño-Wasser«.

Wenn daher vom Klima die Rede ist, sollte nicht nur an die übliche Definition auf der Grundlage der Beschreibung von Klimadaten gedacht werden. Ebenso wichtig ist es, sich die überaus komplizierten Steuerungsmechanismen vor Augen zu führen, die das Klima und seine Variationen hervorrufen, was wir hier allerdings nur in einigen wenigen Beispielen getan haben. Ganz besonders wichtig sind diese Gegebenheiten und Vorgänge, wenn menschliche Eingriffe in das Klima diskutiert und verstanden werden sollen; denn kein Vorgang im Klimasystem darf isoliert betrachtet werden. So müssen wir die menschlichen Eingriffe in das Klima vor dem Hintergrund der natürlichen Mechanismen und Klimaschwankungen sehen.

2.2 Natürliche Klimaschwankungen

Was Klima und Klimazustand bedeuten, auch welche ursächlichen Prozesse wesentlich sind, mag – wenigstens für unsere Zwecke – nun einigermaßen klar sein. Jede Änderung eines Klimazustandes, sei es über Jahrzehnte oder Jahrhunderte oder gar Jahrmillionen gemittelt, aber auch die Änderungen von Jahr zu Jahr (interannuär) sollen hier als Klimaschwankungen (Klimavariationen, Klimaänderungen) bezeichnet werden. Wie bisher orientieren wir uns vorwiegend an der bodennahen Lufttemperatur, die uns später im Rahmen des anthropogenen Treibhauseffekts besonders beschäftigen wird, können aber auf einige andere Klimaelemente nicht ganz verzichten.

Das Klima variiert in allen Größenordnungen (Skalen) des Raumes und der Zeit. Dies sagt im Grunde alles – und doch nicht viel. Da wir hier vor allem großräumige Klimaänderungen betrachten wollen, soll uns zunächst die Abbildung 7 genauere

Hinweise geben. Dargestellt sind die Jahresmittelwerte von 1851 bis 1985 der bodennahen Lufttemperatur, gemittelt jeweils für die nordhemisphärischen Landgebiete. Es handelt sich dabei um einen der am besten abgesicherten Datensätze dieser Art. Er beruht vollständig auf direkten Messungen, auf der Grundlage von anfangs rund 300 und später über 1000 Stationen, und wurde von dem englischen Klimatologen P. D. Jones und seinen Mitarbeitern 1985 zusammengestellt. Was Klimakarten in einem Schulatlas nicht erahnen lassen: Wir beobachten auch derzeit zweifellos Klimaschwankungen, wobei die Jahr-zu-Jahr-Variationen am Beginn und Ende dieses Zeitintervalls besonders stark ausgeprägt sind. Diese natürlichen Variationen sind wesentlich

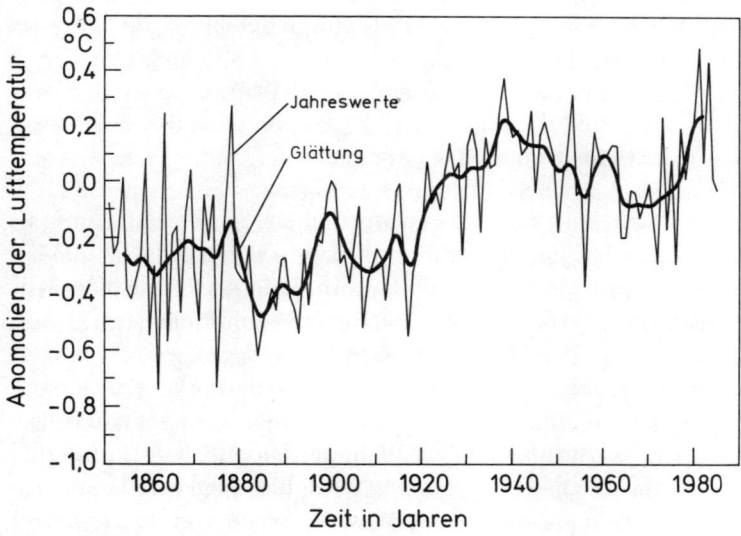

Abbildung 7:
Jahr-zu-Jahr-Variationen der nordhemisphären gemittelten Lufttemperatur (sogenannte Anomalien; in diesem Fall Abweichungen vom Referenzwert 1951 bis 1970). Die dick gezeichnete geglätte Kurve unterdrückt die relativ kurzfristigen Variationen und gibt in etwa die zehnjährigen Schwankungen an (Quelle: P. D. Jones, 1985, ergänzt nach C.-D. Schönwiese und J. Malcher, 1987).

größer als der Fehler (die Unschärfe) der Beobachtungen (in Abbildung 7 wesentlich unter 0,1 °C). Die Ursachen für alle diese Variationen sind nur sehr unvollständig geklärt. In Frage kommen vor allem interne Wechselwirkungen im Subsystem Atmosphäre – Ozean, und zwar sowohl deterministische (mit klarer Ursache-Wirkung-Verknüpfung) als auch stochastische (Zufallsprozesse). Gelegentlich greift auch der externe Einfluß des Vulkanismus in das Geschehen ein, besonders nach 1883 (Ausbruch des Krakatau, Indonesien) und 1982 (El Chichón, Mexiko); allerdings ist die Wirksamkeit solcher Einzelausbrüche im allgemeinen weitaus geringer als der Einfluß längerer vulkanisch aktiverer oder inaktiverer Phasen.

Glätten wir diese jährlichen Beobachtungsdaten mit statistischen Mitteln, beispielsweise in der Art, daß nur die langfristigen Variationen im Zeitbereich von Jahrzehnten an aufwärts übrigbleiben (dick gezeichnete Kurve in Abbildung 7), so zeigt sich ein Temperaturanstieg um etwa 0,7 °C von etwa 1885 bis 1940, danach ein Temperaturrückgang um etwa 0,3 °C bis etwa 1970 und in jüngster Zeit wieder ein ansteigender Trend. Es gibt eine Reihe von hypothetischen Erklärungsversuchen für diese relativ langfristigen Variationen (unter anderem mit Hilfe des Vulkanismus); und die Frage, inwieweit der Mensch dabei eine wesentliche Rolle spielt, wird uns noch intensiv beschäftigen. Insgesamt gesehen versteht man diese Fluktuationen des letzten Jahrhunderts und auch der letzten Jahrtausende noch bemerkenswert wenig.

Wer sich Abbildung 7 näher ansieht, könnte meinen, daß solche Temperaturschwankungen in ihrem Ausmaß viel zu gering seien, um wirklich interessant zu sein, besonders wenn man sie mit den weitaus heftigeren Schwankungen des Wetters vergleicht. Diese Ansicht wäre jedoch ein gravierender Fehlschluß. Mit der Atmosphäre sind ja im Rahmen des Klimasystems Ozean, Kryosphäre (Eisgebiete) und die für den Menschen besonders wichtige Biosphäre (Landwirtschaft, Ernährung) gekoppelt, und diese Systeme agieren viel träger und somit langsamer als die Atmosphäre. Genauer gesagt: Nur den relativ langsamen Variationen (nicht Tag-zu-Tag, wie für die Atmosphäre typisch, sondern Jahr-zu-Jahr, Jahrzehnt-zu-Jahrzehnt usw.) folgen die außeratmosphärischen Subsysteme des Klimasystems, und das wegen der möglichen Rückkopplungen nicht selten unter Verstärkung der Temperaturvariationen. So läßt sich beispielsweise mit dem genannten langfristigen Temperaturanstieg seit etwa 1885 ein drastischer Gletscherrückgang in den Alpen und in anderen Gebirgsregionen verknüpfen.

Der englische Klimatologe H. Lamb (1972) weist darauf hin, daß eine langfristige Temperaturänderung von nur 0,5° C in England die Vegetationszeit (Keimen bis Blattabwurf) um etwa 14 Tage verändert, während die kurzfristigen Wetterschwankungen nur in extremen Fällen einmal nachhaltige Wirkung aufweisen können. In Nordafrika entspricht eine Änderung der – über viele Jahre gemittelten – Lufttemperatur um nur 0,1 °C einer Verlagerung der Wüstengrenze um etwa 50 bis 100 Kilometer. Die manchmal sehr heftigen Änderungen des Wetters, so viel Effekt sie in besonders drastischen Einzelfällen auch zeigen mögen, sind somit vergleichsweise harmlos gegenüber den langsamen (schleichenden) Änderungen über die Jahrzehnte, Jahrhunderte, wie sie für Klimaänderungen typisch sind.

Versucht man, die langfristigen Temperaturvariationen der Landgebiete der Erde im globalen Mittel (für die Südhemisphäre nur bis 62,5 Grad zugänglich) zu erfassen, und zwar für in etwa die gleiche Zeitspanne wie in Abbildung 7 (vgl. Abbildung 8), so zeigt sich auch hier der genannte Temperaturanstieg von etwa 1885 bis 1940. Der Betrag dieses Anstiegs fällt wegen der dämpfenden Wirkung der überwiegend maritim beeinflußten Südhemisphäre etwas geringer aus. Wasser besitzt eine größere Wärmekapazität als Land; dementsprechend kommt es bei gleicher äußerer Anregung, zum Beispiel durch Variationen der Sonneneinstrahlung, zu geringeren Temperaturänderungen. Der nordhemisphärisch deutlich zu sehende Temperaturrückgang von etwa 1940 bis 1970 ist südhemisphärisch kaum und glo-

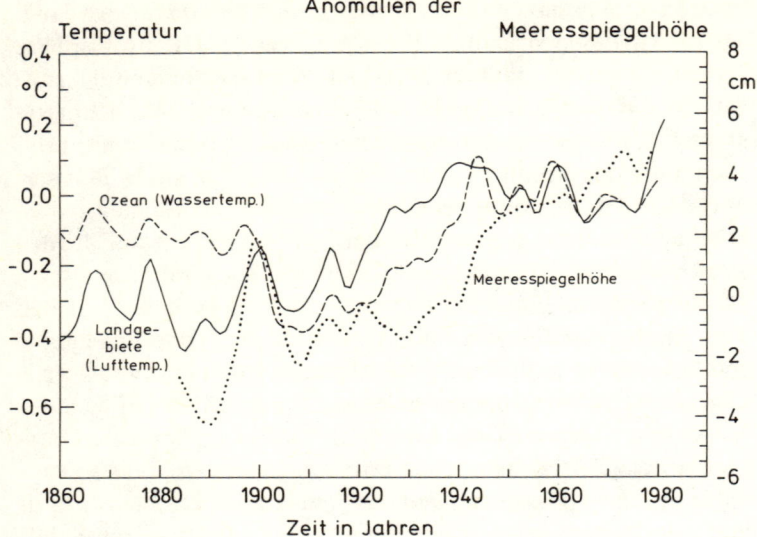

Abbildung 8:
Langfristige Schwankungen entsprechend der dick gezeichneten Kurve in Abbildung 7 der global gemittelten Lufttemperatur der Landgebiete, der ebenfalls global gemittelten Meeresoberflächen-Temperatur und der mittleren globalen Meeresspiegelhöhe (jeweils sogenannte Anomalien; Quelle: P. D. Jones, 1985, C. K. Folland, 1985, V. Gornitz, 1985; bearbeitet nach C.-D. Schönwiese und J. Malcher, 1987).

bal entsprechend geringer ausgeprägt, was möglicherweise damit zusammenhängt, daß der für die Nordhemisphäre weitaus effektivere Vulkanismus (Abkühlungseffekt) seit etwa 1940 aktiver war als von 1915 bis 1940 und somit im wesentlichen nur die nordhemisphärische Lufttemperatur beeinflußt hat. Unabhängig davon, wie überzeugend solche Hypothesen sein mögen, ist der Eindruck eines durchweg ansteigenden Temperaturtrends der global gemittelten Landgebiete seit etwa 1885 nicht abwegig.

Die Meeresoberflächen-Temperatur – und zwei Drittel der Erdoberfläche sind ja vom Meer bedeckt – hat sich allem Anschein nach aber anders verhalten. Seit etwa 1940 ist eher ein abwärts-als ein aufwärtsgerichteter Trend zu sehen; interessant ist auch der zwischen etwa 1895 und 1905 eingetretene recht drastische Temperaturrückgang der Meeresoberfläche. Bei alledem darf aber nicht unerwähnt bleiben, daß die Meßdaten der Meeres-oberflächen-Temperatur wesentlich unsicherer sind als die der Landgebiete; denn systematische Fehler von mehreren Zehntel-grad, aufgrund verschiedener Techniken der Meerwasser-Tem-peraturmessung, können nicht ausgeschlossen werden. Von Interesse ist daher auch ein Blick auf die Meeresspie-gelhöhe, die in globalen Abschätzungen von mehreren ameri-kanischen Arbeitsgruppen untersucht worden ist (hier nach V. Gornitz, J. Hansen und Mitarbeitern 1982, 1985). Die Unsi-cherheiten der Rekonstruktion nehmen nun aber noch weiter zu, unter anderem deswegen, weil die Pegelstände der Küsten nicht nur vom Klima und den Gezeiten, sondern auch von tektoni-schen Bewegungen beeinflußt werden, durch relative Hebungs-beziehungsweise Absenkungsvorgänge der Landmassen, die allerdings sehr langsam vor sich gehen. Trotz dieser Unsicher-heiten kann man aber davon ausgehen, daß der global gemittelte Meeresspiegel – mit erheblichen regionalen Abweichungen – während der letzten 100 Jahre real um rund 10 Zentimeter ange-stiegen ist, und dies bis auf eine ausgeprägte Fluktuation etwa von 1890 bis 1910 im wesentlichen kontinuierlich. Eine Modell-rechnung der genannten amerikanischen Wissenschaftlergruppe bringt diesen Meeresspiegelanstieg in etwa jeweils zur Hälfte mit thermischer Expansion des oberen Ozeans, der sogenannten Mischungsschicht von einigen hundert Metern Mächtigkeit oberhalb des »tiefen« kälteren Ozeans, und Abschmelzen von Landeis in Verbindung. Das Schmelzen schwimmenden Eises ändert die Meeresspiegelhöhe nicht. Der Ozeanograph T. Bar-nett (1985) hält sogar einen Meeresspiegelanstieg um etwa 10 bis 25 Zentimeter während der letzten 100 Jahre für möglich und die höheren Werte für wahrscheinlicher als die niedrigen, betont

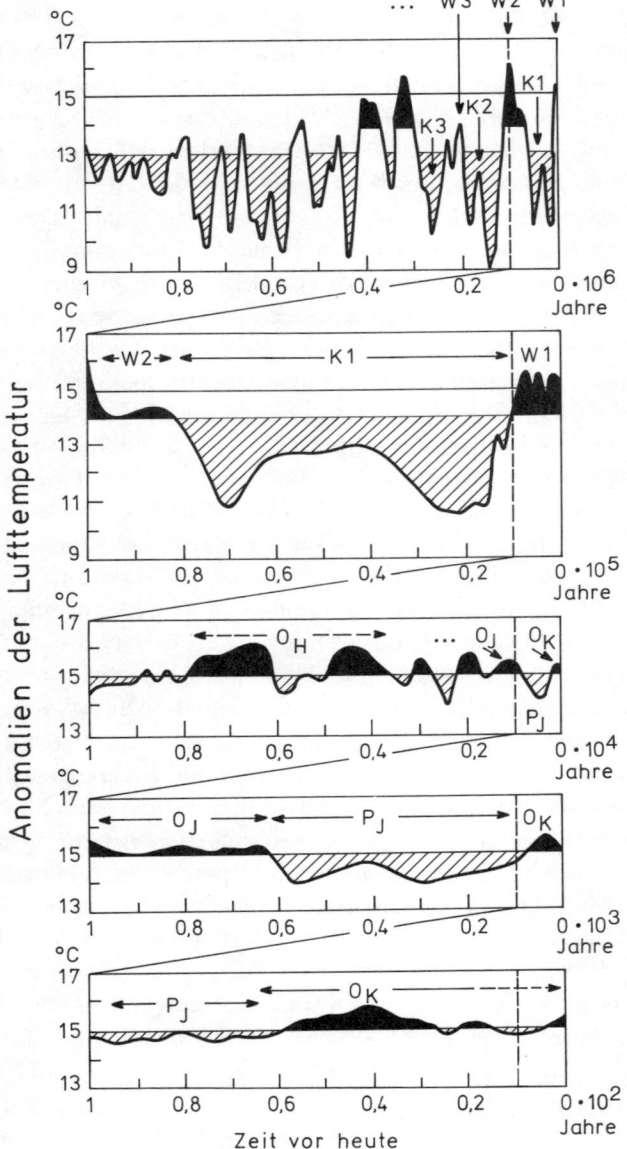

aber auch die enormen Unsicherheiten solcher Rekonstruktionen.

Diese Befunde sich andeutender Klimaschwankungen während der letzten hundert Jahre sind gerade in Zusammenhang mit der Frage, ob der Mensch weltweit in das Klimageschehen eingreift, von großem Interesse. Bevor wir einer solchen Frage aber nähertreten können, müssen wir die eben beschriebenen säkularen Klimaschwankungen in das Gesamtgeschehen der natürlichen Klimaschwankungen einordnen, zunächst immer in Orientierung an das Klimaelement bodennahe Lufttemperatur und unter großzügiger zeitlicher (Jahrzehnte und mehr) wie räumlicher (hemisphärisch bis global) Mittelung. Am besten vergrößern wir systematisch unsere betrachtete Zeitspanne schrittweise um den Faktor zehn; das heißt ausgehend von den letzten 100 Jahren betrachten wir 1000, dann 10 000 Jahre usw. Genau das geschieht in Abbildung 9.

Erst einmal stellen wir fest, daß die nordhemisphärische bodennahe Mitteltemperatur der letzten 100 Jahre bei etwa 15 °C liegt, der globale Mittelwert nur geringfügig darunter. Das ist unser Bezugswert, von dem wir sagen, daß er heute annähernd gilt. Im folgenden wollen wir jede im Vergleich dazu relativ warme Epoche als »Optimum« und jede relativ kalte Epoche als »Pessimum« bezeichnen.

Nun zu den letzten 1000 (= 10^3) Jahren, deren Temperaturgeschichte im wesentlichen durch polare Eisbohrungen rekonstruiert wurde – aus Sauerstoff-Isotopenverhältnissen; auf Einzelheiten dieser und anderer indirekter (paläoklimatologischer) Methoden der Klimarekonstruktion können wir hier nicht einge-

Abbildung 9:
Überblick der nordhemispärisch gemittelten Temperaturschwankungen seit einer Jahrmillion vor heute, seit 100 000 Jahren vor heute usw., bis schließlich für die letzten 100 Jahre. Die Symbole markieren jeweils besonders relativ warme und relativ kalte Epochen; Abkürzungen siehe S. 224 – 226. (Quelle: nach W. C. Clark, 1982, ergänzt und modifiziert nach C.-D. Schönwiese, 1987).

hen. Nun erscheint das Moderne Optimum als sehr kurze Episode, und davor taucht eine rund 500 Jahre andauernde relativ kalte Epoche auf, die von englischen Klimatologen etwas übertrieben »Kleine Eiszeit« genannt wird (auch »neuzeitliches Pessimum«). Sicherlich aber sind die besonders kalten Phasen dieser Epoche mit gegenüber heute weit ausgedehnteren Alpengletschern (besonders um 1850, um 1600 und möglicherweise auch um 1350) und oft katastrophalen wirtschaftlichen Schwierigkeiten wie Mißernten und Hungersnöten verbunden gewesen; und das, obwohl die mittlere Temperatur gegenüber heute um nur etwa 1 °C abgesunken war. Insgesamt liegt die Amplitude dieser langfristigen Temperaturfluktuationen innerhalb der letzten 1000 Jahre bei etwa 1,5 °C.

Auch bei Betrachtung der letzten 10 000 (= 10^4) Jahre ändert sich daran wenig; allenfalls bei 1,5 bis 2 °C liegen die Temperaturunterschiede. Vor der Kleinen Eiszeit nimmt das »Mittelalterliche Optimum« (ca. 900–1200 n. Chr.) nun ebenfalls episodischen Charakter an, obwohl es wesentlich länger als das jüngste Moderne Optimum gedauert hat. Wichtig, obwohl nur sehr undeutlich zu sehen, ist die Tatsache, daß der Temperaturverlauf vor etwa 4000 bis 7000 Jahren einen Höhepunkt erreicht hat (mit mehreren überlagerten Fluktuationen), der allgemein als »Klimaoptimum« schlechthin bezeichnet wird (auch »Hauptoptimum«, »Altithermum«, »postglaziales Optimum«). In der geologischen Nomenklatur übersehen wir nun fast das ganze Holozän, die Epoche nach der letzten Eiszeit.

Diese letzte Eiszeit-Epoche der letzten 100 000 (= 10^5) Jahre hat ungefähr die Zeit von 70 000 bis 11 000 Jahre vor heute eingenommen und trägt den Namen »Würm-Eiszeit« (auch »Weichsel-«, »Wisconsin-«, »Valdai-Eiszeit« usw.) und erreichte ihre letzte intensivste Phase vor etwa 18 000 Jahren. Der Begriff »Eiszeit« ist allerdings mißverständlich, wie wir noch sehen werden, und man sollte besser von »Kaltzeiten« (relativ kalte Epochen) sprechen, auch wenn es sich im Vergleich zu den »Pessima« um ganz wesentlich kältere Epochen handelt. Dementsprechend ist in Abbildung 9 auch die Abkürzung K_1 = Würm-Kaltzeit verwendet. Davor lag eine Warmzeit ähnlich der heutigen (Neo-Warmzeit W_1 oder Holozän oder holozäne Warmzeit), nämlich die Eem-Warmzeit mit ihrem Höhepunkt vor etwa 120 000 Jahren bei etwas höherem Temperaturniveau als heute. Dies erkennen wir bei Betrachtung des Zeitraums der letzten Jahrmillion (= 10^6), geologisch gesagt des »Pleistozän«, in dem sich ein ausgeprägtes Wechselspiel zwischen Warm- und Kaltzeiten abgespielt hat. Die damit verbundene Temperaturamplitude von maximal etwa 7 °C läßt schon erahnen, daß damit ungeheure Auswirkungen im Klimasystem verbunden waren. Erwähnt seien hier nur die ausgedehnten Vereisungen während der Kaltzeiten, die beispielsweise das ganze heutige Kanada, Skandinavien, Island und fast ganz Großbritannien bedeckt haben, verbunden mit einem Absinken des Meeresspiegels um etwa 135 Meter. Für unsere späteren Überlegungen ist die Feststellung wichtig, daß die Temperaturfluktuationen des Warm-/Kaltzeit-Zyklus offenbar in den Tropen und Subtropen wesentlich geringer waren – man kann in etwa die Hälfte der hemisphärischen Mittelwerte ansetzen – als in den subpolaren und polaren Regionen, wo ungefähr das Doppelte dieser Werte gilt, insbesondere für die Wintermonate. In unseren mittleren Breiten liegt dieser Temperaturunterschied zwischen Warm- und Kaltzeit in der gleichen Größenordnung wie im Fall der nordhemisphärischen Mittelwerte. Auf der Südhemisphäre herrschen wegen der nahezu symmetrischen Anordnung des antarktischen Kontinents um den Pol bemerkenswert stabile Verhältnisse, so daß es dort im Zyklus der Warm- und Kaltzeiten zu nur geringen Variationen der Eisausdehnung und entsprechend abgeschwächten Klimaänderungen gekommen ist.

Es muß noch erwähnt werden, daß der Zyklus der Kalt- und Warmzeiten (Eiszeiten und Zwischeneiszeiten) nach derzeitiger Einschätzung vor etwa 3 (3,2?) Millionen Jahren begonnen hat und daß seitdem – im »quartären Eiszeitalter« – mindestens zwanzig solcher Kalt- und Warmzeiten aufgetreten sind. Die Bezeichnung »Eiszeitalter« darf nicht mit dem Begriff »Eiszeit« (K_1, K_2, usw. in Abbildung 9) verwechselt werden und ist deswegen bedeutungsvoll, weil etwa 80 bis 90 Prozent der rekonstruierbaren Klimageschichte (seit 3,8 Milliarden Jahren; Erdalter: 4,6 Milliarden Jahre) von einem so warmen Klima beherrscht wurden, daß Eisbildungen an der Erdoberfläche gar nicht möglich waren. Man spricht vom »akryogenen Warmklima«, das heißt Klima ohne Kryosphäre. Und auch die rekonstruierten Eiszeitalter haben keinesfalls wie das derzeitige (Quartär) an beiden Polen zu Vereisungen geführt. Ein solches stark asymmetrisches Klima, und zwar mit Vereisungen in der Antarktis, aber eisfreier Nordhemisphäre, hat beispielsweise im späten Tertiär vorgeherrscht, als vor etwa 28 Millionen Jahren antarktische Vereisungen eingesetzt haben. Damals lag die mittlere nordhemisphärische Lufttemperatur ungefähr 3 bis 5 °C über dem heutigen Niveau, zum Höhepunkt der Eem-Warmzeit etwa 2 bis 2,5 °C darüber, mit einem gegenüber heute etwa 5 bis 7 Meter höheren Meeresspiegel.

Halten wir fest: Wir leben derzeit in einer, verglichen mit dem mittleren Temperaturniveau der ganzen Erdgeschichte, ungewöhnlich kalten Epoche, nämlich im quartären Eiszeitalter, das offensichtlich an beiden Polen Vereisungen zuläßt. Innerhalb dieser Epoche ist es aber derzeit relativ warm, da sich zuletzt die holozäne oder Neo-Warmzeit eingestellt hat. Innerhalb dieser Epoche haben wir zwar den Höhepunkt, das Klimaoptimum, bereits überschritten, zudem auch das jüngste Moderne Optimum; dennoch ist es derzeit deutlich wärmer als in der Kleinen Eiszeit vor rund hundert Jahren.

Das Auftreten der Eiszeitalter hängt unter anderem mit der Kontinentaldrift zusammen, die ja im Laufe der Erdgeschichte die Konstellation von Land und Meer immer wieder drastisch verändert hat. Vorbedingung ist, daß sich in der Nähe von zumindest einem geographischen Pol größere Landmassen befinden müssen, wie derzeit in geradezu idealer Weise die

Antarktis (symmetrisch zum Südpol) und nicht ganz so ideal Nordamerika, Grönland und Nordasien in der Nähe des Nordpols. Nur dann kann als Schnee fallender Niederschlag auf diesen Landgebieten liegenbleiben und im Laufe der Zeit zu größeren Eisgebieten akkumulieren. Dabei greift die früher beschriebene positive Rückkopplung entscheidend in den Ablauf der Klimageschichte ein und führt zu einem entsprechend tiefen Temperaturniveau.

Ist ein solcher Zustand erreicht, so kommen offenbar die Variationen der Sonneneinstrahlung zum Zuge, die durch die Variationen der Erdumlaufbahn um die Sonne zustande kommen. Diese »Orbitaltheorie« ist ja bereits beschrieben worden, und es spricht vieles dafür, daß sie in einer recht komplizierten und modifizierten Form als Erklärungshypothese der in Abbildung 9 (oben) dargestellten Temperaturzyklen (K/W) in Frage kommt. Falls diese Hypothese richtig ist, sind sogar Vorhersagen möglich: Danach sollte sich in etwa 60 000 Jahren der Tiefpunkt der kommenden Eiszeit einstellen (nach dem belgischen Astronomen und Geophysiker A. Berger, 1981). Eine grobe Schätzung, die von einem damit verbundenen Absinken des Temperaturniveaus um 5 °C ausgeht, führt zu einem derzeitigen Trend von weniger als einem hundertstel Grad pro Jahrhundert, der uns hypothetisch auf die nächste Eiszeit zuführt. Diese Abschätzung zeigt, daß die Problematik einer vor uns stehenden Eiszeit – trotz hohem wissenschaftlichem Interesse – für die kommenden Jahrhunderte und erst recht Jahrzehnte ohne jeden praktischen Belang ist; denn die Temperaturfluktuationen von Jahr zu Jahr, von Jahrzehnt zu Jahrzehnt und von Jahrhundert zu Jahrhundert übertreffen diesen Trend um mindestens den Faktor 100. Unglücklicherweise sind in dieser kürzeren Zeitskala die Ursache-Wirkung-Mechanismen der Klimaschwankungen – hier zunächst immer nordhemisphärisch gemittelte bodennahe Lufttemperaturschwankungen – weit weniger geklärt; aber damit werden wir uns noch eingehend befassen.
Diese wenigen und groben Informationen über die natürlichen

Klimaschwankungen sollen für das Weitere im wesentlichen genügen. Auf regionale Besonderheiten und Zeitverschiebungen kann hier ebensowenig eingegangen werden wie auf die Probleme der Rekonstruktionsmethoden. Abschließend soll nur noch erwähnt sein, daß die Niederschlagsinformationen der Klimageschichte sehr viel spärlicher und vor allem fragwürdiger sind. Hinzu kommt die große räumliche Variabilität des Niederschlags, die ein so enges Meßnetz erfordert, wie es selbst heute in den meisten Gegenden der Erde nicht realisiert ist. Wir müssen uns daher mit der Feststellung begnügen, daß auch die Niederschläge im Lauf der Klimageschichte stark geschwankt haben, und auch hier befinden wir uns mitten im wechselvollen Geschehen, wie zum Beispiel die häufig diskutierte Dürre im Sahel-Bereich (Nordafrika) zeigt.

2.3 Auswirkungen der Klimaschwankungen auf die Menschheit

Die Klimageschichte ist nicht nur ein Arbeitsgebiet, das die Wissenschaftler in aller Welt beschäftigt und begeistert, wenn sie wieder neue Aspekte und Zusammenhänge herausgefunden haben. Die Klimageschichte ist auch mit dem Wohlergehen der Menschheit eng verknüpft.

Das hängt zunächst einmal mit den atmosphärisch-biosphärischen Kopplungen zusammen, von denen schon die Rede war. Ganz offensichtlich ist der Zusammenhang zwischen den Klima- und Vegetationszonen, wie er in einem Schulatlas zu sehen ist. Dabei vergessen wir für kurze Zeit einmal die Tatsache, daß es Klimaschwankungen gibt, und erkennen in der natürlichen Vegetation, aber auch in den Möglichkeiten der Landwirtschaft – im Anbau sogenannter Kulturpflanzen –, ein Spiegelbild des Klimas: Die warme, niederschlagsreiche Tropenzone ermöglicht die Existenz eines üppigen Regenwalds, hier wie im folgenden sollten wir uns an die allgemeine Zirkulation in Abbildung 4 erinnern. Auch in den Randtropen, soweit noch genügend sommerlicher Niederschlag fällt (Zenital-Regenzeit), sind noch natürliche Vegetation wie landwirtschaftliche Nutzung möglich.

Gerade bei den inneren Tropen darf man sich aber nicht dem Trugschluß hingeben: je mehr Niederschlag, um so besser; denn zu starke Niederschlagstätigkeit wäscht die Nährstoffe aus dem Boden aus und führt dadurch zu einer Bodenverarmung, sofern nicht möglichst üppige natürliche Vegetation für rasche Bodenbildung und entsprechend raschen Nährstoffnachschub sorgt, dank chemischer Verwitterung bei hohem Temperatur- und Feuchteniveau. Wird diese natürliche Vegetation zugunsten landwirtschaftlicher Kulturen gerodet – womöglich Monokulturen mit zeitweise brachliegendem Ackerland –, so gewinnt nicht nur die Bodenverarmung die Oberhand, sondern es besteht auch die Gefahr großräumiger Bodenverluste durch Erosion (Abschwemmen).

In den inneren Subtropen erlaubt die Trockenheit weder nennenswerte natürliche Vegetation noch landwirtschaftliche Nutzung, da kein oder nur äußerst geringer Niederschlag fällt (Wüstenklima). Im Übergangsbereich zwischen Tropen und Subtropen, wo die relativ kurzen Sommerniederschläge noch eine Steppe mit einzelnen Baumgruppen oder sogar eine Savanne zulassen, muß die landwirtschaftliche Nutzung, einschließlich der Weidewirtschaft, sehr zurückhaltend sein, um die spärliche Vegetation nicht zu stark zu belasten, wobei die in Abbildung 3a skizzierte Rückkopplung effektiv werden kann. All dies birgt die Gefahr der Wüstenbildung, und die Sahel-Zone in Nordafrika ist ein trauriges Beispiel dafür. Inwieweit dafür auch großräumige Klimaschwankungen mitverantwortlich sind, ist trotz vieler Untersuchungen umstritten. Die zu intensive Bewirtschaftung durch den Menschen dürfte aber der überwiegende Faktor für die dortige Desertifikation sein.

Zwischen den inneren Subtropen und der gemäßigten Klimazone liegt ein weiterer Klimaübergangsbereich, der im Sommer den Subtropen zuzurechnen ist (warm-trocken), im Winter aber von den Niederschlägen der gemäßigten Klimazone erfaßt wird. Ein uns sicher naheliegendes Beispiel dafür ist das Mittelmeergebiet, das wegen seiner ausgeprägten Sommertrockenheit meist der Subtropenzone zugeordnet wird. Diese Sommertrockenheit ist landwirtschaftlich sehr ungünstig; denn gerade in der warmen sommerlichen Vegetationsperiode benötigen die Pflanzen ausreichende Bodenfeuchte. Der Mensch versucht, durch intensive künstliche Bewässerung mit diesen Schwierigkeiten fertig zu werden. Übrigens hatte sich in vorhistorischer Zeit, trotz dieser Klimaungunst, im Mittelmeergebiet eine ausgedehnte Bewaldung etablieren können, wobei die subtropische Vegetation im Laufe der Evolution besondere Einrichtungen zum Verdunstungsschutz entwickelt hat wie relativ dicke Blätter mit harter Oberfläche, die wenig Wasserdampf an die Atmosphäre abgeben; teilweise auch Anlage ober- oder unterirdischer Wasserspeicher wie bei den Kakteenarten. Die schon vor Jahrtausenden einsetzende großräumige Waldrodung im Mittelmeergebiet – ein frühes Beispiel massiven menschlichen Eingriffs in das Klima- beziehungsweise Umweltsystem – hat in dieser labilen Klimaübergangszone zu drastischen Grundwasserabsenkungen geführt, die nun auch in der winterlichen Regenzeit nicht mehr kompensiert werden können. Als Folge davon konnte sich bis heute weder die natürliche Vegetation regenerieren, noch landwirtschaftliche Nutzung problemlos betrieben werden.

Auch wenn uns, wie gesagt, der mediterrane Bereich relativ nahe liegt, sollte uns zumindest noch eine weitere derartige Klimaübergangszone interessieren: die großen Getreideanbaugebiete im mittleren Süden der USA. In guten Erntejahren lassen sich beträchtliche Überschüsse erwirtschaften, die dann den Hungergebieten der Dritten Welt zugute kommen können. Aber auch dort gibt es Probleme mit dem Sommerniederschlag und entsprechend intensive künstliche Bewässerung. Es liegt auf der Hand: Nachhaltige Klimaänderungen in diesen Übergangszonen zwischen gemäßigtem und subtropischem Klima, wie auch zwischen subtropischem und tropischem Klima, und zwar in Richtung eines stärkeren subtropischen Einflusses (mehr Trockenheit), können tiefgreifende wenn nicht sogar katastrophale Folgen haben.

Im Kerngebiet der gemäßigten Klimazone wie in Deutschland sind wir da viel besser dran. Die gemäßigten Temperaturgegebenheiten und das im allgemeinen humide Klima, der Niederschlag überwiegt gegenüber der Verdunstung, bewirken nicht nur einen günstigen atmosphärischen (Klima-) Rahmen für die Landwirtschaft; auch die Bodenbildung ist wegen der Ausgewogenheit zwischen physikalischer und chemischer Verwitterung sowie wegen der seltenen Nährstoffauswaschung durch Starkniederschläge optimal. So kommt es nicht von ungefähr, daß man bei einem Vergleich der Klimazonen gerade in der gemäßigten Klimazone mit Abstand die größten Bevölkerungsdichten (trotz Indien im tropisch-subtropischen Bereich) und höchsten wirtschaftlichen Entwicklungsstufen findet.

Diese optimalen Gegebenheiten gelten allerdings auch hier wieder nur für weitgehend natürliche Verhältnisse. Zwar sind Waldrodungen dank der ganzjährigen Niederschläge in der gemäßigten Klimazone viel unproblematischer als in der subtropischen und tropischen Zone: Der Wald könnte sich im Prinzip wieder erholen. Unglücklicherweise treten aber gerade hier in den stark industrialisierten Gebieten Belastungen der Vegetation durch die Emission toxischer Substanzen auf (Industrie, Kraftverkehr, Nutzung fossiler Brennstoffe in Kraftwerken und Privathaushalten). Das erschreckend fortschreitende Waldsterben belegt dies nur zu deutlich. Auch gegen Bodenverluste sind wir nicht gefeit, wenn die noch unbewachsenen Agrarflächen, wie die relativ spät bewachsenen Maisfelder, der Erosion durch Wind und Starkniederschlag viel Angriffsfläche bieten.

Trotz alledem sind wir, wie gesagt, in unserer Klimazone ohne Frage begünstigt. Könnte sich nun, wie in den genannten Klimaübergangszonen, auch in der gemäßigten Klimazone die Situation durch nachhaltige großräumige Klimaänderungen verschlechtern? Durchaus, wobei der gemäßigten Klimazone vor allem Gefahren durch sommerliche Dürreperioden und auch durch tiefere Temperaturen drohen. Gefürchtet sind vor allem die Spätfröste im Frühjahr, aber auch außerhalb der Vegetationsperiode kann es in extrem kalten Wintern zu Frostschäden kommen, wobei die verschiedenen Pflanzen sehr unterschiedliche Kälteresistenz aufweisen (Weinrebe bis $-21\,°C$, Apfelbaum bis $-33\,°C$, Fichte bis $-40\,°C$ und Lärche bis etwa $-70\,°C$; jeweils winterliche Extremwerte der Lufttemperatur und typische Mittelwerte der Pflanzen).

Eine Besonderheit des gemäßigten Klimas der Nordhemisphäre ist das ausgeprägt kontinentale Klima Osteuropas sowie Mittel- und Nordasiens, wo nicht nur das Niederschlagsangebot immer spärlicher wird, sondern – bei Sommertemperaturen ähnlich denen von Mitteleuropa – extrem kalte Winter auftreten: das sogenannte »boreale Klima«. Es fehlt dort die schon erwähnte dämpfende Wirkung des Ozeans, die im »maritimen Klima« den Jahresgang der Temperatur weitaus geringer ausfallen läßt als im kontinentalen Klima. In diesem borealen Klima dominiert als natürliche Vegetation der Nadelwald, und die extrem kälteresistente Lärche bildet die Waldgrenze zum subpolaren Klima hin.

Ohne hier auf Einzelheiten der Bioklimatologie eingehen zu können, soll zum Schluß dieser allgemeinen Betrachtungen doch versucht werden, die Reaktion der Vegetation auf das Klima unter allgemeinen und globalen Aspekten zusammenzufassen. Dafür bietet sich beispielsweise das sogenannte Holdridge-Schema an (vgl. Abbildung 10). Das Koordinatensystem dieses Schemas enthält die mittlere Jahressumme des Niederschlags in Millimetern (was übrigens Litern pro Quadratmeter entspricht) und die Jahresmitteltemperatur in Grad Celsius. Diesen sehr groben Klimagegebenheiten sind nun die natürlichen Vegetationsklassen zugeordnet. Für Frankfurt am Main beispielsweise folgt aus diesem Diagramm mit 632 Millimeter Jahresniederschlag und 9,9 °C Jahresmitteltemperatur (Bezugsintervall 1860

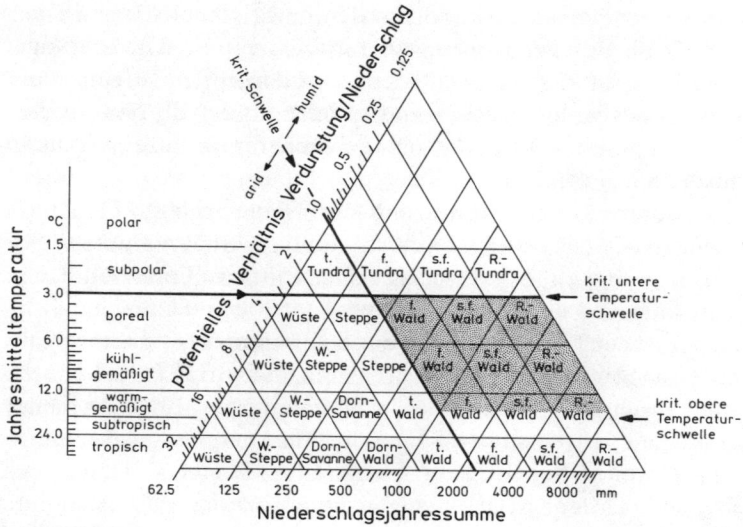

Abbildung 10:
Das Vegetationsklassen-Schema nach L. R. Holdridge, 1967, vereinfacht. Die Vegetationsklassen sind den Gegebenheiten von Jahresmitteltemperatur (linke Skala), Niederschlag (untere Skala) und dem wichtigen Verhältnis von potentieller (maximal möglicher) Verdunstung zu Niederschlag zugeordnet. Der optimale Bereich ist dunkel getönt hervorgehoben: zwischen den kritischen Temperaturschwellen und im Bereich des humiden Klimas. Die Abkürzungen bedeuten: t. = trocken, f. = feucht, s. f. = sehr feucht, W. = Wüste, R. = Regen.

bis 1960) die Vegetationsklasse »feuchter Wald«. Der Unterschied zum »sehr feuchten Wald« besteht darin, daß dort der Anteil der Laubbäume gegenüber den Nadelbäumen wesentlich zunimmt, bevor wir bei noch höherem Niederschlag vom »Regenwald« sprechen. Unterhalb der kritischen Temperaturschwelle von etwa 3 °C Jahresmitteltemperatur finden wir nur baumlose Tundra.

Die Bioklimatologen sehen aber auch in dem Temperaturwert 17 °C (oder 18 °C) eine kritische Grenze, und zwar nach oben hin. Dieser Temperaturwert wird nämlich meist zur Abgrenzung

55

der Tropen verwendet, und von den negativen bioklimatischen Gegebenheiten der Tropen war ja schon die Rede. Die »ökologische Benachteiligung der Tropen« wird von den Vegetationsklassen des Holdridge-Schemas leider nicht erfaßt, obwohl dieses Schema eine kritische obere Temperaturgrenze von 18 °C ausdrücklich vorsieht.

Dies führt uns zur Bewertung des Niederschlags. Dabei ist weniger der Niederschlag selbst, als das Verhältnis potentielle Verdunstung zu Niederschlag entscheidend. Potentiell heißt hier: aufgrund der Temperaturgegebenheiten maximal möglich. Daher ist auch diese Größe in das Diagramm eingezeichnet. Die kritische Schwelle mit dem Wert 1 grenzt das aride (> 1, Verdunstung größer als Niederschlag) vom humiden (< 1, Niederschlag größer als Verdunstung) Klima ab. Man erkennt, daß jenseits dieser weiteren kritischen Grenze (> 1) neben Wüste und Steppe höchstens noch ein sogenannter Trockenwald existieren kann mit besonderen an die Aridität angepaßten Pflanzen.

Festzuhalten bleibt, auch ohne Einsicht in die komplizierten Details der Bioklimatologie, daß es einen optimalen Klimabereich gibt (in Abbildung 10 hervorgehoben), wobei auch der tropische Regenwald in den ungünstigen Bereich fällt. Sowohl zu hohe als auch zu tiefe Temperatur, zu hoher oder auch zu geringer Niederschlag bringen ungünstige Klimabedingungen mit sich. Außerdem existiert auch bei ausreichendem Bodenwasserangebot für jede einzelne Pflanzenart – in der summarischen Darstellung nicht erfaßt – ein Temperaturoptimum, bei dem die größte Aktivität und entsprechend größte Biomassenproduktion festzustellen ist. Je mehr sich die Klimabedingungen von diesem Optimum entfernen, um so mehr läßt die Produktion nach, bis schließlich bei extremen Temperaturen die Pflanzen den Kälte- oder Hitzetod – letzteres durch Gerinnung des Zellplasmas – sterben, dies ist artspezifisch wiederum verschieden.

Mit dem Klima sind somit ganz bestimmte ökologische Gegebenheiten verknüpft, und selbstverständlich hängt auch der Mensch davon ab, und zwar nicht nur mit seinem persönlichen

Wohlbefinden (Behaglichkeitsbereich des Freiland- und Raumklimas), sondern auch mit seiner Landwirtschaft und sonstigen wirtschaftlichen Aktivität. Diese Abhängigkeit wirkt sich ohne Frage auch gesellschaftspolitisch aus, so daß man zusammengefaßt vom »sozioökonomischen Impakt« spricht. Verlassen wir nun wieder unser »derzeitiges« Klima, das wir vorübergehend als konstant aufgefaßt haben, und erinnern wir uns an die in Kapitel 2.2 grob zusammengefaßte Klimageschichte – oder besser Temperaturgeschichte –, so läßt sich dieser sozioökonomische Klimaimpakt in vielerei historischen Begebenheiten nachvollziehen, manchmal sogar in überaus drastischer Art und Weise. Einige Beispiele sollen das hier belegen. Wir wollen nicht verschweigen, daß dies nicht unproblematisch ist, da das Klima immer nur einer von vielen Fakten ist, die die Existenz und das Zusammenleben der Menschen beeinflussen. Auf der anderen Seite hat das Klima aber bei vielen geschichtlichen Ereignissen mitgewirkt. Jedenfalls hat eine internationale Konferenz »Klima und Geschichte« (1981 in England) neben vielen kritischen Anmerkungen zur Fragwürdigkeit klimatologisch-historischer Beziehungen nachdrücklich das gegenseitige Informationsdefizit der Klimatologen und Historiker bedauert. Da sind zum Beispiel die großen Völkerwanderungen im europäischen Bereich, die offenbar nicht durch Kriege ausgelöst wurden, sondern im Gegenteil Kriege ausgelöst haben. Welcher Zwang aber hat ganze Völker dazu veranlaßt, ihre angestammten Wohngebiete zu verlassen und in Entfernungen von nicht selten Tausenden von Kilometern neue Siedlungsräume zu suchen, was die entsprechenden kriegerischen Auseinandersetzungen mit der dortigen Bevölkerung zur Folge hatte? Zu diesen Völkerwanderungen zählt die große indogermanische Völkerwanderung von etwa 1200 bis 1000 v. Chr., die ganz offensichtlich nach Süden gerichtet war und unter anderem in mehreren Einwanderungswellen zur (Neu-) Besiedlung Griechenlands führte. In der Zeit von etwa 1200 bis 700 v. Chr. geriet dabei auch das ägyptische Reich durch die von Norden anstürmenden Seevölker in

Bedrängnis. Ein Blick auf die Klimageschichte weist zwischen 1200 und 600 v. Chr. auf die sogenannte »Subatlantik«-Epoche hin, die ein ausgeprägt kaltes und vielerorts auch feuchtes Klima mit sich brachte, möglicherweise das tiefste Temperaturniveau der letzten 10 000 Jahre. Dagegen herrschte davor im »Subboreal« (ca. 2000–1400 v. Chr., vgl. auch Blütezeit des ägyptischen Imperiums) und danach (ca. 400 v. Chr.–400 n. Chr., vgl. Blütezeit des griechischen und später römischen Imperiums) ein sehr mildes Klima. Sind das Zufälle?

Zwar hat es in der griechischen und römischen Antike durchaus viele kriegerische Auseinandersetzungen gegeben, wobei es im Jahr 218 v. Chr. Hannibal im Zuge der »Punischen Kriege« gelang, mit seinem Heer – und vielen Elefanten – die Alpen zu überqueren. Aus dieser Zeit und auch aus den Jahrhunderten danach gibt es vertrauenswürdige Berichte, wonach mehrere Alpenpässe ganzjährig passierbar waren. Diese Klimagunst konnte Hannibal wahrscheinlich ausnutzen; und dem römischen Imperium gelang es, über die Alpen hinweg und im Nordwesten bis nach England ein Verkehrsnetz aufzubauen, das offenbar auch im Winter weiträumige Verbindungen garantierte. Dann aber kam 375 bis 568 n. Chr. die germanische Völkerwanderung, wiederum von Nord nach Süd gerichtet, die das weströmische Imperium auslöschte. Wieder ist die Parallele mit der Klimageschichte auffällig, denn eine ausgeprägt kalte Epoche etwa 400 bis 800 n. Chr., das »Pessimum der Völkerwanderungszeit« ist nachgewiesen.

In diesem grob zusammenfassenden historisch-klimatologischen Überblick wenden wir uns nun dem Mittelalterlichen Optimum zu, das sich in etwa zwischen 800 und 1200 n. Chr. einstellte. In die Frühzeit dieser Epoche fallen die ausgedehnten Seefahrten der Normannen, die um das Jahr 1000 auf dem nördlichen Seeweg, inmitten der Zone heutigen Pack- und Treibeises, Nordamerika erreichten. Der dänische Glaziologe W. Dansgaard (1975), der wegen seiner Klimarekonstruktionen durch Bohrungen im polaren Eis – besonders in Grönland – bekannt geworden ist, weist darauf hin, daß auch weniger offensichtliche Klima-fluktuationen, so in der Frühzeit des Mittelalterlichen Opti-mums, tiefgreifende sozioökonomische Folgen haben können. So wird vom Jahr 865 berichtet, daß damals die Normannen mit einem Siedlungsversuch in Island scheiterten; angesichts »eines Fjordes voller Eis« gaben sie der Insel den Namen »Eisland« (hochdeutsch Island). Schon wenige Jahrzehnte danach aber, und zwar in der Zeit von 874 bis 930 n. Chr. bei deutlich höherem Temperaturniveau, gelang ihnen die Besiedlung Grönlands, dem sie den aus heutiger Sicht erstaunlichen Namen »grünes Land« gaben. Die nun folgende Hochphase des Mittelalterlichen Optimums erlaubte nicht nur ausgedehnte Agrarwirtschaft ent-lang der südnorwegischen Küste, sondern auch Weinanbau in England.

Besonders zahlreich sind die historischen Berichte über die Aus-wirkungen der Klimawende, die etwa zwischen 1200 und 1400 (mit gewissen regionalen Phasenverschiebungen) in die Kleine Eiszeit überleitete, sowie über diese Kleine Eiszeit selbst. Da wird von Mißernten und Hungersnöten berichtet. Aufgrund sol-cher Schwierigkeiten soll allein in England zwischen 1300 und 1327 die Bevölkerung um ein Drittel abgenommen haben. Der englische Klimatologe H. Lamb (1972) hebt ausdrücklich her-vor, daß dafür primär die Klimaverschlechterung und erst sekun-där Krankheitsepidemien wie die Pest verantwortlich seien. In einer erst kürzlich erschienenen ausführlichen Abhandlung beschreibt der Historiker C. Pfister (1984) die Klimageschichte und die sozioökonomischen Probleme der Schweiz während der Kleinen Eiszeit (erfaßt ab 1525). Viele historische Begebenhei-ten werden mehr oder weniger überzeugend mit dieser Klima-epoche in Verbindung gebracht, von manchen sogar die Bauern-kriege (Höhepunkt 1524/25) und der Dreißigjährige Krieg (1618–1648). Vieles davon ist sehr fragwürdig; fest steht aber, daß viele Wirtschaftskrisen (Mißernten, Seuchen usw.) – und als Folge davon nicht selten auch soziale Unruhen – mit ungünstigen Klimabedingungen zusammenfallen. Nicht zuletzt kann man die

Entdeckungsreisen nach der Klimawende (1498 Wiederentdeckung Amerikas) und die großen Auswanderungswellen jener Zeit – nach Amerika setzte eine Art neuzeitlicher Völkerwanderung ein – in Zusammenhang mit diesen Klimaschwankungen sehen. Interessant ist auch, wie sich die Kleine Eiszeit in der Malerei und im Volkslied Mitteleuropas niedergeschlagen hat. Angesichts dieser historischen Tatsachen und gewissen Parallelen mit der Klimageschichte drängt sich der Eindruck auf, daß nur Klimaverschlechterungen im Sinn großräumigen Absinkens des Temperaturniveaus negative sozioökonomische Auswirkungen hätten. Dieser Eindruck ist zumindest kurzsichtig. Jede nachhaltige Klimaänderung bringt Schwierigkeiten mit sich, schon allein deswegen, weil sich die an die Klimabedingungen angepaßte Wirtschaftsstruktur ändern muß. Dies betraf die vorindustriellen und somit landwirtschaftlich geprägten Kulturen überaus stark. Aber auch heute brächten uns tiefgreifende Klimaänderungen angesichts der eskalierenden Bevölkerungs- und Ernährungsprobleme in große Schwierigkeiten; und schließlich können wir uns auch heutzutage nicht von Industrieprodukten ernähren, sondern sind nach wie vor auf die Landwirtschaft angewiesen.

Es ist nicht von der Hand zu weisen, daß die für Mittel-, Nordwest- und ganz besonders Nordeuropa so ungünstige Klimawende und die Kleine Eiszeit im Mittelmeergebiet positive Auswirkungen hatte; denn wir können davon ausgehen, daß bei drastischen Änderungen des globalen Temperaturniveaus im Fall einer Abkühlung eine Wanderung der Klimazonen äquatorwärts eintrat, somit beispielsweise das Mittelmeergebiet in den Genuß stärkerer Niederschläge kommt. Die gemäßigte Klimazone würde dann dort stärker Einfluß nehmen. Umgekehrt ist bei einer entsprechend starken und großräumigen Erwärmung zu erwarten, daß das Mittelmeergebiet mehr subtropisch beeinflußt und somit niederschlagsärmer wird. Zumindest anhand neuerer Analogiefälle sind solche Zusammenhänge von dem deutschen Klimatologen H. Flohn (1973) nachgewiesen worden, der für global kältere Phasen eine Südwärtsverlagerung und für global wärmere Phasen eine Nordwärtsverlagerung der inneren Subtropenzone der Nordhemisphäre nachgewiesen hat. Fraglich ist dabei nur, ob sich solche Folgen zwingend, besonders bei vergleichsweise geringen Temperaturfluktuationen einstellen, weil die allgemeine Zirkulation der Atmosphäre auch anders als durch Nord-Süd-Wanderung der Zirkulationsgürtel auf ein global verändertes Temperaturniveau reagieren könnte, etwa durch Änderungen der Windgeschwindigkeiten allein oder durch Intensivierung beziehungsweise Abschwächung der Wellenbildung der Westwindzone (vgl. die wellenartige Struktur in Abbildung 4).

Im einzelnen gibt es noch viele Fragezeichen. Aber wir müssen weiterhin beachten, daß wir für die Zeit des Mittelalterlichen Optimums, der Klimawende und der Kleinen Eiszeit eben vorwiegend aus Mitteleuropa historische Berichte über sozioökonomische Auswirkungen zur Verfügung haben. Wir wissen nicht, was sich zu dieser Zeit in Afrika abgespielt hat. Es kann durchaus sein, daß in der Zeit großräumiger Klimaänderungen Gewinner und Verlierer gar nicht so sehr weit voneinander entfernt gewohnt haben. Bis auf wenige Ausnahmen können wir solchen Fragen, besonders wenn wir Niederschlagsvariationen mit ins Kalkül ziehen, nur bezüglich der jüngsten Klimageschichte nachgehen. Als Beispiel sollen hier die Niederschlagsvariationen in Italien erwähnt sein. Es ist schon bemerkenswert, daß in der gleichen Zeit, in der wir uns global beziehungsweise nordhemisphärisch gesehen und in Orientierung an die Temperaturgeschichte auf das Moderne Optimum zubewegt haben, in Rom die Niederschläge zurückgegangen sind und um 1945 bis 1955 ihr tiefstes Niveau der letzten hundert Jahre erreicht haben (vgl. Abbildung 11). Dies könnte die Hypothese stützen, daß bei einem globalen Temperaturanstieg die subtropische Klimazone mit geringerem Niederschlag polwärts, in diesem Fall ins Mittelmeergebiet, vorrückt. Nach wie vor sind solche Vermutungen aber keineswegs sicher.

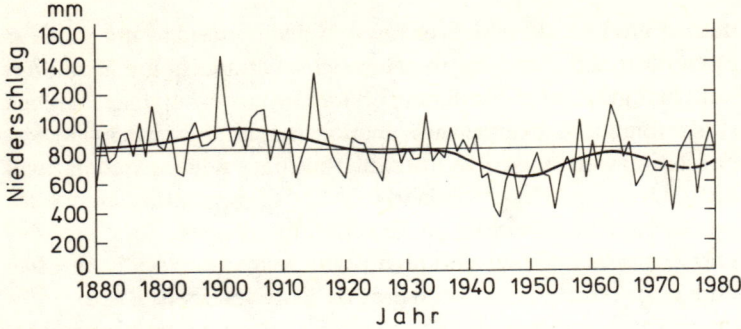

Abbildung 11:
Jahressummen und langfristiger Trend (geglättete Kurve, hier in etwa dreißig-jährigen Schwankungen) des Niederschlags in Rom von 1880 bis 1980 (Quelle: World Weather Records).

Ein weiteres eingehend diskutiertes Beispiel stammt aus den großen Getreideanbaugebieten der USA (Abbildung 12). Ver-glichen sind sommerliche Temperatur und sommerlicher Niederschlag, die offenbar eine inverse (negative) Korrelation aufweisen: Hohe Temperatur ist mit geringem Niederschlag gekoppelt und umgekehrt. Insbesondere die Zeit zwischen 1930 und 1940 – wieder in Nähe des Höhepunktes des Modernen Optimums – wird in den USA die »Staubschüssel-Epoche« (dust bowl era) genannt, was auf die landwirtschaftlich katastrophale Dürre jener Zeit hinweisen soll.

Gehen wir in der Zeit noch einmal zurück: Der holländische Meteorologe C. Schuurmans (1981) hat gezeigt, daß in der Anfangsphase des Mittelalterlichen Optimums die Zahl schwe-rer Sturmfluten an der holländisch-deutschen Nordseeküste stark zugenommen hat, besonders vom 9. zum 10. Jahrhundert (um den Faktor 6 bis 7). Im Jahr 1099 starben rund 100 000 Men-schen in Holland und England bei einer der wohl schlimmsten Sturmfluten der Geschichte. Auch vom 19. zum 20. Jahrhun-dert, somit beim Übergang von der Kleinen Eiszeit zum Moder-nen Optimum, hat die Zahl der Sturmfluten deutlich zugenommen. Bedeutet dies, daß ein hohes Temperaturniveau größere Sturmflutgefahr und damit größere Gefahren für die Küste mit sich bringt? Bei eingehender Analyse zeigt sich, daß solche Zusammenhänge keineswegs zwingend sind; denn auch zur Zeit der Klimawende ist die Sturmfluthäufigkeit angestiegen, und nicht nur das, sie hat zwischen 1200 und 1300 möglicherweise die größte Häufigkeit der letzten 2000 Jahre erreicht. Die Zusammenhänge sind also sehr kompliziert, problematisch und noch keineswegs verstanden. Das verringert aber nicht unser sozioökonomisches Risiko bei großräumigen Klimaänderungen; ganz im Gegenteil, es wird dadurch eher noch größer. In diesem Zusammenhang darf ein weiterer wichtiger Hinweis nicht fehlen, auf den der deutsche Klimatologe H. Flohn (1986) immer wieder mit Sorge hinweist: das Auftreten nicht allmählicher, sondern abrupter drastischer Klimaänderungen, insbesondere bei der Niederschlagstätigkeit. So ist der Abfluß des Nils (Pegel bei Aswan) von 1898 auf 1899 um etwa ein Drittel abgesunken und mit gewissen Fluktuationen für einige Jahrzehnte

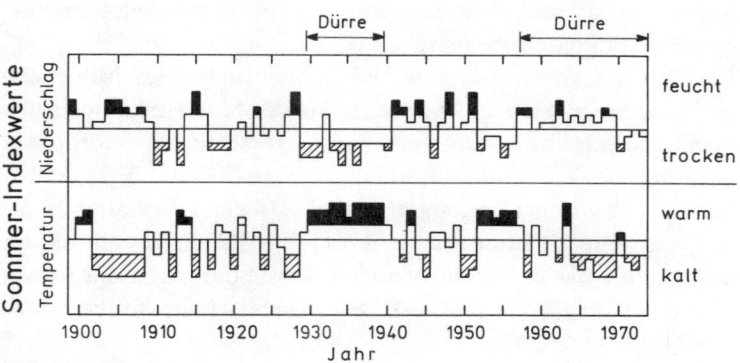

Abbildung 12:
Relative sommerliche Indexwerte von Niederschlag (oben) und Temperatur (unten) in den hauptsächlichen Getreideanbaugebieten der USA. Die sogenannte »Staubschüssel-Epoche« (dust bowl) mit extrem ungünstigen Ernten ist oben durch Pfeile gekennzeichnet (Quelle: nach S. H. Schneider, 1985, etwas modifiziert).

63

auf diesem Stand geblieben; leider enden diese Messungen im Jahr 1927.

Interessant sind auch die indirekten (paläoklimatologischen) Befunde, zum Beispiel über ein drastisches Absinken des Niederschlags in Indien vor etwa 3700 Jahren, was zum Verschwinden der dortigen Harappan-Kultur führte – der Rückgang scheint nicht weniger als zwei Drittel ausgemacht zu haben –, sowie über die gigantischen Ausdehnungsänderungen des Tschad-Sees in Nordafrika, der vor 6000 bis 7000 Jahren (beginnendes Klimaoptimum O_H, vgl. Abbildung 9) statt des heutigen Durchmessers von etwa 250 Kilometern weit über 1000 Kilometer ausgedehnt war. Diese Klimazone liegt im Übergangsbereich zwischen tropischem und subtropischem Klima, und es ist durchaus plausibel anzunehmen, daß sich in Warmphasen der Klimageschichte die tropischen Niederschläge polwärts ausgedehnt haben; dies ist ein weiterer Hinweis auf eine mögliche polwärtige Verschiebung der Klimazonen bei globaler Erwärmung. Allgemein aber geben uns die drastischen wie allmählichen Niederschlagsschwankungen der Klimageschichte noch viele Rätsel auf und lassen sich keineswegs in eindeutiger Weise den Temperaturschwankungen zuordnen.

Halten wir fest: Großräumige Klimaänderungen, gleich in welcher Richtung, bringen immer tiefgreifende sozioökonomische Probleme mit sich, wenn auch in den verschiedenen Regionen der Welt in sehr unterschiedlicher Weise. Gibt es irgendwo Gewinner solcher Klimaänderungen, so stehen diesen an anderer Stelle die Verlierer gegenüber. Und trotz aller Fragezeichen können wir die Rolle der Niederschlagsänderungen nicht hoch genug bewerten, vor allem in den besonders gefährdeten Klimaübergangszonen.

Ein letzter, häufig übersehener Aspekt soll noch genannt sein: die Klimaabhängigkeit von Pflanzenschädlingen und Krankheitserregern. Viele von ihnen bevorzugen hohe Temperaturen und treten in Mitteleuropa entweder in heißen und trockenen Sommern verstärkt auf oder sind mit warm-feuchtem Klima ver-

64

knüpft. Der englische Biologe M. J. Ford (1982) listet eine ganze Reihe von Pflanzenschädlingen auf, die sich dann ausbreiten, wenn die nächtliche Minimumtemperatur der Luft ein Niveau von 16 bis 18 °C nicht unterschreitet. Ein Beispiel dafür ist der Holzschädling *Holytrupes bajulus,* der Temperaturen oberhalb 16,5 °C benötigt und in England in den warmen Sommern 1934 bis 1953 sein Unwesen trieb genau zum Höhepunkt des Modernen Optimums. Ein Beispiel aus der Palette der Krankheitserreger, die für den Menschen besonders gefährlich sind, ist die Moskito-Art *Anopheles,* die den Malaria-Erreger *Plasmodium vivax* überträgt. Die Verbreitungszone dieser Art ist in etwa mit der Juli-Mitteltemperatur von mindestens 16 °C gleichzusetzen, während der Erreger selbst ein Temperaturminimum von etwa 19 bis 20 °C für seine Aktivitäten benötigt. Faßt man dies unter Berücksichtigung weiterer klimatologischer Gegebenheiten zusammen, so ergibt sich eine Jahresmitteltemperatur von etwa 18 °C als Verbreitungsgrenze, was nichts anderes als die Tropengrenze darstellt. Somit handelt es sich um eine der Tropenkrankheiten, die sich bei globaler Erwärmung wahrscheinlich polwärts ausbreiten würden.

3. Der Mensch: globale Aktivitäten

In den vorangegangenen Kapiteln haben wir versucht zu verdeutlichen, einen welch komplizierten, teilweise verstandenen, zum Teil erahnten, aber zu einem guten Teil auch unbekannten Regelmechanismus unser Klima darstellt. Nun soll die Rolle des Menschen näher beleuchtet werden. Schon in der Einleitung haben wir darauf verwiesen, daß etwa seit der industriellen Revolution ein neues Kapitel in der Wechselbeziehung Mensch und Umwelt aufgeschlagen wurde. Vorher war der Mensch allenfalls regional, auf bestimmte dichtbesiedelte Regionen beschränkt, imstande, Einfluß auf diese Regelmechanismen der Natur zu nehmen. Dies hat sich in einem vergleichsweise kurzen Zeitraum dramatisch verändert: die Rolle der Menschheit hat sich, bedingt durch die große Zahl von Menschen und deren steigende Bedürfnisse, von einer reagierenden zu einer agierenden gewandelt. Das bedeutet leider wohl kaum, daß der *Homo sapiens* das Ruder in die Hand genommen hätte und somit positive Entwicklungen nach Belieben fördern und nachteilige unterdrücken könnte. Das bedeutet wohl eher das Vermögen, das Steuerungssystem des Schiffes namens Erde oder Umwelt so nachhaltig zu beeinflussen, daß verhängnisvolle Falschkurse zwangsläufige und häufig unkorrigierbare Folge sind. Hierbei sind wir uns der daraus resultierenden Gefahr häufig nur dann bewußt, wenn der Kurs auf Sichtweite Kollisionen mit Klippen bedeutet: man denke an die Massenvernichtungswaffen. Andere – menschlicherseits erzwungene – verhängnisvolle Navigationsfehler werden als nicht so bedrohlich emp-

funden, weil Konsequenzen nicht unmittelbar bevorstehen, sondern sich schleichend bemerkbar machen, und die zur Korrektur
notwendigen Maßnahmen als »momentan zu gravierend« emp-
funden werden. Dies ist sicherlich der Fall bei Klimaveränderun-
gen durch den Menschen: Sie stellen sich nicht über Nacht ein, ihre
Relevanz nimmt – weitgehend unbemerkt – aber beständig zu mit
– der wachsenden Zahl von Menschen auf der Erde,
– dem steigenden Gesamt- und Pro-Kopf-Energiebedarf,
– steigenden Aufwendungen zur Gewährleistung von Ernährung und »Lebensstandard« sowie daraus resultierend
– immer intensiverer Umwandlung von Natur- in Kulturland,
  das heißt häufig Zerstörung bisher verschont gebliebener
  Refugien.
Diese vier wesentlichen Auslösefaktoren werden noch ausführ-
licher diskutiert. Wenden wir uns zunächst dem gravierendsten
Problem zu: der Zunahme der Weltbevölkerung.

3.1 Die Weltbevölkerung

Seit Bestehen der Menschheit, also seit ungefähr 600 000 Jahren,
haben etwa 77 Milliarden Menschen »das Licht der Welt
erblickt«, davon 65 Milliarden in dem Zeitraum 6000 v. Chr. bis
heute, also in ungefähr 1 Prozent des Zeitraums der menschlichen Existenz auf der Erde. Um Christi Geburt lebten etwa
0,25 Milliarden Menschen, und es verstrichen immerhin 1650
Jahre bis zur Verdopplung dieser Zahl. Die nächste Verdopplung, das Überschreiten der Milliardengrenze, erforderte dann
etwa zweihundert Jahre, die übernächste nur noch achtzig Jahre.
Der englische Pfarrer und Soziologe – wie wir heute sagen würden – Thomas Malthus wies schon in seinem 1798 erschienenen
Buch »An essay on the principle of population« auf die daraus
resultierenden Probleme hin. Damals wie heute sind solche Warnungen zwar Anlaß zu heftigen Diskussionen, aber nicht – oder
nur sporadisch – Triebfeder von gegensteuernden Maßnahmen:

	Bevölkerung 1973	1983	mittlerer jährlicher Zuwachs
Welt	3,91	4,68	1,8 %
Afrika	0,39	0,52	3 %
N + M Amerika	0,34	0,39	1,5 %
S Amerika	0,20	0,26	2,3 %
Asien	2,25	2,73	1,9 %
Europa	0,47	0,49	0,4 %
Ozeanien	0,02	0,024	1,6 %
alle Industrieländer	1,10	1,19	0,8 %
alle Entw.länder	7,81	3,49	2,2 %

Tabelle 2:
Weltbevölkerung und deren Zuwachs. Zahlen in Milliarden (Quelle: Welternährungsorganisation, FAO, 1985).

Die Bevölkerungslawine rollt indessen weiter. Der Exekutiv-Direktor des Bevölkerungsfonds der Vereinten Nationen, Raphael Salas, schlägt vor, den 11. Juli 1987 zum »Tag der fünf Milliarden« zu erklären, ein Tag, der »Anlaß zum Feiern, aber auch zum Nachdenken über die Zukunft unseres Planeten geben solle«. Die Anregung zum Nachdenken ist sicherlich berechtigt. Die Bevölkerungsexplosion stellt für viele der noch näher zu erläuternden Probleme eine Art Pilotproblem dar. Ihre Eindämmung und die dazu erforderlichen Maßnahmen können gar nicht eindringlich genug in das Bewußtsein der politischen und geistigen Führer dieser Erde gerufen werden. Ansonsten werden die alljährlich von der UNO und deren zuständigen Unterorganisationen veröffentlichten Zuwachszahlen nur ein fatalistisches Achselzucken und damit keine einschneidend kurskorrigierenden Gegenmaßnahmen hervorrufen.
Man muß aber solche Zuwachszahlen (Tabelle 2) und deren Fortschreibung für die nächsten Jahrzehnte mit einer gewissen Skepsis betrachten. Dies kann zum einen am Eintreten unwägbarer Großkatastrophen wie Seuchenerkrankungen (zum Beispiel AIDS) liegen.
Auch ohne Eintreten solch schwerer Stürme dürften andere Fak-

toren das eben als Beispiel zitierte Schiff nicht mehr navigierbar machen: Steigender Gesamt- *und* Pro-Kopf-Bedarf an Energie und Nahrung und dadurch bedingte Ressourcenverknappung sowie ökologische Konsequenzen seien hier angeführt.

Diese Warnungen vor allzu großer Zahlen- und Prognosegläubigkeit vor Augen, müssen wir im Moment davon ausgehen, daß Zukunftsextrapolationen sich zwar quantitativ als unrichtig erweisen können, daß sie aber qualitativ zumindest mittelfristig den Trend richtig wiedergeben: So geht die Welternährungsorganisation FAO derzeit von einer jährlichen Zuwachsrate der Weltbevölkerung von 1,8 Prozent aus. Alle vierzig Jahre würde sich demnach die Menschheit verdoppeln. Diese prozentuale Zunahme ist allerdings rückläufig – sie betrug 1974 noch etwa 2 Prozent, dies im wesentlichen bedingt durch die drastische Reduktion in der Volksrepublik China von 2,4 auf 1,2 Prozent. In den Industrieländern (derzeit 1,2 Mrd.) ist die Zuwachsrate innerhalb dieser Zeitspanne von 0,9 auf 0,6 Prozent zurückgegangen, in *allen* Entwicklungsländern (derzeit 3,5 Mrd.) in etwa mit 2,2 Prozent konstant geblieben, jedoch beispielsweise in Afrika von 2,7 auf 3 Prozent angestiegen.

Geht man – optimistischerweise – davon aus, daß in fünfzig Jahren die Entwicklungsländer (E. L.) ihr Bevölkerungswachstum dem der Industrieländer (I. L.) angepaßt haben, werden dann etwa 6,6 Milliarden ($\simeq$ 80 Prozent) in E. L. und 1,6 Milliarden in I. L. leben, in hundert Jahren wird es weltweit 11 Milliarden Menschen geben. Bliebe man aber bei heutigen Verhältnissen, würde sich die Menschheit innerhalb von hundert Jahren versechsfachen. Man erkennt daran, wie wichtig Veränderungen des Bevölkerungszuwachses in den E. L. sind. Ohne auf die demographische Struktur der einzelnen Länder im Detail einzugehen, sei angemerkt: In der Bundesrepublik (I. L.) beträgt die mittlere Lebenserwartung 71 Jahre, je 1000 Einwohner wurden 1986 etwa 11 Geburten und 12 Todesfälle verzeichnet, die 700 000 Toten sind zu 96 Prozent eines natürlichen Todes gestorben, davon 20 Prozent an Krebs. In Entwicklungsländern leben

		Kohle	Öl	Gas	Kern/Wasser	total	pro Kopf [kg SKE]
Welt	-Erzeugung	1975	2331	3977	1578	223	8109	
		1982	2707	4080	1865	334	8986	
	-Verbrauch	1975	2309	3373	1556	223	7463	1865
		1982	2684	3566	1844	333	8429	1873
I.L.	-Erzeugung	1975	1624	1587	1463	70	4744	
		1982	1883	1935	1532	242	5592	
	-Verbrauch	1975	1731	2689	1443	179	6042	6042
		1982	1702	2508	1448	250	5908	5908
E.L.	-Erzeugung	1975	707	2390	115	153	3365	
		1982	824	2145	333	92	3394	
	-Verbrauch	1975	578	684	113	44	1419	473
		1982	982	1058	396	93	2519	720
Brasilien	-Erzeugung	1975	2.3	12.4	0.8	9.1	24.6	
		1982	4.5	18.7	1.8	17.3	42.5	
	-Verbrauch	1975	5.3	55.8	0.8	9.1	71.1	669
		1982	8.5	62	1.8	17.3	89.3	704
UdSSR	-Erzeugung	1975	490	714	18	18	1566	
		1982	495	892	31	31	2013	
	-Verbrauch	1975	476	447	16.6	16.6	1269	5000
		1982	333	360	19.9	19.9	1073	3967
Indien	-Erzeugung	1975	69	12	1.2	4.4	87.1	
		1982	94	29	3	7	132	
	-Verbrauch	1975	67	26	1.2	4.4	99	166
		1982	92	41	3	7	143	200

Tabelle 3:
Weltenergieverbrauch in Millionen Tonnen Steinkohleeinheiten (Quelle: nach »Statistiken der Energiewirtschaft«, 1985/86).

die Menschen im Mittel 50 Jahre, bei etwa 40 Geburten und 10 bis 20 Toten je 1000 Einwohner. Entsprechend unterschiedlich präsentieren sich die Lebensalterspyramiden.

Von den 500 Millionen Quadratkilometern der Erde ist etwa ein Drittel Festland. Die resultierende derzeitige Bevölkerungsdichte von etwa 32 Menschen pro Quadratkilometer besagt sehr wenig. Weite Teile der Erde (Wüsten, Gebirgsregionen usw.) sind fast unbewohnt, klimatisch günstigere Gebiete – häufig in Küstennähe – weisen wesentlich höhere Bevölkerungsdichten auf: So leben in Libyen 2, in der UdSSR 12, in den USA 23, in China 107, in der Bundesrepublik Deutschland 246, in Holland 424, in Bangla Desh 716 und in Hongkong sogar 5400 Menschen auf einem Quatratkilometer.

3.2 Weltenergie

Diese Menschen benötigen Energie. Rechnet man den von verschiedenen Primärenergieträgern (Öl, Kohle, Gas, Kernenergie, Wasserkraft) gespeicherten Energieinhalt auf den von Kohle um, erhält man einen weltweiten Verbrauch pro Kopf und Jahr von 1800 Kilo Steinkohle-Einheiten (kg SKE, Tabelle 3 und 5). Das entspricht etwa einer Benzinmenge für eine Fahrt in einem Mittelklassewagen vom Nord- zum Südpol. Man findet wiederum drastische Unterschiede in verschiedenen Ländern: Die Palette reicht von 64 kg SKE in Bangla Desh über 680 kg SKE in China bis etwa 6000 kg SKE in UdSSR/Bundesrepublik/DDR und weiter bis 10 200 kg in den USA.

Warum beschäftigen wir uns in einem Buch über Mensch und Klima so intensiv mit Energie? Die Antwort ist einfach: Weltweit ist diese Energie zu 95 Prozent fossilen Ursprungs (Öl, Kohle, Gas), in der Bundesrepublik Deutschland wegen des höheren Atomenergieanteils zu etwa 90 Prozent. Die für die Nutzung dieser fossilen Energie dominierende chemische Grundgleichung lautet $C + O_2 \rightarrow CO_2$ + Energie (Kohlenstoff +

	1950		1965		1980	
Ländergruppe	10^9 t C	%	10^9 t C	%	10^9 t C	%
Nordamerika	0,723	44,7	1,003	32,1	1,380	26,7
Westeuropa	0,379	23,4	0,644	20,6	0,853	16,5
UdSSR und Osteuropa	0,291	18,0	0,750	24,0	1,251	24,2
Japan und Australien	0,045	2,8	0,138	4,4	0,300	5,8
Asien, Planwirtschaft	0,023	1,4	0,178	5,7	0,439	8,5
Entwicklungsländer	0,092	5,7	0,250	8,0	0,631	12,2
sonstige	0,063	3,9	0,163	5,2	0,310	6,0
Summe	1,618	100	3,126	100	5,170	100

Tabelle 4:
Aufschlüsselung der anthropogenen CO_2-Emission aus fossiler Energie nach
Ländergruppen (Quelle: US-Energieministerium, DOE, 1985).

Sauerstoff $\rightarrow$ Kohlendioxid + Energie); pro Einzelreaktion ist
der energetische Ertrag verschwindend klein. Sie wird von den
Physikern in der auf kleine Energiemengen zugeschnittenen
Einheit Elektronenvolt (eV) angegeben und beträgt 4,5 eV, das
heißt $2 \cdot 10^{-26}$ kg SKE. Wegen der riesig großen Zahl von C-Ato-
men in einem Kilogramm, ungefähr $5 \cdot 10^{25}$, resultiert hieraus die
Energiemenge von etwa 1 kg SKE bei Verbrennung von 1 kg rei-
nem Kohlenstoff. Jedes verbrannte Kilogramm Kohlenstoff-
atome bedeutet also zwangsläufig die Freisetzung von 1 kg Koh-
lenstoff (1 kg C) in Form von CO_2 in die Atmosphäre; da weltweit jährlich 8,5 Milliarden Tonnen (Gt SKE) fossiler Brennstoffe verbraucht werden, wird eine CO_2-Menge etwa dieser
Größenordnung freigesetzt.
Die tatsächliche Menge, sie ist für das Folgende sehr wesentlich,
beträgt aber $5 \cdot 10^9$ t C in Form von CO_2 (Tabelle 4). Daß diese
Zahl niedriger liegt als die oben erwähnten 8,5 Gt SKE, hat zwei
Gründe.
– Die Angabe Gt SKE ist eine Energieeinheit, aber nicht alle
  Energie aus fossilen Brennstoffen entstammt der Verbren-
  nung von Kohlenstoff. Insbesondere Öl und Gas enthalten

nicht unbeträchtliche Mengen von Wasserstoff, der mit Luftsauerstoff zu Wasser verbrennt und dadurch ebenfalls Energie liefert: Der Heizwert von 1 kg Rohöl entspricht etwa 1,4 kg SKE.

– Energiestatistiker zählen nur den Verbrauch an Energie, nicht die Effizienz der Verbrennung. Der in der Asche zurückbleibende C-Gehalt trägt natürlich nicht zur CO_2-Emission bei. CO_2 ist ein an und für sich harmloses, geruchloses, ungiftiges Gas. Im Rahmen der Photosynthese spielt es sogar eine unverzichtbare Rolle für die Entstehung von Leben auf der Erde durch Sonnenenergie. Bei Auflistung der durch Nutzung fossiler Energie emittierten schädlichen Substanzen fällt es daher meistens unter den Tisch: Wir alle werden täglich mit den Problemen konfrontiert, die durch die jährliche Emission in der Bundesrepublik Deutschland von 4 Millionen Tonnen Schwefeldioxid, 3 Millionen Tonnen Stickoxiden, 8 Millionen Tonnen Kohlenmonoxid und 1,5 Millionen Tonnen Kohlenwasserstoffverbindungen entstehen.

Diese Probleme sind aber regionaler Natur und im Prinzip durch Filter und Katalysatoren vermeidbar. Dies ist nicht der Fall für die jährlichen 200 Millionen Tonnen Kohlenstoff in Form von CO_2 in der Bundesrepublik und 5 Milliarden Tonnen weltweit, die durch die Nutzung von Energie *zusätzlich* in die Atmosphäre und damit in den natürlichen CO_2-Kreislauf eingespeist werden. Was hierunter zu verstehen ist und wie dieser Kreislauf auf diesen Eingriff reagieren dürfte, wird im folgenden behandelt. An dieser Stelle sei hervorgehoben, daß die CO_2-Emission einen gravierenden Eingriff in das Umwelt- und Klimasystem darstellt und somit eine wichtige Beziehung zwischen Energienutzung und Klima besteht.

Dies erfordert eine intensive Beschäftigung mit dem Begriff »Energie«. Es ist überaus schwierig, wenn nicht unmöglich, zu definieren, was Energie eigentlich ist. Auf jeden Fall tritt Energie in verschiedenen Formen auf, von denen einige in unserem Zusammenhang bedeutsam sind:

- Energie der elektromagnetischen Strahlung (Energietransfer Sonne – Erde),
- Bindungs- beziehungsweise Spaltungsenergie von Molekülen (fossile Brennstoffe),
- mechanische Translations-/Rotationsenergie (Wasserkraft, Windrotor),
- elektrische Energie (Batterie),
- Wärme (Heißwasserquelle).

Energie und Arbeit sind zwei sehr eng miteinander verknüpfte physikalische Begriffe: Die elektrische Energie einer batteriegetriebenen Seilwinde verrichtet Arbeit, um die Masse m gegen die Erdbeschleunigung g eine Strecke s zu heben:

Energie $\triangleq$ Arbeit = Masse · Beschleunigung · Weg = Kraft · Weg. Die physikalischen Grundeinheiten von Arbeit und Energie sind demzufolge: Joule oder Wattsec. = kg · m/sec^2 · m = Newton · Meter.

Leistung verlangt Arbeitsverrichtung in einer bestimmten Zeit, die entsprechende Leistung ist demzufolge Joule/sec. oder Watt.

Zwei Naturgesetze bestimmen den Umgang mit Energie:

- Bei jedem Prozeß bleibt die Gesamtenergie erhalten, Energie wird immer nur von einer Form in eine oder mehrere andere umgewandelt.
- Es gibt geordnete Formen der Energie (zum Beispiel mechanische Translation: alle Moleküle bewegen sich »im Gleichschritt«, manchmal »Exergie« genannt); ferner gibt es ungeordnete Formen (Wärme: alle Moleküle bewegen sich ungeordnet, und zwar um so schneller, je höher ihre Temperatur ist). Geordnete Energie kann zwar vollständig in ungeordnete überführt werden (Rotationsenergie eines Quirls in Wasser wird letztlich vollständig in Wärme des Wassers überführt). Der sogenannte Zweite Hauptsatz der Thermodynamik besagt aber, daß umgekehrt die ungeordnete Energieform, die Wärme des Wassers, nur teilweise in geordnete Energie (Rotationsenergie des Quirls) zurücküberführt werden kann, der Rest verbleibt als Wärme (sogenannte Anergie).

74

			J	cal
1 Joule	[J]	=	1	0.239
1 Kalorie	[cal]	≙	4.19	1
1 Elektronenvolt	[eV]	≙	$1.6 \cdot 10^{-19}$	$3.83 \cdot 10^{-20}$
1 Kilowattstunde	[kWh]	≙	$3.6 \cdot 10^6$	$0.86 \cdot 10^6$
1 kg Steinkohleeinh.	[kg SKE]	≙	$2.93 \cdot 10^7$	$7.00 \cdot 10^{6*}$

			eV	kWh	kg SKE
1 Joule	[J]	=	$6.24 \cdot 10^{18}$	$2.78 \cdot 10^{-7}$	$0.34 \cdot 10^{-7}$
1 Kalorie	[cal]	≙	$2.63 \cdot 10^{19}$	$1.16 \cdot 10^{-6}$	$1.43 \cdot 10^{-7}$
1 Elektronenvolt	[eV]	≙	1	$4.45 \cdot 10^{-26}$	$5.43 \cdot 10^{-27}$
1 Kilowattstunde	[kWh]	≙	$2.25 \cdot 10^{25}$	1	0.123
1 kg Steinkohleeinh.	[kg SKE]	≙	$1.84 \cdot 10^{26}$	8.14	1

* Definition von kg SKE.

Vorsilbe	Faktor	Vorsilbe	Faktor	entsprechend
Kilo	1000	milli	1/1000	$= 10^{-3}$
Mega	1000^2	mükro	$1/1000^2$	$= 10^{-6}$
Giga	1000^3	nano	$1/1000^3$	$= 10^{-9}$
Tera	1000^4	pico	$1/1000^4$	$= 10^{-12}$
Peta	1000^5	femto	$1/1000^5$	$= 10^{-15}$

Tabelle 5:
Umrechnungszahlen für häufig gebrauchte Energieeinheiten.

Die Ausnutzungseffizienz, das heißt, das Verhältnis von geordneter Energie zur Gesamtenergie nennt man Wirkungsgrad. Erhöht man in einem Kraftwerk mittels Kohle, Öl oder Kernenergie die Wärme eines Zwischenenergieträgers (Wasserdampf) von 100° auf 500 °C, beträgt der maximal erreichbare Wirkungsgrad $(T_1-T_2)/T_1 = 400/773 = 52$ Prozent, wobei die Temperaturen vom absoluten Nullpunkt (−273 °C) angegeben sind (K = Kelvin).

Real erreicht man bei dieser Art der Stromerzeugung einen Wirkungsgrad von etwa $\eta = 33$ Prozent. Die nicht genutzte Energie, also fast zwei Drittel der Gesamtenergie, entweicht über die Kühltürme des Kraftwerks.

Aus praktischen Gründen werden unterschiedliche Energieformen häufig in verschiedenen Einheiten gemessen (Wärme in Kalorien, Stromenergie in Kilowattstunden usw.).

Tabelle 5 gibt die entsprechenden Umrechnungszahlen und wichtige Abkürzungen an. Energiestatistiker rechnen zumeist in kg SKE (Steinkohlen-Einheit) und verwenden die Abkürzungen 1000 kg SKE = 1 Tonne SKE (t SKE); 1000^2 t SKE = 1 Megatonne SKE (Mt SKE); 1000 Mt SKE = 1 Gigatonne SKE (Gt SKE).

Sie unterscheiden ferner zwischen Primärenergie, dem Energieinhalt aller verwendeten Energielieferanten, und der sogenannten Endenergie. Letztere bezeichnet die Energie, die wir schließlich benötigen, das heißt Benzin und nicht Rohöl, Strom und nicht chemische Energie von Kohle oder nukleare von Uran. Endenergie ist also im wesentlichen Primärenergie abzüglich Eigenverbrauch der Energieumwandler und prinzipiell unvermeidliche Umwandlungsverluste bei der Stromerzeugung. Als Nutzenergie bezeichnet man den vom Verbraucher tatsächlich genutzten Anteil der Endenergie. Der Primärenergieverbrauch der Welt im allgemeinen und von vier typischen Ländern ist in Abbildung 13 und Tabelle 3 wiedergegeben. Folgende Charakteristika sind zu erkennen:

– Indien als Entwicklungsland ist Selbstversorger auf niedrigem Niveau mit überproportionalen Steigerungsraten im totalen Verbrauch und Pro-Kopf-Verbrauch.

– Brasilien ist Schwellenland und Nettoimporteur (Öl), der Pro-Kopf-Verbrauch drei- bis viermal höher als in Indien.

– UdSSR als (östlicher) Industriestaat ist Nettoexporteur. Der Pro-Kopf-Verbrauch entspricht etwa westlichen Industrieländern, zeigt – wohl bedingt durch stagnierende Wirtschaftsentwicklung zum einen und Rationalisierung zum anderen – rückläufige Tendenz.

– Bundesrepublik Deutschland als (westlicher) Industriestaat mit leicht ansteigendem Pro-Kopf-Verbrauch von 1975 bis 1982 auf insgesamt hohem Niveau. Man erkennt deutlich den Zusammenhang zwischen (preisbereinigtem) Wirtschafts-

76

wachstum und Primärenergieverbrauch: Gemittelt von 1975 bis 1985 beträgt der Zuwachs für das Wirtschaftswachstum 2 Prozent/Jahr, für den Primärenergieverbrauch 1 Prozent/Jahr. Dies entspricht einer (mageren) relativen Primärenergieeinsparung von 1 Prozent/Jahr.

Bleiben wir für einen Augenblick bei der Bundesrepublik: Die Zahlen für 1986 sind im Gesamtverbrauch identisch mit denen

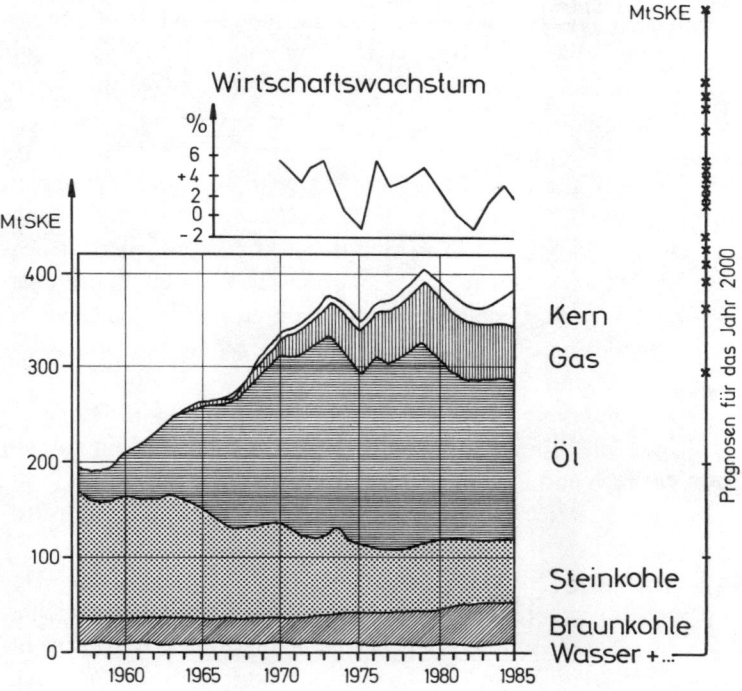

Abbildung 13:
Primärenergieverbrauch in der Bundesrepublik. Oben Wirtschaftswachstum, rechts Modellvorhersagen verschiedener Autoren für den Verbrauch im Jahr 2000 (Quelle: K. Heinloth und B. Diekmann, Energie. Projektionen für das Jahr 2000 entnommen aus: C. J. Winter, Sonnenenergie und Wasserstoff).

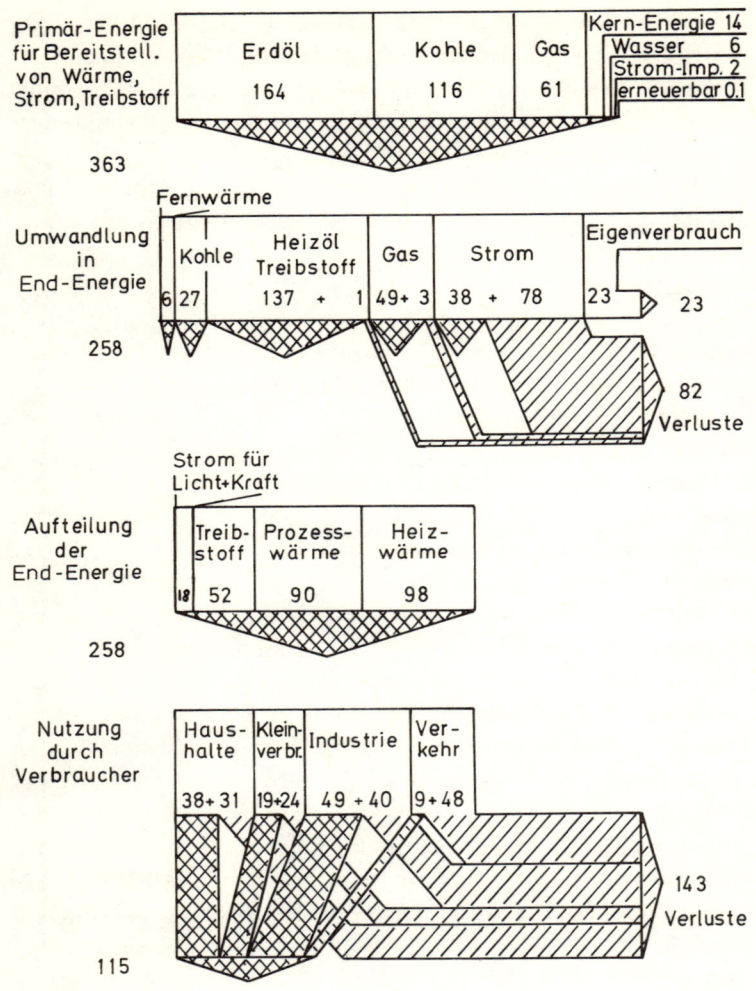

Abbildung 14:
Energieflußbild der Bundesrepublik für 1980, die Mengen sind alle in Millionen Tonnen SKE angegeben (Quelle: nach K. Heinloth und B. Diekmann, 1983. Nachdruck mit freundlicher Genehmigung des B. G. Teubner Verlags, Stuttgart).

für 1985, mit einer 4-Prozent-Steigerung bei Mineralöl zu Lasten der Kohle. Die Kernenergie hat sich innerhalb von zwanzig Jahren einen Anteil von 10 Prozent erobert.

Die eingesetzte Primärenergie von derzeit 385 Mt SKE wird mit einem Verlust von etwa 30 Prozent, hauptsächlich bedingt durch die erwähnten unvermeidlichen Umwandlungsverluste bei der Stromerzeugung, in etwa 250 Mt SKE Endenergie umgewandelt: 38 Prozent in Heizwärme, 35 in (industrielle) Prozeßwärme, 20 in Treibstoffe und 7 in Strom für Licht und Kraft. Das bedeutet im Fall Strom ganz konkret: Aus 120 Mt SKE Primärenergie werden 40 Mt SKE Strom erzeugt, die etwa je zur Hälfte in Heiz- und Prozeßwärme einfließen und als Strom für Licht und Kraft genutzt werden.

Diesen Endenergiekuchen verzehren private Haushalte zu 27 Prozent, Kleinverbraucher (Handwerk, Gewerbe, Landwirtschaft) zu 17, die Industrie zu 35 und der Straßenverkehr zu 21. Die drei ersten Gruppen nutzen ihn mit einer Effizienz (Nutz-/ Endenergie) von etwa 50 Prozent, der Straßenverkehr jedoch nur mit 20 Prozent: Acht von zehn Teilen der in Benzin gespeicherten Energie verschwindet durchs Auspuffrohr.

Die Abbildung 14 veranschaulicht diesen Zahlenwirrwarr anhand eines sogenannten Energieflußbildes. Diese Zahlen für die Bundesrepublik sind *cum grano salis* typisch für Industrieländer. Abweichungen zum positiven wie der um 25 Prozent niedrigere Primärenergie-Pro-Kopf-Verbrauch in der Schweiz oder der im Vergleich zu Nordrhein-Westfalen halbierte Strom-Pro-Kopf-Verbrauch der Bürger Schleswig-Holsteins haben weniger in größerem Energiesparwillen als in unterschiedlicher wirtschaftlicher Struktur ihre Ursache. Das dürfte für negative Ausreißer, wie dem gegenüber der Bundesrepublik verdoppelten Primärenergie-Verbrauch pro Bürger in den USA, nur zum Teil der Fall sein. Dies verdeutlicht wohl eher, wie schwierig es trotz vorhandener Bemühungen – man denke an die Geschwindigkeitsbegrenzung von 55 Meilen/Stunde – sein kann, einmal etablierte Energieverschwendung wieder in den Griff zu bekommen.

Zusammenfassend läßt sich festhalten: Die Industrieländer mit einem Bevölkerungsanteil von 1,2 Milliarden (Erdbewohner insgesamt 4,7 Mrd.) verbrauchen etwa doppelt so viel Energie, nämlich 5,9 Gt SKE, wie die Entwicklungsländer mit 3,5 Milliarden Einwohnern. Diese Selbstsucht einerseits, aber auch das Vorhandensein des notwendigen technischen Know-how verpflichten also die Industriestaaten zur Ergreifung der Initiative bei der Weichenstellung zukünftiger maß- und sinnvollerer Ausschöpfung der Energieressourcen, also *Beschränkung des Primärenergieverbrauchs generell* und *Beschränkung des Anteils fossiler Energieträger.* Die klimatologisch begründeten Argumente für diese Forderungen werden noch erörtert; nach einer solchen Motivierung soll dann etwas detaillierter diskutiert werden, welche Möglichkeiten und Grenzen für deren Durchsetzbarkeit bestehen.

An dieser Stelle sei nur summarisch überschlagen, wie sich die soeben geschilderte heutige globale »Ist-Situation« – angesichts der globalen Relevanz des Treibhauseffekts sind nichtglobale Betrachtungen müßig – in die Zukunft extrapolieren dürfte.

Ein solcher Blick in die Zukunft sollte zunächst ein Blick in den Vorratskeller sein. Erinnern wir uns, wie fossile Brennstoffe entstanden sind: letztlich natürlich aus organischem Material, das seine Entstehung der Sonnenenergie verdankt.

Betrachten wir die *Kohle:* Sie ist das Endprodukt eines sich über Jahrmillionen erstreckenden Zersetzungsprozesses, bei dem unter Wärme- und Druckeinwirkung komplizierte Kohlenwasserstoffverbindungen (vor allem Sumpfpflanzen) in einfacher strukturierte umgewandelt werden, die zum Teil als Gase entweichen (Methan, Erdgas). Dieser auch Inkohlung genannte Vorgang ist mit einer ständigen Steigerung des Gehaltes an Kohlenstoff bei gleichzeitiger Abnahme des Anteils flüchtiger Bestandteile verbunden. Stationen dieses Prozesses bilden Torf, Braunkohle, Steinkohle und Anthrazit mit einem ungefähren Kohlenstoffgehalt in der Trockensubstanz von 60, 70, 85 und 95 Prozent.

Kohle	A	A+B	Verbr./Jahr [Gt SKE]
Stein-	500	7000	2.7
Braun-	200	4100	
Öl			
flüssig	130	510	
-sand	58	170	4.0
-schiefer	67	490	
Gas			
	82	326	1.85
Uran*			
	62	A+B 840	0.38
		A+B+C** 32 000	

* bei ausschließlicher Nutzung in Leichtwasserreaktoren konventioneller Bauart (Typ Biblis: ~32 000 M Wattage/Tonne anger. Uran)
** A: $\hat{=}$ Anteil im Gestein $\geq 3 \cdot 10^{-3}$, B: $\geq 1 \cdot 10^{-3}$, C: $\geq 10^{-4}$ kg/t

Tabelle 6:
Vorräte und Verbrauch fossiler Brennstoffe. A: gesicherte Vorräte; A + B: gesicherte und zusätzlich vermutete Vorkommen (Quelle: Weltenergiekonferenz, Colombo, 1982).

Muttersubstanz des *Erdöls* ist pflanzliches und tierisches Plankton, das sich in großen Meerestiefen mit kalkigem oder tonigem Schlamm unter Sauerstoffabschluß als sogenannten Faulschlamm (Sapropel) ablagerte. Unter diesen Bedingungen lebensfähige (anaerobe) Bakterien bewirken wiederum – in geologischen Zeiträumen – unter Einfluß von Druck und Erdwärme die Umsetzung komplizierter organischer Verbindungen (Kohlenhydrate, Eiweiße usw.) in einfachere flüssige oder gasförmige Kohlenwasserstoffe. Das Fehlen von Sauerstoff bedingt (im Gegensatz zur Inkohlung) ein sinkendes Kohlenstoff/Wasserstoff-Verhältnis, weil der Wasserstoff nicht zu Wasser gebunden werden kann: Man nennt das natürliche Hydrierung.

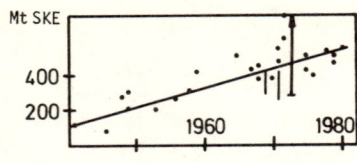

Abbildung 15:
Prognosen für die Welterdölvorräte (Quelle: Weltenergiekonferenz, Colombo, 1982).

Bezeichnet man mit »A« gesicherte abbauwürdige, mit »B« geschätzte Vorkommen, so zeigt Tabelle 6 für Vorräte und Verbrauch fossiler Brennstoffe (s. S. 81), daß die Menschheit im ungünstigsten Fall (A) nach 120 Jahren (Kohle: 260, Öl: 70, Gas: 43 Jahren) die fossilen Ressourcen unwiederbringlich verbraucht hat, bei positiver Einschätzung (A+B) aber spätestens nach 1400 Jahren (Kohle: 4050, Öl: 333, Gas: 171 Jahren). Darüber hinaus führt intensive Exploration zu immer günstigeren Schätzungen, wie Abbildung 15 für die Welterdölvorräte (A + B) veranschaulicht. Dies bedeutet leider, daß die Ressourcenverknappung in kurz- bis mittelfristiger Zukunft keine Impulse für die Verminderung des Anteils fossiler Brennstoffe am Energieaufkommen geben dürfte. (Den heutigen Verbrauch zugrunde gelegt, reicht das Polster bei Uran sicherlich einige hundert, vermutlich einige tausend Jahre, dann allerdings mit erhöhtem Aufwand bei der Gewinnung.)
Wie steht es aber nun mit eben diesem Energieaufkommen? Ist zu erwarten, daß die Menschheit global den Energieverbrauch insgesamt durch Einsparung und/oder verbesserte Technik mindert?
Hierzu gibt es viele Prognosen, Projektionen, Fortschreibungen, Szenarien, die mit zum Teil erheblichem Aufwand an volkswirtschaftlicher Mathematik und Statistik, Computerkapazität und Input-Daten vorhersagen,
– was passiert, wenn nichts unternommen wird;
– was passiert, wenn, je nach Gusto des Verfassers, das unternommen wird, was unternommen werden sollte;

– was passiert, wenn unternommen wird, was nach heutiger Kenntnis der Sachzwänge tatsächlich unternommen werden dürfte.

Definiert man – etwas artifiziell – letzteres als Szenario, so bietet sich dem Betrachter ein reiches Spektrum der Quantifizierung des Energieverbrauchs in den kommenden dreißig Jahren an: Von Halbierung (Studie des Öko-Instituts Freiburg) bis Verdreifachung (Gerwin, Weltenergieperspektive, 1980) reicht die Palette: Die Erwartungen einiger Studien für das Jahr 2000 in der Bundesrepublik sind in Abbildung 13 ganz rechts eingezeichnet.

Es kann hier nicht der Versuch unternommen werden, diese Überlegungen im Detail zu diskutieren oder gar zu kritisieren: Man kann sich allerdings des Eindrucks nicht erwehren, daß bei manchen dieser Szenarien der Wunsch der Vater des Gedankens ist. Es ist nur schwer nachvollziehbar, bei steigender Bevölkerungszahl und steigendem Energie-Pro-Kopf-Verbrauch einen sinkenden Energie-Gesamtverbrauch vorherzusagen (A. B. Lovins et al., 1982). Dies soll durch eine Verbesserung der Energienutzungseffizienz (Wirkungsgrad) um einen Faktor 4 innerhalb von siebzig Jahren bewerkstelligt werden. Andererseits haben sich bereits heute frühere Bedarfsprognosen der Elektrizitätswirtschaft für den Primärenergie-Verbrauch als deutlich zu hoch erwiesen, einige hohe Szenarien setzen Kernenergie-Zuwachsraten voraus, die weltweit nur durch die (illusorische) Neuinbetriebnahme eines Kernkraftwerks vom Typ Biblis im Abstand einiger Tage zu bewerkstelligen wäre. Realistischer erscheinen da schon Modelle des Kölner Instituts für Wirtschaftsforschung – präsentiert auf der 13. Weltenergiekonferenz in Cannes (1986). Von den jährlichen Investitionsraten der Energieindustrien wird für das Jahr 2000 eine 25 bis 60prozentige Steigerung des Bedarfs gegenüber dem heutigen Wert vorhergesagt. Als Indiz für diesen Trend sei die derzeit geplante Vervierfachung der Energieerzeugung in der Volksrepublik China angeführt; dies entspräche einer weltweiten Steigerung von 20 Prozent.

Wem dieser Ansatz zu ökonomiegläubig und daher zu hoch erscheint, der möge sich durch das einfache Rechenexempel überzeugen lassen, daß der Weltenergieverbrauch in fünfzig Jahren nicht sinken, sondern steigen dürfte, natürlich unter Berücksichtigung der einschränkenden Vorbemerkungen zu solchen Überlegungen bezüglich der Zuverlässigkeit von Prognosen in allgemeinen und speziellen »Sonderfällen« wie Großkatastrophen. Derzeit leben $4,7 \cdot 10^9$ Menschen auf der Welt, davon $1,2 \cdot 10^9$ in Industrieländern (I. L.) und $3,5 \cdot 10^9$ in Entwicklungsländern (E. L.). Die bereits angeführten Zuwachszahlen bedeuten – vernachlässigt man das geringfügige Bevölkerungswachstum in den I. L. – ein Anwachsen der Weltbevölkerung etwa in 50 Jahren auf 8 Milliarden, davon $6,6 \cdot 10^9$ Menschen in den E. L. Fordert man in diesem Zeitraum in den I. L. eine 30prozentige Senkung des Primärenergie-Pro-Kopf-Verbrauchs – eine anspruchsvolle, aber durchaus systemimmanent durchsetzbare Forderung –, bewirkt dies eine Senkung des Gesamtverbrauchs in den I. L. von 5,9 auf 4,1 Gt SKE. Nachholbedarf zum einen, aber

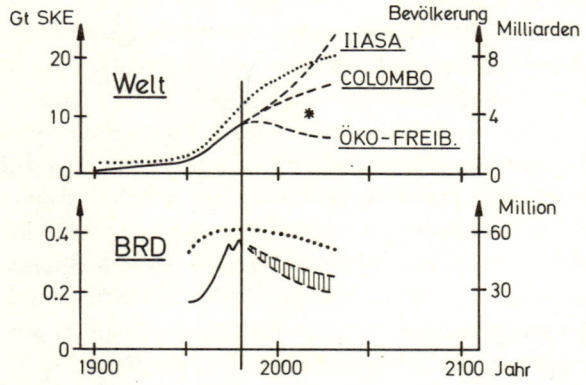

Abbildung 16:
Entwicklung von Bevölkerung (gepunktet) und Energiebedarf in der Welt (oben) und in der Bundesrepublik (unten). (Quelle: K. Heinloth und B. Diekmann, Energie).

84

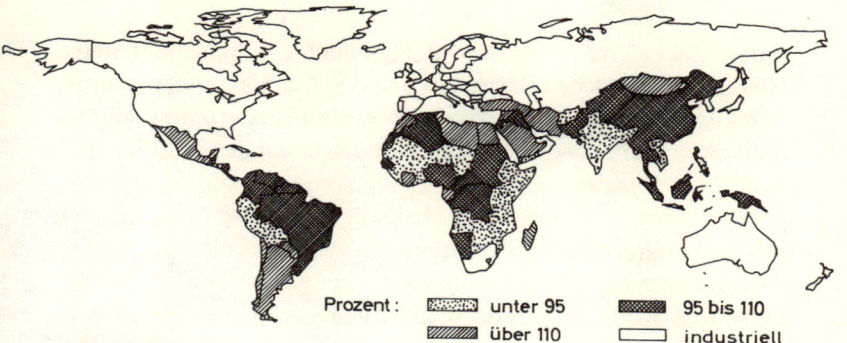

Prozet: ▨▨▨ unter 95　▬▬ 95 bis 110
　　　　 ▨▨▨ über 110　▭ industriell

Abbildung 17:
Durchschnittliches Nahrungsangebot der Entwicklungsländer in Prozent ihres durchschnittlichen Nahrungsenergiebedarfs (Quelle: Welternährungsorganisation, FAO).

auch Verstädterung zum anderen machen eine Senkung des Pro-Kopf-Verbrauchs in den E. L. unrealistisch. Nimmt man an, er steige um 30 Prozent, bedeutet dies eine Steigerung auf: $2,5 \cdot (6,6/3,5) \cdot 1,3 = 6,1$ Gt SKE.

Insgesamt erhöht sich der Verbrauch also um 20 Prozent von derzeit 8,4 auf 10,2 Gt SKE. Diese Überschlagsrechnung ist in Abbildung 16 zusammen mit den Vorhersagen zweier bereits erwähnter Szenarien gezeigt.

Erinnern wir uns: Nach Tabelle 3 ist der Energieverbrauch in den E. L. in sieben Jahren um 75 Prozent gestiegen! Die in etwa gleichbleibenden Raten des Gesamtenergieverbrauchs in der Welt werden also mehr oder minder zufällig von leicht rückläufiger Nachfrage des Großverbrauchers I. L. und stark ansteigender Nachfrage des (noch) Kleinverbrauchers E. L. verursacht. Es bedarf wohl keiner besonderen prophetischen Gabe zur Vorhersage der zukünftigen Entwicklung.

Zusammenfassend läßt sich festhalten, daß die geforderte Beschränkung des Anteils fossiler Energie durch Einsparung nur in Industrieländern und auch dort nur begrenzt erreicht werden kann. Unter Vorwegnahme von Abschätzungen ist dies in Abbildung 16 als schraffierter Bereich angedeutet. Möglichkeiten und Risiken einer solchen Beschränkung des Anteils fossiler Energie durch Umstieg auf alternative, das heißt, erneuerbare und/oder nukleare Quellen werden ebenfalls noch behandelt.

3.3 Die Welternährungssituation

Der Mensch benötigt zu seinem Wohlergehen Energie, also in dunklen, sonnenarmen Wintermonaten Raumwärme und Licht. Hierfür und für die vielfältigen anderen Ansprüche bedient er sich heute zumeist aus dem Topf fossiler Ressourcen. Der Mensch benötigt aber auch Energie in Form von Nahrung. Für die Deckung dieses Bedarfs ist aber doch, so könnte man auf den ersten Blick meinen, die Sonne zuständig; wir müssen nur geeignete Flächen und Wasser bereitstellen. Diese Feststellung mag in vorindustrieller Zeit richtig gewesen sein, heute gilt sie nur noch in einigen wenigen Refugien »urwüchsiger« Verhältnisse. Auch die Land- und Viehwirtschaft – oder besser die Nahrungsmittelwirtschaft – ist heute in starkem Maße industrialisiert. Solch eine industriell organisierte und im allgemeinen auf große Produktion optimierte Vorgehensweise ist mit genau denselben Problemen konfrontiert wie die übrige Industrie. Sie verbraucht Energie, und zwar nicht nur die der Sonne, die ja bekanntlich keine Rechnung schickt, vielmehr muß sie zusätzlichen energetischen Aufwand betreiben, der im Gesamtenergieaufkommen einen beträchtlichen Platz einnimmt und somit rein energieseitig zur Spurengasfreisetzung in Form von CO_2 beiträgt. Sie bedingt – spartenspezifisch unterschiedlich – zusätzliche Emissionen von klimawirksamen Spurengasen. Als Beispiel seien die Distickstoffemission aus der Stickstoffdüngung oder die Methanfreisetzung aus Massentierhaltung und intensivem Reisanbau genannt. Ein Kilogramm Weizen hat von der Sonne die energetische Mitgift von etwa 1 Broteinheit = 3400 kcal ≃ 0,5 kg SKE bekommen. Einer Studie der Welthungerhilfe zufolge sind zu seiner

Erzeugung in den E. L. typischerweise 9 bis 15 Prozent dieser Energiemenge durch landwirtschaftliche Maschinen und Mineraldünger zusätzlich aufgewendet worden, in den I. L. sind es aber etwa 50 Prozent. Für höherwertige Nahrungsmittel wie Nordseefisch kann der energetische Aufwand den Nahrungsenergiegehalt um bis zu einen Faktor 20 übersteigen. Die Gegenprobe zeigt die Richtigkeit der Größenordnung: In der Bundesrepublik verbraucht die Landwirtschaft direkt und indirekt etwa 12 Mt SKE und erzeugt 50 bis 60 Millionen Tonnen Ackerfrüchte.

Bleiben wir aber beim Weizen: Um ein Kilo letztlich in Brot umzuwandeln, muß man zusätzliche 3900 kcal aufwenden: 600 für die Mühle, 3100 in der Bäckerei und 200 im Handel. Das heißt: Die von der Sonne geschenkten 0,5 kg SKE gelangen in den I. L. erst nach einer Zusatzinvestition von 0,8 kg SKE auf unseren Teller, in den E. L. lautet diese Zahl: 0,6 kg SKE. Dieser Wert dürfte sich aufgrund der Industrialisierung in der Landwirtschaft dem Wert der I. L. immer mehr angleichen. Tabelle 7 beleuchtet die Weltnahrungsproduktion etwas detaillierter. Man beachte besonders den weltweit stark ansteigenden Mineraldüngereinsatz pro Tonne erzeugter Ackerfrüchte.

Man entnimmt der Tabelle, daß im Prinzip genug Nahrungsmittel zur Versorgung der Menschheit erzeugt werden. Die Diskrepanz zwischen nominalem und realem Pro-Kopf-Verbrauch ist weniger durch Verteilungsineffizienzen als vielmehr durch die Veredelung der Produkte gegeben: Der Mensch lebt nicht gern vom Brot allein. Berücksichtigt man, daß in den E. L. zur Erzeugung von 1 kg Schweinefleisch grob überschlagen 10 kg Futtermittel aufgewendet werden müssen, und korrigiert den Nominalverbrauch entsprechend, erhält man einen Wert, der dem Realverbrauch schon recht nahekommt.

Natürlich geben alle diese Zahlen Durchschnittswerte an, sie können regional erheblich unterschritten werden, wie uns tagtäglich in erschütternden Berichten vor Augen geführt wird. Abbildung 17 zeigt die derzeitige Versorgungslage der Welt mit Nahrungsmitteln.

		Fläche Mio km²	Ackerfläche Mio km²	Ackerfl./Fläche Prozent	Ackerfrüchte* Mio t	Mineraldünger Mio t	Dünger/Ackerfr. kg/t	Stickstoffdünger** Mio t N	tägl. Verbrauch*/Kopf, nominal kcal	tägl. Verbrauch/Kopf, real kcal
Welt	1973	131	14,2	10,8	2050	85	41	46	4900	2476
	1983		14,7	11,2	2300	125	54	67	4560	2650
I.L.	1973	55	6,7	12	1040	66	64	28	8800	3308
	1983		6,7		980	82	83	38	7600	3356
E.L.	1973	76	7,6	10	1010	19	19	18	3350	2146
	1983		8,0	10,5	1320	43	32 (!)	29 (!)	3460	2406
Bundes-republik	1973	0,24	0,076	31	35	3,1	88	1,2	5433	3250
	1983		0,074	30	30	3,1	103	1,4	4660	3454
UdSSR	1973	22	2,3	10	334	13	39	4	12440	3325
	1983		2,3	10	280	23	82 (!)	10	9600	3381
Brasilien	1973	8,5	58	6,9	58	1,7	29	?	5300	2459
	1983		75 (!)	8,9	58	2,3	40	0,6	4150	2509
Indien	1973	3	1,6	53	148	2,5	17	2,3	2336	1850
	1983		1,6	53	200	6,6 (!)	33 (!)	4,6	2550	2114

* Getreide, Hülsen- und Wurzelfrüchte, 1 kg $\hat{=}$ 3400 kcal, die Zahlen sind für die Bundesrepublik laut Bundeslandwirtschaftsministerium höher: 50–60·10⁶ t Ackerfrüchte

** Man bedenke, daß diese Menge zu einem großen Teil mikrobiell zersetzt und als Distickoxid (N_2O) freigesetzt wird. Die dadurch bedingte zusätzliche Stickoxidemission von bis zu 10⁶ t in der Bundesrepublik ist im allgemeinen in den Schadstoffstatistiken unberücksichtigt.

Tabelle 7:
Welternährungssituation (Quelle: Welternährungsorganisation, FAO, 1986).

Weltweit beträgt der Anteil der Landwirtschaft am Gesamtenergieaufkommen laut FAO 3 bis 4 Prozent. Diese Zahl können wir leicht überprüfen:

I. L. heute

[0,24 (0,8) kg SKE/kg Weizen] $\cdot$ 1 $\cdot$ 10^{10} kg Weizen =

240 (800) Mt SKE

E. L. heute

[0,06 (0,6) kg SKE/kg Weizen] $\cdot$ 1,3 $\cdot$ 10^{12} kg Weizen =

80 (800) Mt SKE

Die Summe von 320 (1600) Mt SKE ist zu vergleichen mit 8,4 Gt SKE Weltenergieaufkommen: 3,5 Prozent (18 Prozent). In Klammern stehen jeweils die Zahlen für die gesamten energetischen Kosten der Nahrungsproduktion inklusive Weiterverarbeitung (Mühle, Bäckerei, Transport und Handel) in unserem groben Rechenexempel.

Was sollen diese Zahlen nun besagen? Sie liefern wiederum eine einfache Möglichkeit, auch ohne komplizierte Szenarien und komplexe Modelle für die Zukunft zu berechnen: Wenn die Nahrungsversorgung pro Kopf in den E. L. gleich (schlecht) bleibt, müssen in etwa 50 Jahren:

(Menschen in 50 J./Menschen heute) $\cdot$ Nahrung heute =

6,6/3,5 $\cdot$ 1,3 $\cdot$ 10^9 = 2,5 $\cdot$ 10^9 t

Lebensmittel in den E. L. (und eine unveränderte Menge in den I. L.) erzeugt werden und das mit einem Energieaufwand von (0,7 kg SKE/kg Weizen) $\cdot$ 2,5 $\cdot$ 10^9 t Weizen = 1,8 Gt SKE.

Allein dies bedeutet einen Anstieg des gesamten Weltenergieaufkommens auf etwa 10 Gt SKE.

Man mag einwenden, daß es hie und da unberücksichtigte effizienzverbessernde Maßnahmen gibt. Die FAO schätzt, daß die Nahrungsmittelverluste durch Pflanzenkrankheiten zwischen Aussaat und Ernte in den E. L. bis zu 15 Prozent betragen können. Davon wären etwa die Hälfte vermeidbar. Auch Rationalisierung wird hier häufig genannt. Aber gerade sie verringert ja häufig nur den Arbeitskräfteeinsatz und steigert somit den energetischen Aufwand.

Die damit durchaus verknüpfte Verstädterung bewirkt ein übriges. Eine entsprechende Studie der FAO beweist eindeutig: Länder mit hoher Zunahme der Stadtbevölkerung (typischerweise in den E. L. 5 Prozent pro Jahr) weisen auch einen hohen Nahrungsmittelimportbedarf aus, können also den Nahrungsbedarf nicht mehr aus eigener Kraft abdecken.

Der Trend tendiert also – sowohl was den relativen Energieeinsatz pro kg Weizen als auch die absolute eingesetzte Energiemenge für die Nahrungsversorgung betrifft – eindeutig nach oben; unsere obige Überschlagsrechnung ist wohl eher unterschätzt.

Wir beobachten einen solchen Trend deswegen mißtrauisch, weil ja – zumindest heute – steigender Energiebedarf eine steigende Inanspruchnahme fossiler Ressourcen und damit eine Steigerung der Spurengasfreisetzung bedeutet.

Deutlich steigende Zahlen sind auch für zwei weitere spurengasrelevante Komponenten der Nahrungsversorgung zu erwarten. Wie aus Tabelle 7 zu entnehmen ist, steigt der weltweite Konsum von Stickstoffdünger um etwa 4 bis 5 Prozent jedes Jahr. In Reis anbauenden Ländern Südostasiens liegen die jährlichen Zuwachsraten zur Zeit zum Teil deutlich höher: China 10, Vietnam 15, Malaysia 10 Prozent. Die dadurch bedingte Distickstoffemission verzeichnet also ähnliche Rekordzuwächse. Dies hängt wohl mit der Intensivierung des Reisanbaus zusammen: Der Ferne Osten produziert 80 Prozent der Weltreisernte von (1969) 256 Millionen Tonnen, (1985) 467 Millionen Tonnen; entsprechend gestiegen sind die Emissionen des für den Reisanbau typischen Sumpfgases CH_4 (Methan).

Es ist eine Teufelsspirale: Steigende Bevölkerungszahlen bedingen intensivere Landwirtschaft und somit immer größeren Energiebedarf und – dadurch bedingt oder parallel dazu – vermehrte Freisetzung klimarelevanter Gase (Tabelle 8). Die Möglichkeiten der Einbeziehung bisher ungenutzter landwirtschaftlicher Flächenpotentiale sind demgegenüber eher gering. In den E. L. rechnet die FAO mit einer Kapazität von 18 bis

Spurengas	Symbol	Verweilzeit* Jahre oder Tage	Zunahme Prozent/Jahr	anthropogene Quellen
Kohlendioxid	CO_2	6–10 J	0,4	fossile Brennstoffe, Waldrodungen, Bodenzerstörung
Ozon*	O_3	30–90 T	1	indirekt aus Stickoxiden, Kohlenmonoxid und Kohlenwasserstoff (Kraftverkehr, fossile Brennstoffe, Industrie)
Chlorfluormethane**	CFMs	50–100 J	4	Treibmittel (Sprühdosen), Kühlmittel, Kunststoffverschäumung
Distickstoffoxid	N_2O	150–200 J	0,25	Kunstdüngung, fossile Brennstoffe, Verbrennung von Biomasse
Methan	CH_4	4–7 J	1,5	Reisanbau, Großviehhaltung, Verbrennung von Biomasse, fossile Brennstoffe, Erdgaslecks
Ammoniak	NH_3	7–14 T	?	Großviehhaltung, fossile Brennstoffe, Kläranlagen
Tetrachlorkohlenstoff	CCl_4	?	?	Reinigungsmittel, Industrie

und viele andere

* troposphärisch
** Chlor-Fluor-Kohlenstoff- bzw. Chlor-Fluor-Kohlenstoff-Wasserstoff-Verbindungen (FCKWs), industrielle Freone bzw. Frigene

Tabelle 8:
Übersicht einiger wichtiger Spurengase, die aufgrund ihrer Strahlungseigenschaften das Klima beeinflussen und anthropogen in ihrer atmosphärischen Konzentration ansteigen (Quelle: WMO 1982, 1986; W. Bach, 1986).

21 Prozent des heutigen Wertes, insbesondere in Afrika und Lateinamerika.
Dieser durch die sozioökonomischen Zwänge bedingte Landhunger führt in den E. L. zu einer besonders gefährlichen Form der Urbarmachung von Land.

3.4 Zerstörung des tropischen Regenwaldes

Seit Jahrtausenden ist folgende Form des Ackerbaus bekannt: Kleine Parzellen des tropischen Regenwaldes werden gerodet, das Holz wird verbrannt und anschließend die Fläche bestellt. Dieser Urwald hat aber die Eigenschaft, daß fast der gesamte Nährstoffkreislauf in der Biomasse, den Pflanzen, stattfindet. Der Urwald lebt sozusagen aus sich selbst heraus, salopp gesprochen, von der Hand in den Mund. Der Boden ist an diesem Kreislauf nur unwesentlich beteiligt, er trägt keine Humusschicht und ist daher wenig fruchtbar. Landwirtschaftliche Nutzung rentiert sich also nur für etwa zwei bis drei Jahre. Danach haben die Menschen sich neue Siedlungsgebiete gesucht, der Dschungel konnte die kleinen Wunden bald wieder verschließen.

Das hat sich grundlegend geändert: 33 Prozent der Landfläche auf der Erde sind bewaldet: 42 Millionen Quadratkilometer; davon liegen 30 Millionen Quadratkilometer in den Tropen. Hiervon sind 40 Prozent geschlossene, 24 Prozent sogenannte offene (lückenhafte) Wälder, 21 Prozent sind Buschland und 14 Prozent Forstbrachen. Was unter letzterem zu verstehen ist, wird sofort klar, wenn man weiß, daß jährlich weltweit – unabhängig, ob in Asien, Afrika oder Lateinamerika und unabhängig, ob offene oder geschlossene Formationen – 0,6 Prozent zerstört werden: Das sind 113 000 Quadratkilometer, fast das Gebiet der DDR. Diese Flächen werden – wie schon zu Urzeiten – zwei bis drei Jahre genutzt und dann verlassen. Nur, solche Wunden vermag der Dschungel nun nicht mehr zu schließen, somit gibt es heute schon weltweit 4,2 Millionen Quadratkilometer Forstbrachen. Diese Fläche – sie entspricht in etwa der Europas – ist unwiederbringlich versteppt, steht daher nie mehr für die wichtige Rolle der tropischen Regenwälder in Weltklima und Weltniederschlagshaushalt zur Verfügung. Die Verbrennung des entsprechenden Holzes bewirkt eine zusätzliche CO_2-Emission, die von Experten zwischen 1 und 3 Gigatonnen, das heißt

20 bis 60 Prozent des fossil erzeugten Kohlendioxids, geschätzt wird. Hinzu kommt, daß auf diesen Flächen ja kaum noch Pflanzenwachstum, das heißt Photosynthese, also solarbedingter CO_2-Abbau stattfindet. Auch der kleinere Teil des abgeholzten Regenwaldes, bei dem die Bodenqualität die Einrichtung landwirtschaftlicher Kulturflächen (häufig Monokulturen) zuläßt, ist durch hohen Düngemitteleinsatz und die notwendige Anlage von Verkehrs- und Siedlungsflächen stark in seiner ursprünglichen Wirkungsweise eingeschränkt.

Der Import tropischer Edelhölzer trägt zwar zum eigentlichen zerstörenden Effekt kaum bei, hat aber häufig einen erschließenden Piloteffekt.

Bevor man – vom sicheren Port der nördlichen Hemisphäre – die sofortige Einstellung dieses in doppelter Hinsicht wahnwitzigen Vorgehens fordert, muß man sich die angeklungenen sozioökonomischen Sachzwänge vor Augen halten. Und natürlich auch die unmittelbaren Folgen einer sofortigen Einstellung.

Dies mag als Beispiel dafür stehen, daß zur Lösung der drängenden energie- und ernährungspolitischen Probleme der Entwicklungsländer nicht kluger Ratschlag, sondern aktive Kooperation der Industrieländer *überlebensnotwendig zwingend* erforderlich ist.

4. Die Folge: eine geänderte Atmosphäre

4.1 Allgemeine Übersicht der atmosphärischen Spurenstoffe

Die Aktivitäten der Menschen gehen an der Atmosphäre der Erde nicht spurlos vorüber. Zwar sind die Hauptbestandteile (vgl. Tabelle 1) Stickstoff (N_2) und Sauerstoff (O_2) in ihren Konzentrationen von etwa 78 und 21 Prozent bemerkenswert konstant, wenn wir von der Entwicklung der frühen Atmosphäre absehen und nur die letzten Jahrhunderte und Jahrtausende im Auge haben. Bei den verbleibenden Spurengasen oder bei den Spurenstoffen – wenn wir die Aerosole (Schwebpartikel) mit einbeziehen – verändert sich aber viel. Die Bezeichnung Spurenstoff oder Spurengas soll darauf hinweisen, daß diese Bestandteile in Konzentrationen von – mit Ausnahme des Wasserdampfes (1 bis 3 Prozent) – weit unter einem Volumenpromille in der Atmosphäre vorkommen.

Diese Spurenstoffe können wir nun in dreierlei Hinsicht klassifizieren, wobei uns das Schema der Abbildung 18 helfen soll. Der erste Gesichtspunkt ist die physikalische Erscheinungsform, genauer gesagt der Aggregatzustand, wobei wir Spurengase (einschließlich dem Gas Wasserdampf, das die Luftfeuchte bestimmt), Hydrometeore (Wasser- und Eispartikel, sichtbar als Wolken und Niederschlag) sowie die schon genannten Aerosole (Staubpartikel, Salzkristalle usw.) unterscheiden. Bei der Angabe der Konzentrationswerte von Spurengasen bezieht man sich meist auf trockene (ohne Wasserdampf) und nicht verunreinigte (ohne Aerosole) Luft; außerdem werden die Hydrometeore nicht berücksichtigt. Das ist deswegen wichtig, weil diese Substanzen in ihren atmosphärischen Anteilen örtlich und zeitlich sehr variabel sind. Außer dem Wasserdampf sind somit Argon, Kohlendioxid und die in Tabelle 1 danach folgenden Substanzen die Spurengase; wir werden aber darüber hinaus noch eine Reihe weiterer kennenlernen.

Warum interessieren wir uns nun für diese Spurengase? Dafür gibt es im wesentlichen zwei Gründe: zunächst die mögliche Wirkung einiger Spurengase, die schon in winzigen Konzentrationen massive Schäden bei Mensch, Tier und Pflanze anrichten können, offenbar ganz im Gegensatz zum Stickstoff und zum Sauerstoff. Zwar ist der Sauerstoff keinesfalls unwichtig; wir benötigen ihn zum Atmen. Der Sauerstoff darf aber um viele Prozent variieren, ja der für die Atmung wichtige Sauerstoff-Partialdruck darf sogar auf die Hälfte zurückgehen (dies entspricht etwa 5,5 Kilometer Höhe), und der Bergsteiger kann nach vorsichtiger Anpassung durchaus unter solchen Verhältnissen leben. Anders bei einigen toxischen Spurengasen. Da genügt beispielsweise beim Schwefeldioxid (SO_2) schon die winzige Konzentration von etwa 0,1 bis 0,5 ppm (das heißt millionstel Volumen-Anteile, parts per million, wobei 1 ppm gleich 0,0001 Prozent entspricht), um Schäden hervorzurufen.

Die SO_2-Konzentration in Reinluft ist etwa 0,003 ppm. Der höchste bisher bekanntgewordene Meßwert beträgt ungefähr 2 ppm. Die für die Bundesrepublik Deutschland gültige »Technische Anleitung zur Reinhaltung der Luft« – kurz TA Luft, sieht einen SO_2-Grenzwert von 0,4 Milligramm pro Kubikmeter Luft vor, was etwa 0,14 ppm entspricht.

Der zweite Grund, warum uns Spurengase interessieren, ist zwar weniger offensichtlich, aber nicht weniger wichtig: die Klimawirksamkeit. Damit ist gemeint, daß atmosphärische Konzentrationsänderungen dieser Spurengase zu Klimaänderungen (Treibhauseffekt) führen. Warum und wie dies geschieht, wird noch erörtert; zunächst soll es nur darum gehen, ob sich solche Konzentrationsänderungen überhaupt feststellen lassen.

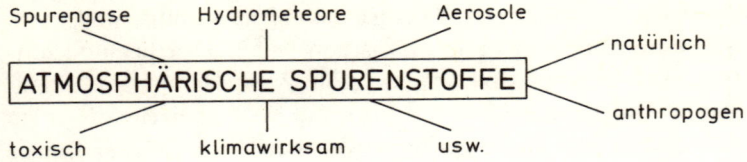

Abbildung 18:
Die verschiedenen Gesichtspunkte, nach denen atmospärische Spurenstoffe unterschieden werden können.

Zuvor müssen wir aber noch zu unserem dritten Gesichtspunkt bei der Klassifizierung der Spurenstoffe kommen (vgl. Abbildung 18). Die Emission dieser Stoffe kann nämlich entweder natürlichen oder anthropogenen Ursprungs sein. Spurenstoffe beziehungsweise Spurengase wirklich rein anthropogenen Ursprungs gibt es allerdings nur extrem wenige. In den allermeisten Fällen steigen die schon natürlich vorhandenen Spurenstoffe aufgrund menschlicher Tätigkeit in ihrer Konzentration an. So kommt das bereits erwähnte Schwefeldioxid (SO_2) auf natürlichem Weg vor allem durch bakteriologische Verwesung, meist indirekt durch Oxidation von Schwefelwasserstoff (H_2S), sowie durch den Vulkanismus in die Atmosphäre. Die wichtigsten anthropogenen Quellen sind: Gebrauch fossiler Brennstoffe (vor allem Kohle und Erdöl), Betrieb von Metallhütten, Produktionen im Bereich Steine-Erden und der Kraftverkehr.

4.2 Die Änderung der Spurengaskonzentrationen durch den Menschen

Wir haben uns mit den globalen Aktivitäten des Menschen beschäftigt und schon behauptet, daß das an der Atmosphäre der Erde nicht spurlos vorübergehen kann. Ist die Folge nun wirklich eine geänderte Atmosphäre? Und kann diese geänderte Atmosphäre dann wirklich Klimaänderungen hervorrufen?

Zunächst wollen wir uns der ersten Frage zuwenden. Dabei behalten wir stets im Auge, daß wir uns vorwiegend um die Spurengase kümmern, die wir später als klimawirksam erkennen werden. Daneben wollen wir aber auch die toxischen Substanzen nicht ganz übersehen, obwohl wir uns in diesem Buch vor allem mit der Klimarelevanz beschäftigen.

Wenn wir uns an Tabelle 1 halten, so ist Argon das erste Gas, das wir aufgrund seiner geringen Konzentration als Spurengas bezeichnen müssen. Es ist aber weder klimawirksam noch toxisch – ein chemisch überaus träges sogenanntes Edelgas –, noch nimmt seine Konzentration derzeit merklich zu.

Das nächste Spurengas in dieser Rangfolge ist das *Kohlendioxid* (CO_2), und da sind wir schon bei einer sehr wichtigen und problematischen Substanz. Lange Zeit war man der Meinung, daß dieses Spurengas seine atmosphärische Konzentration seit mindestens einer Jahrmillion nicht verändert habe. In den letzten Jahren haben uns aber, neben anderen Wissenschaftlergruppen, vor allem der Schweizer Physiker H. Oeschger und seine Mitarbeiter zeigen können, daß dies offenbar nicht der Fall war. Mit Hilfe ausgeklügelter Gasextraktionstechniken, angewandt auf Bohrproben im polaren Eis, hat sich herausgestellt, daß parallel zu den Temperaturfluktuationen der Kalt- und Warmzeiten – den sogenannten Eis- und Zwischeneiszeiten – die atmosphärische CO_2-Konzentration zwischen etwa 180 und 200 ppm (Kaltzeit) und etwa 280 und 300 ppm pendelte. Jedenfalls bis zur Eem-Warmzeit zurück haben die genannten Schweizer Wissenschaftler diese überraschende Neuigkeit sehr genau belegen können. Mit Hilfe weiterer Methoden (vor allem Tiefseebohrungen und Baumanalysen, in der Frühzeit der Erdgeschichte aber nur mit Hilfe von Modellrechnungen) ergibt sich das in Abbildung 19 dargestellte Bild, wie es das U. S. Department of Energy (DOE, 1985) zusammengestellt hat. Daraus läßt sich schließen, daß seit der Frühzeit der Erdatmosphäre das Niveau der CO_2-Konzentration auf etwa 280 bis 300 ppm abgesunken war. Die genannten Fluktuationen gelten wahrscheinlich für das gesamte

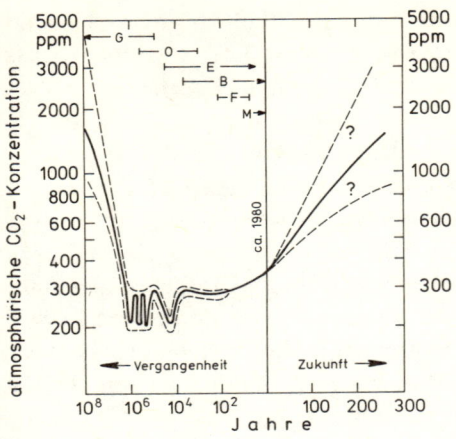

Abbildung 19:
Atmosphärische CO_2-Konzentration in der Vergangenheit und Projektionen für die Zukunft. Bei der Vergangenheit bedeuten G = geologische Modellrechnungen, O = Rekonstruktion aus Ozean-Sedimentbohrungen, E = Rekonstruktion aus Eisbohrungen, B = Rekonstruktion aus dem Holz von Bäumen, F = frühe (sporadische) direkte Messungen und M = direkte Messungen auf dem Mauna Loa, Hawaii. Ein so hohes CO_2-Niveau wie heute hat es seit mindestens einigen Jahrmillionen nicht mehr gegeben (Quelle: nach DOE, 1985, vereinfacht).

quartäre Eiszeitalter, vielleicht auch für frühere Eiszeitalter, sind aber wegen der logarithmischen Zeitskala nur für die letzten vier Kalt-/Warmzeit-Zyklen erfaßt. Die Diskussion der Klimawirksamkeit dieser CO_2-Variationen müssen wir an dieser Stelle noch zurückstellen.

Das alles ist für die Wissenschaftler zwar neu und aufregend, aber ohne Zweifel eine Folge natürlicher Vorgänge. Gibt es denn nun auch anthropogene CO_2-Konzentrationsänderungen? Stellen wir zunächst fest, daß sich unter natürlichen Gegebenheiten in den letzten Jahrmillionen nie ein höheres Konzentrationsniveau als etwa 300 ppm eingestellt hat. In den letzten beiden Jahrhunderten jedoch, erst fast unmerklich und dann immer

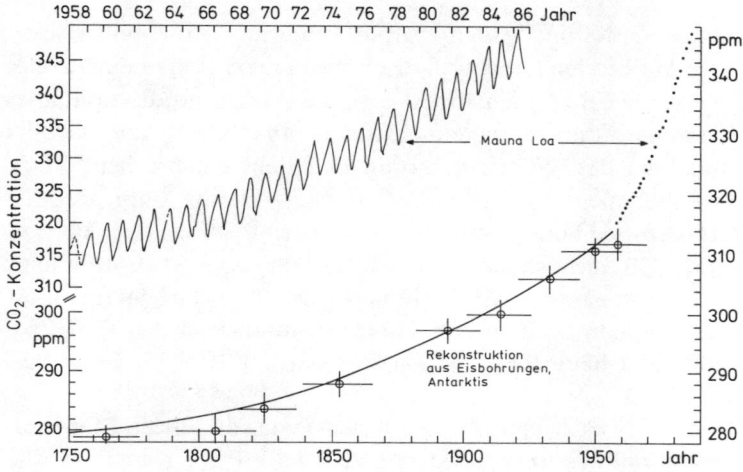

Abbildung 20:
Atmosphärische CO_2-Konzentration, rekonstruiert aus Bohrungen im antarktischen Eis (untere Kurve, wobei die Kreise die Messungen und die Kreuze die Unsicherheitsbereiche angeben) und direkt gemessen auf dem Mauna Loa, Hawaii (Punkte rechts oben), zugehörige Monatswerte im oberen Bereich der Abbildung (Quellen: Mauna Loa nach C. D. Keeling, 1982, 1987; Rekonstruktionen nach A. Neftel u. a., 1985; Regression nach C.-D. Schönwiese, 1986, 1987).

rascher, hat sich das geändert. So ergeben Eisbohranalysen in der Antarktis (vgl. Abbildung 20) für die Zeit um 1750 einen Wert von etwa 280 ppm (genauer 279 ppm mit einer Ungenauigkeit von ca. 3 ppm). Das ist das sogenannte vorindustrielle Niveau. Bis 1800 hat sich daran nur wenig geändert, obwohl ein allmählicher Anstieg schon erkennbar ist. Dann aber ging es rasant in die Höhe, im Jahr 1986 haben wir schon etwa 347 ppm erreicht, und dieser Trend schwächt sich keinesfalls ab, eher ist das Gegenteil der Fall. Es gibt keinen Zweifel, daß dieser neuere und anhaltende CO_2-Konzentrationsanstieg der Atmosphäre anthropogenen Ursprungs ist; und zwar ist er hauptsächlich auf die Nutzung fossiler Energie, das heißt die Verfeuerung von

Kohle, Erdöl und Erdgas, zurückzuführen. Außerdem spielen noch Waldrodungen und die Zerstörung von Boden eine Rolle, zu einem sehr kleinen Anteil auch die Zementproduktion; alles Vorgänge, die in engem Zusammenhang mit der raschen Zunahme der Weltbevölkerung und dem entsprechend stark angestiegenen Energiebedarf stehen. Dieser anthropogene CO_2-Anstieg beträgt seit der vorindustriellen Zeit (genauer seit etwa 1750) nicht weniger als 66 bis 67 ppm oder 24 Prozent über das vorindustrielle Niveau hinaus (bis 1985). Die Steigerungsrate von Jahr zu Jahr, vor hundert Jahren noch bei 0,07 Prozent, liegt heute bei 0,43 Prozent (Mittel 1979 bis 1984; vgl. Tabelle 8).

Leider gibt es direkte, kontinuierliche und verläßliche CO_2-Konzentrationsmessungen erst seit dem Jahr 1958. Damals wurde dank der Initiative des Amerikaners C. Keeling (Scripps Institution of Oceanography) die Station auf dem Mauna Loa (Hawaii, Meßhöhe 3397 Meter in sogenannter Reinluft) eingerichtet, und diese längste direkt gemessene CO_2-Reihe ist in Abbildung 20 ebenfalls dargestellt. Sie zeigt neben dem langfristig ansteigenden Trend, von dem wir schon wissen, daß er menschlichen Ursprungs ist, auch eine deutlich ausgeprägte Jahresoszillation, die von der Biospäre (der Nordhemisphäre) aufgeprägt ist. Heute gibt es von Alaska bis in die Antarktis ein weltumspannendes Netz von CO_2-Meßstationen, und überall auf der Erde zeigt sich der gleiche ansteigende Trend.

Dieser globale Gleichlauf ist von großer Wichtigkeit; denn er verweist nicht nur auf die Tatsache, daß weltweit mehr und mehr Energie aus fossilen Brennstoffen erzeugt wurde, sondern auch auf die lange atmosphärische Verweilzeit von CO_2; damit ist die mittlere atmosphärische Lebensdauer eines CO_2-Moleküls gemeint, das nach seiner Erzeugung (natürlich oder durch den Menschen) etwa sechs bis zehn Jahre in der Atmosphäre verbleibt, bis es durch chemische Reaktionen oder durch Übergang von der Atmosphäre in einen anderen Kohlenstoffspeicher (wie den Ozean) sozusagen aus der Atmosphäre wieder verschwindet. Und in dieser langen Zeit kann es sich, obwohl es vorwiegend in den bevölkerungsreichen und stark industrialisierten Gebieten der Erde erzeugt wird (vgl. Tabelle 4), über den ganzen Globus ausbreiten. Für den relativ langsamen Übergang von der Nord- zur Südhemisphäre wird eine Zeit von zwei bis drei Jahren benötigt. Im Gegensatz zum CO_2 verweilt das toxische Spurengas Schwefeldioxid (SO_2) nur einige Tage in der Atmosphäre. Zwar können sich bei genügendem Nachschub durchaus gefährliche Konzentrationen einstellen, und leider haben wir das auch oft genug beobachtet. Wegen der kurzen atmosphärischen Verweilzeit handelt es sich aber immer um charakteristische regionale Verteilungen mit Maxima in den Ballungsgebieten, durch die hohen Schornsteine auch in früheren Reinluftgebieten wie den deutschen Mittelgebirgen, aber nicht über viele tausend Kilometer gut durchmischt und verteilt, wie das beim CO_2 der Fall ist.

Es handelt sich beim CO_2 aber keineswegs um das einzige klimawirksame Spurengas, das derzeit anthropogen in seiner atmosphärischen Konzentration ansteigt – und das verschlimmert die Situation ganz außerordentlich. Die in Tabelle 1 aufgelisteten extrem reaktionsträgen Edelgase (Argon, Neon, Helium usw.) brauchen uns dabei nicht zu interessieren, wohl aber als nächstes problemträchtiges Spurengas das *Methan* (CH_4). Seine Konzentration liegt zwar mit derzeit 1,7 ppm ganz erheblich unter der des CO_2; es steigt aber mit einer Rate von 1,5 Prozent pro Jahr an, und das ist fast das Vierfache, verglichen mit CO_2. Seine Lebenszeit ist mit vier bis sieben Jahren ähnlich hoch wie die des CO_2. Beim Methan (CH_4) haben wir es qualitativ mit einer ganz ähnlichen Situation wie beim CO_2 zu tun: Seine vorindustrielle Konzentration lag – ebenfalls um 1750 – etwa bei 0,7 ppm, und der Anstieg ist mit fortschreitender Zeit immer rascher verlaufen (vgl. Abbildung 21). Und auch dieser Anstieg ist menschlichen Ursprungs: Die hauptsächlichen Quellen sind beim Reisanbau und bei der Großviehhaltung zu finden. Die im Wasser heranreifenden Reispflanzen entwickeln beträchtliche Mengen Methan-

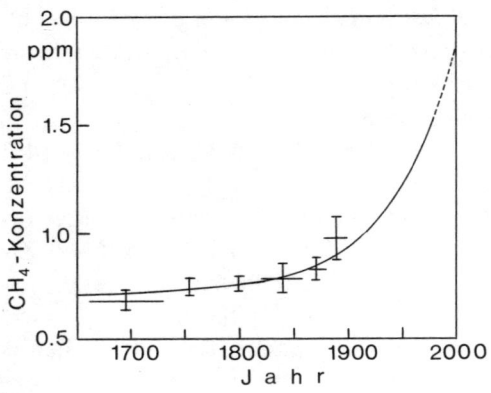

Abbildung 21:
Atmosphärischer Methan (CH₄)-Anstieg, rekonstruiert aus Eisbohrmessungen, wobei die Balken die Unsicherheitsbereiche angeben (Quelle: nach M. A. K. Khalil und R. A. Rasmussen, 1984).

gas, das nach oben in die Atmosphäre entweicht, und bei der Großviehhaltung wird Methan als Stoffwechselprodukt frei. Außerdem entsteht CH_4 beim Verbrennen von Biomasse (Holz, Stroh u. ä.) sowie wiederum bei der Nutzung fossiler Energie; schließlich entweicht es aus Erdgaslecks.

Bei CO_2, CH_4 und den weitaus meisten der nun folgenden Spurengase darf nicht übersehen werden, daß sie sowohl durch natürliche Vorgänge als auch durch den Menschen in die Atmosphäre kommen; somit gibt es sowohl natürliche als auch anthropogene Quellen. Allerdings haben die natürlichen Quellen und die sogenannten Senken – die für das Verschwinden oder den Abbau dieser Substanzen verantwortlich sind – im Laufe der Zeit für einen Gleichgewichtszustand gesorgt, der höchstens episodisch einmal, beispielsweise bei Vulkanausbrüchen und Waldbränden, für relativ kurze Zeit gestört wird, oder es handelt sich um sehr langfristige Fluktuationen im Rahmen von großräumigen Klimaschwankungen (wie z. B. bei CO_2). Sonst bleibt dieses Gleichgewicht unter natürlichen Umständen erhalten. Bringt der Mensch nun zusätzliche Quellen ins Spiel wie beim CO_2, CH_4 und etlichen weiteren Spurengasen, mit denen wir uns hier noch beschäftigen müssen, so wird dieses Gleichgewicht gestört, und es kommt zu einem langfristigen Anstieg, der, sobald die Quellen erschöpft sind, entweder auf einen neuen Gleichgewichtszustand hinausläuft oder nach einer gewissen, oft sehr langen Zeit den alten Gleichgewichtszustand wiederherstellt.

In der Rangfolge der derzeitigen atmosphärischen Konzentration (vgl. Tabellen 1 und 8) folgt unter den klimarelevanten und anthropogen ansteigenden Spurengasen nun das *Distickstoffoxid* (N_2O), das sogenannte Lachgas. Seinen anthropogenen Konzentrationsanstieg verdanken wir vor allem dem gesteigerten Einsatz von Kunstdünger in der Landwirtschaft. Außerdem wird N_2O bei der Verbrennung von Biomasse – hier vor allem beim Abflämmen von Getreidefeldern – sowie von fossilen Brennstoffen freigesetzt. Die derzeitige atmosphärische Konzentration liegt bei 0,3 ppm. Der Konzentrationsanstieg ist mit etwa 0,25 Prozent pro Jahr zwar nur etwa halb so groß wie der des CO_2, dafür weist N_2O aber mit 160 bis 190 Jahren eine extrem lange Lebenszeit auf, wird somit nur überaus langsam in der Atmosphäre abgebaut.

Das *Kohlenmonoxid* (CO), derzeitige Konzentration bei 0,12 ppm, verbleibt zwar nur zwei bis sechs Monate in der Atmosphäre, wird aber vom Menschen so intensiv produziert, daß seine derzeitige Steigerungsrate auf den Rekordbetrag von 10 Prozent pro Jahr geschätzt wird. CO entsteht bei der unvollständigen Verbrennung organischer Substanzen, bei vollständiger Verbrennung entsteht CO_2. Da Kraftstoffe zu diesen Substanzen gehören und zudem die Verbrennungsmotoren typische Vertreter solcher unvollständiger Verbrennungen sind, ist zweifellos der Kraftverkehr als Hauptquelle anzusehen. Außerdem wird CO aber auch bei der Nutzung fossiler Brennstoffe durch Kraftwerke und Privatnutzer, verstärkt bei schlecht eingestellten Ölbrennern, sowie in der Industrie frei, daneben auch bei der Verbrennung von Biomasse.

103

Unter den bisher besprochenen klimarelevanten Spurengasen, deren atmosphärische Konzentration anthropogen ansteigt, weisen das Methan und in noch gefährlicherer Weise das Kohlenmonoxid auch toxische Wirkung auf. Die relativ kurze Lebenszeit von CO in der Atmosphäre bewirkt, daß für eine global gleichmäßige Verteilung nicht genügend Zeit bleibt und deshalb wie beim Schwefeldioxid starke regionale Konzentrationsunterschiede entstehen, mit Maxima in den Städten und sonstigen Ballungsgebieten sowie entlang der Verkehrswege (Autobahn). Die wichtigste chemische Reaktion, die als Senke das CO der Atmosphäre abbaut, ist die Oxidation zu CO_2, zum Großteil über sogenannte OH-Radikale.

Eine besondere Betrachtung verdient das *Ozon* (O_3). Zunächst einmal ist es ein hochgiftiges Gas, das somit neben SO_2, CH_4, CO und vielen anderen Substanzen zu den toxischen Spurengasen gehört. Es darf daher nicht mit dem Sauerstoff O_2 verwechselt werden. Die häufig gepriesene »ozonreiche Waldluft« und ähnliches gehört in das Reich der Fabel; damit ist stets O_2 gemeint. Außerdem ist wichtig, Quellen wie Wirkungen des bodennahen Ozons streng von denen des stratosphärischen Ozons (O_3) zu unterscheiden.

Zunächst zur bodennahen Atmosphäre: Dort ist das zugleich toxische wie klimarelevante Spurengas O_3 in einer normalerweise sehr geringen Konzentration von 0,03 ppm (entspricht 30 ppb, wobei das »b« in ppb die englische Billion mit 10^9 bedeutet) zu finden. Es entsteht, besonders unter Mitwirkung relativ intensiver Sonneneinstrahlung, etwa an einem wolkenlosen Sommertag, durch chemische Reaktionen aus einer Reihe von anderen toxischen Substanzen, und zwar vornehmlich den Stickstoff-Sauerstoffverbindungen NO, NO_2, N_2O_3 und N_2O_4 (den sogenannten NO_x-Verbindungen, nicht aber aus dem »Lachgas« N_2O), weiterhin aus Kohlenmonoxid, Methan und einigen weiteren Kohlenwasserstoffen (Kohlenstoff-Wasserstoff-Verbindungen C–H). Die hauptsächlichen anthropogenen Quellen der NO_x-Verbindungen sind der Kraftverkehr, die Kohlekraft-

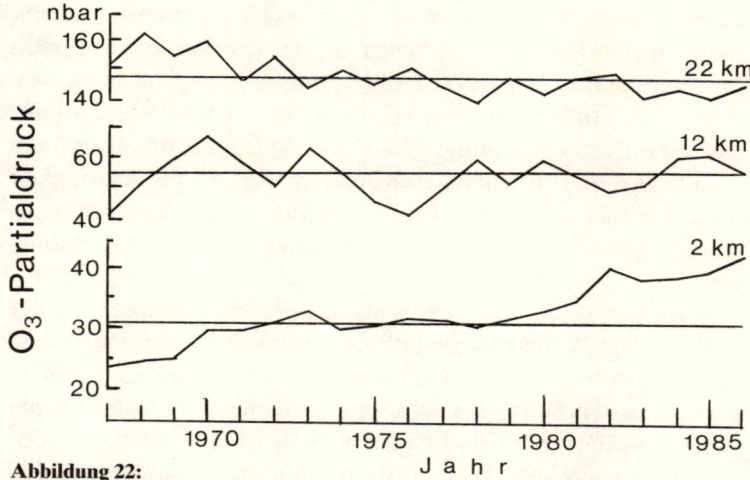

Abbildung 22:

Trends der atmosphärischen Ozon (O_3)-Konzentration (hier in Nanobar) in 2,12 und 22 Kilometer Höhe nach Messungen des Meteorologischen Observatoriums Hohenpeißenberg. Man sieht deutlich den zunehmenden Trend in der unteren Atmosphäre und etwas weniger deutlich den abnehmenden Trend in der oberen Atmosphäre (Stratosphäre), jeweils in Jahresmittelwerten (Quelle: nach K. Wege, 1987).

werke, die Salpeter-, die Düngemittelproduktion, die chemische Industrie – soweit sie mit schwefel- und stickstoffhaltigen Substanzen arbeitet – sowie Sprengstoffexplosionen. Aus der Vielfalt der chemischen Reaktionen, die zur Produktion von bodennahem O_3 führen, sollen die folgenden beiden herausgegriffen sein: NO_2 + Energie (Licht) $\rightarrow$ NO + O; O + O_2 $\rightarrow$ O_3; CO + $2 O_2$ + Energie (Licht) $\rightarrow$ CO_2 + O_3; dies ist jeweils die summarische Schreibweise, hinter der ganze Reaktionsketten unter Beteiligung weiterer Gase stehen.

Diese Reaktionen können jedoch auch in umgekehrter Richtung ablaufen, wobei die gegenseitigen Mischungsverhältnisse dieser und anderer Gase sowie die Temperatur- beziehungsweise Strahlungsverhältnisse eine Rolle spielen, so daß sich jeweils ein

105

chemisches Reaktionsgleichgewicht einstellt. In diesem Zusammenhang ergibt sich dann auch die relativ kurze Lebenszeit des bodennahen O_3, etwa 1 bis 3 Monate, was wiederum wie bei CO eine ungleichmäßige regionale Verteilung bedeutet – mit Maxima in den Ballungs- und Industriegebieten. Trotzdem resultiert daraus im globalen Mittel ein derzeitiger Anstieg der atmosphärischen Konzentration von etwa 1 Prozent pro Jahr, das ist mehr als das Doppelte wie beim CO_2 (vgl. Abbildung 22).

Von diesem sowohl toxischen als auch klimarelevanten O_3 der bodennahen Atmosphäre muß das stratosphärische, in etwa 10 bis 50 Kilometer Höhe, unterschieden werden, wo – mit einem Maximum bei etwa 25 bis 30 Kilometer Höhe – Werte um 10 ppm erreicht werden. Das sind zwar ebenfalls geringe Konzentrationen, sie liegen aber grob gerechnet um einen Faktor von 300 über der bodennahen Konzentration. Dieser wesentlich höhere Wert resultiert aus photochemischen Prozessen, wobei die in dieser Höhe noch vorhandene sehr kurzwellige solare UV-Strahlung (das sogenannte UVC) von Bedeutung ist. Diese für den Menschen sehr gefährliche Strahlung von etwa 0,01 bis 0,3 μm Wellenlänge bewirkt Haut- und Sehschäden sowie Mutationen und wird von den Ozonmolekülen der Stratosphäre absorbiert, was neben einem Erwärmungseffekt auch die chemische Reaktion O_2 + Energie (UVC) $\rightarrow$ O + O; O + O_2 $\rightarrow$ O_3 + Energie (Wärme), wieder unter Mitwirkung anderer Moleküle, zur Folge hat. Auch diese Reaktion kann umgekehrt ablaufen, so daß sich wiederum ein chemisches Gleichgewicht einstellt. Der Erwärmungseffekt führt dazu, daß in der Stratosphäre – anders als in der Troposphäre, also den unteren 10 bis 11 Kilometern, bezogen auf mittlere geographische Breiten – die Temperatur mit der Höhe zunimmt, bis oberhalb der Stratosphäre diese wichtigen photochemischen Reaktionen abklingen und sich wieder wie in der Troposphäre eine Temperaturabnahme in der Höhe einstellt.

Für uns, die wir in der bodennahen Atmosphäre leben, ist dieses stratosphärische Ozon – im Gegensatz zum bodennahen – sehr erwünscht, ja sogar lebenswichtig, da es uns vor der gefährlichen UVC-Strahlung schützt und nur die weniger gefährliche UVB- (um 0,3 μm, besonders im Hochgebirge) und UVA- (0,3 bis 0,4 μm) Strahlung zur Erdoberfläche hindurchläßt. Nun sind wir aber mit dem stratosphärischen O_3 bei einem Spurengas angelangt, das durch menschliche Aktivität nicht zunimmt wie die bisher besprochenen Substanzen (einschließlich dem bodennahen O_3), sondern es nimmt ab (vgl. Abbildung 22), was nach dem eben Gesagten äußerst unerfreulich, ja sogar gefährlich ist.

Schuld daran sind wahrscheinlich die *Chlorfluormethane* CFMs, auch Chlorfluorkohlenstoffe oder Chlorfluorkohlenwasserstoffe CFKWs genannt, die Industriebezeichnungen sind Freone und Frigene. Im Gegensatz zu allen bisher besprochenen Substanzen gibt es für die CFMs keinerlei natürliche Quellen; durch ihre Verwendung als Treibgase in Spraydosen und als Kühlmittel in Kühlschränken werden sie von den Menschen verursacht. Außerdem werden sie bei der Produktion und Verwendung bestimmter Kunststoffschäume, unter anderem als Verpackungsmaterial, frei. Die wichtigsten dieser CFMs sind in Kurzbezeichnungen und chemischen Formeln F 11 ($CFCl_3$), F 12 (CF_2Cl_2), daneben auch F 13 (CF_3Cl) und F 22 (CF_2HCl). Wie das Distickstoffoxid weisen die CFMs extrem lange atmosphärische Verweilzeiten auf, die im Fall des F 11 bei 50 bis 60 Jahren und beim F 12 bei 80 bis 100 Jahren liegen. Mit etwa 4 Prozent pro Jahr ist ihr Anstieg etwa um den Faktor 10 höher als der des CO_2. Ihre gefährliche Wirkung kommt in zweierlei Hinsicht zum Tragen, denn sie sind nicht nur für den Abbau des O_3 der Stratosphäre verantwortlich, sondern gehören in der unteren Atmosphäre, wo sie praktisch überhaupt nicht abgebaut werden, auch zu den klimawirksamen Spurengasen. Da die UV-Strahlungsgegebenheiten durchaus zum Klima gehören, muß nachdrücklich auf die Gefahr für das stratosphärische O_3 – und damit auch für uns – durch die CFMs hingewiesen werden. Obwohl für diesen O_3-Abbau auch andere Vorgänge in Frage kommen, vor allem der Vulkanismus, ist die Rolle der CFMs doch sehr ernst zu nehmen, wie der Chemiker P. Crutzen (1987) hervorhebt. Seine Arbeitsgruppe am Max-Planck-Institut für Chemie in Mainz hat entsprechende Modellrechnungen für das bodennahe und stratosphärische O_3 durchgeführt (C. Brühl, 1987).

Und in Übereinstimmung mit diesen Modellrechnungen nimmt tatsächlich die bodennahe O_3-Konzentration zu, gleichzeitig nimmt die stratosphärische ab. Wir haben es daher mit einer Umverteilung des atmosphärischen Ozons zu tun. Messungen der letzten Jahre haben einen so ausgeprägten O_3-Abbau über der winterlichen Antarktis (Stratosphäre) ergeben, daß die Wissenschaftler ihren Messungen zunächst gar nicht glauben wollten.

Wenn auch die Bezeichnung »Ozonloch« übertrieben und mißverständlich ist, so muß dieser Effekt doch sehr beunruhigen. Und vor allem sind die CFMs, die Hauptverantwortlichen für den O_3-Abbau der Stratosphäre, völlig entbehrlich; sie lassen sich weitgehend durch andere weniger gefährliche Substanzen ersetzen. Es ist daher keine Frage, daß wir so bald wie möglich weltweit zu einem Verbot dieser Substanzen kommen müssen.

Nun zurück zur bodennahen Atmosphäre und den klimarelevanten Spurengasen. In unserer Liste (vgl. Tabelle 8), fehlen zumindest noch das *Ammoniak* (NH_3), das im Rahmen der Viehhaltung, durch Verfeuerung fossiler Brennstoffe und beim Betrieb von Kläranlagen in die Atmosphäre gelangt, und der *Tetrachlorkohlenstoff* (CCl_4), der bei Verwendung bestimmter Reinigungsmittel, teilweise auch in der chemischen Industrie freigesetzt wird. Die Konzentrationen dieser Gase sind mit weniger als 0,1 ppb (entsprechend 0,0001 ppm) sehr gering und dementsprechend schwer zu messen, dürfen aber dennoch nicht übersehen werden. Aufgrund der Meßprobleme ist auch der gegenwärtige Trend zwar höchstwahrscheinlich ansteigend, aber quantitativ nicht bekannt. Ähnliches gilt für die atmosphärischen Verweil-

108

zeiten, bei NH_3 mit sieben bis vierzehn Tagen aber vermutlich recht kurz.

Wie wir noch sehen werden, dürfen uns diese geringen Konzentrationen und die Unsicherheiten nicht vorgaukeln, daß diese Substanzen unwichtig seien. Für das Ausmaß der Klimarelevanz ist keinesfalls allein die derzeitige atmosphärische Konzentration verantwortlich. Von den weiteren klimarelevanten Spurengasen, deren Zahl immer größer wird und die in Tabelle 8 nicht angegeben sind, sollen hier wenigstens noch die folgenden genannt sein: Chloroform $(CHCl_3)$, Tetrafluorkohlenstoff (CF_4), Salpetersäure (HNO_3), Methylchlorid (CH_3Cl), Methylchloroform (CH_3CCl_3), Schwefeldioxid (SO_2) und Ethylen (C_2H_4). Die meisten dieser Gase weisen außerdem auch toxische Wirkung auf, worauf im Fall des SO_2 schon hingewiesen worden ist. Insgesamt werden derzeit etwa vierzig bis fünfzig klimarelevante Spurengase diskutiert, die somit in ihrer atmosphärischen Konzentration anthropogen ansteigen und für Klimaänderungen in Frage kommen.

Zu Beginn dieses Kapitels war ausdrücklich von Spurenstoffen die Rede, die außer den Spurengasen auch die *Aerosole* – vorwiegend feste Schwebpartikel – mit einschließen; und wir müssen zweifellos auch nach der Rolle dieser Aerosole fragen. Ähnlich dem Ozon ist dabei streng zwischen der unteren und oberen Atmosphäre zu unterscheiden, genauer gesagt zwischen der Troposphäre und Stratosphäre. In der Stratosphäre kommen vor allem Partikel vulkanischen Ursprungs in Betracht, die bei entsprechend hoher Konzentration und der dortigen Verweilzeit von einigen Jahren sehr klimawirksam sein können. Ein steigender oder fallender Trend ist aber nicht festzustellen, sondern nur Fluktuationen unterschiedlicher zeitlicher Größenordnung, auf die im Rahmen der natürlichen Klimaschwankungen schon hingewiesen worden ist.

Bei den anthropogenen Aerosolen, die wir in der unteren Atmosphäre finden, ist die Situation problematisch. Sie sind mit gegenwärtig etwa 1,6 ppm in Reinluft vertreten; das entspricht in etwa der Konzentration des Spurengases Methan. Die hauptsächlichen Quellen stellen die Nutzung fossiler Energie, der Kraftverkehr und die Industrie dar, wobei Gas-Partikel-Umwandlungen – wie auch in der Stratosphäre – eine wichtige Rolle spielen und diese anthropogenen Quellen grob 10 Prozent der natürlichen ausmachen.

Da die Aerosole in der unteren Atmosphäre nur eine Lebenszeit von einigen Tagen aufweisen, ist die Verteilung regional sehr verschieden, und diese Unterschiede erschweren die Feststellung zeitlicher Trends sehr. Der Meteorologe R. Jaenicke (1986) kann demnach auch solche Trends nicht ausmachen, obwohl es, zum Beispiel in der Arktis, Hinweise darauf gibt.

Bei der Klimawirksamkeit dieser troposphärischen Aerosole war man lange im Zweifel, ob sie Erwärmungs- oder Abkühlungseffekte hervorrufen. Der Meteorologe H. Graßl (1986), der sich intensiv mit diesem Problem beschäftigt hat, kommt zu dem Ergebnis, daß sie – wie die stratosphärischen Aerosole – in der bodennahen Luftschicht eine Abkühlung hervorrufen sollten, was dem anthropogenen Treibhauseffekt entgegengerichtet wäre. Kann es zu einer vollständigen Kompensation kommen? Im Augenblick läßt sich diese Frage nicht mit letzter Sicherheit beantworten. Stellt man aber die relativ geringe Konzentration, vor allem die kurze Lebenszeit und den mehr regionalen als globalen Konzentrationsanstieg in Rechnung, zudem die Fragwürdigkeit eines langzeitlichen Trends, so muß zumindest eine vollständige Kompensation als unwahrscheinlich gelten. Vor allem aber wird in Zukunft kein derartiger Konzentrationsanstieg der Aerosole erwartet, wie er für die klimarelevanten Spurengase offenbar zu befürchten ist. Sollte aber jemand auf die Idee kommen, die zunehmenden klimawirksamen Spurengase durch einen gewollt vermehrten Ausstoß von Aerosolen kompensieren zu wollen, hieße das allerdings, den Teufel mit Beelzebub austreiben.

Angesichts der Gefahren, die uns durch den Anstieg der klimawirksamen Spurengase in der Atmosphäre drohen, wäre es freilich wenig vernünftig, sich der möglicherweise trügerischen Hoffnung auf Kompensation durch andere Vorgänge hinzugeben, zumal eine solche Kompensation auch nicht sehr wahrscheinlich erscheint. Bevor wir auf diese Gefahren näher zu sprechen kommen, sollten wir allerdings versuchen, zumindest beim Kohlendioxid, den beobachteten Anstieg besser zu verstehen und vor allem Zukunftsperspektiven abzuschätzen.

4.3 Stoffkreisläufe und Spurengasszenarien

Ist nun tatsächlich mit einem weiteren Anstieg der atmosphärischen Konzentration klimarelevanter Spurengase zu rechnen? Und wenn ja, wie sehen die quantitativen Abschätzungen aus? Der Schlüssel für die Beantwortung dieser Fragen liegt in der Modellierung der Stoffkreisläufe. Und es ist eine Binsenweisheit, daß man zuerst einmal in die Vergangenheit sehen sollte, bevor man versucht, die Zukunft zu verstehen. Wir müssen uns also erst über die gegenwärtige und vergangene Situation der Stoffkreisläufe im klaren sein, soweit uns das überhaupt gelingt, bevor wir Abschätzungen für die Zukunft in Angriff nehmen.

Beginnen wir mit dem Kohlendioxid und den natürlichen Vorgängen, unter starker Vereinfachung dessen, was der schwedische Meteorologe B. Bolin (1980) herausgefunden hat (vgl. Abbildung 23). Danach sind etwa 700 Milliarden Tonnen Kohlenstoff in Form von CO_2 derzeit in der Atmosphäre gespeichert und ähnlich viel (etwa 800 Milliarden Tonnen) in der Vegetation der Landgebiete (lebende Biomasse), und zwar dort in Form vielfältiger organischer Verbindungen. Bekanntlich entnimmt dieser Teil der Biosphäre während der Vegetationsperiode CO_2 aus der Atmosphäre, um daraus in Verbindung mit Wasser und diversen Nährstoffen unter Einbindung von Sonnenenergie diese organischen Verbindungen (lebende Biomasse) aufzubauen. Diesen Vorgang bezeichnet man als Assimilation, die in der einfachsten Form folgende chemische Reaktion bedeutet:

111

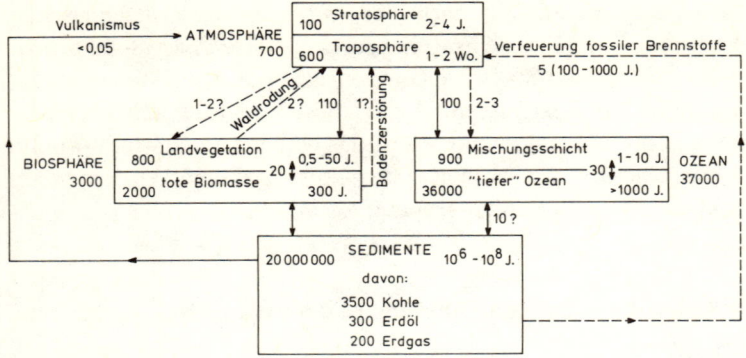

Abbildung 23:
Übersicht der globalen Kohlenstoff-Speicher in Milliarden Tonnen Kohlenstoff (10^9 t C) und Flüsse in Milliarden Tonnen Kohlenstoff pro Jahr. Bei den angegebenen typischen Verweilzeiten (in den Speichern) bedeutet J. = Jahre und Wo. = Wochen. Die gestrichelten Pfeile verweisen auf die anthropogenen Störungen der natürlichen Vorgänge (Quelle: nach B. Bolin, 1980, und DOE, 1985).

$6\,CO_2 + 6\,H_2O$ + Energie (Sonnenlicht und Wärme) → $C_6H_{12}O_6$ + 6 O_2 (hier Aufbau von Hexose, die zu den sogenannten Einfachzuckern gehört), wobei Sauerstoff frei wird. Der umgekehrte Vorgang, der im menschlichen und tierischen Körper, aber auch bei Verwesungs- und Fäulnisprozessen abläuft, heißt Dissimilation; bei Mensch und Tier ist dies Oxidation der Nahrung mit dem Ziel der Energieerzeugung. Die Verwesungs- und Fäulnisprozesse tragen im übrigen zur Bodenbildung bei.

Da nun in der gemäßigten und subpolaren Klimazone die Vegetationsperiode streng jahreszeitlich gebunden ist und sich außerdem die Hauptmasse der entsprechenden Landgebiete auf der Nordhemisphäre befindet, können wir den auf dem Mauna Loa beobachteten Jahresgang der atmosphärischen CO_2-Konzentration gut verstehen: Wenn im Frühjahr die Assimilation der Vegetationsperiode einsetzt, beginnt wegen der oben angegebenen Assimilationsgleichung die atmosphärische CO_2-Konzentration abzunehmen. Im September/Oktober kommt dieser Vorgang langsam zur Ruhe, und das atmosphärische CO_2-Minimum wird erreicht. Danach setzen die Fäulnis- und Verwesungsprozesse CO_2 frei, so daß die atmosphärische CO_2-Konzentration zunimmt. Sie erreicht dann auf dem Mauna Loa im April/Mai ihr Maximum, in weiter nördlich liegenden Regionen schon etwas früher.

Nach Bolins Schätzungen nimmt im globalen Mittel die Landvegetation etwa 110 Milliarden Tonnen Kohlenstoff (= 110 GtC) pro Jahr auf. Die gleiche Menge geht in etwa je zur Hälfte durch Respiration der Blätter, Nadeln, Gräser und Feinwurzeln sowie Dekomposition (Absterben im Boden) an die Atmosphäre zurück: ein ausgeglichener natürlicher Kohlenstoff-Kreislauf, zudem ein vergleichsweise sehr schneller mit einem Jahr Umsatzzeit; er ist in Abbildung 23 durch einen Doppelpfeil zwischen Troposphäre und Landvegetation gekennzeichnet.

Das ist aber bei weitem nicht der einzige Kohlenstoff-Kreislauf. Eine ähnlich große Menge wird nämlich zwischen Atmosphäre und Ozean ausgetauscht, genauer gesagt durch Gasaustausch zwischen der bodennahen Troposphäre und der sogenannten ozeanischen Mischungsschicht; das ist der obere, relativ warme und, wie der Name sagt, gut durchmischte Bereich des Ozeans, der im Mittel einige hundert Meter mächtig ist, in Richtung zu den Polen aber allmählich verschwindet. Auch dieser zweite Kohlenstoff-Kreislauf ist relativ schnell, wobei die Kohlenstoff-Verweilzeit in diesem Mischungsschicht-Ozean auf einige Jahre geschätzt wird. Dagegen dauert es sehr lange, schätzungsweise viele Jahrhunderte, sogar einige Jahrtausende, bis der Kohlenstoff in den unter der Mischungsschicht liegenden tiefen (und kälteren) Ozean gelangen kann. Dort finden wir dann einen Speicher von immerhin schon etwa 36000 Milliarden Tonnen Kohlenstoff.

Noch länger dauert es schließlich, bis der ozeanische und auch der landgebundene Kohlenstoff in den Sedimenten abgelagert wird; dabei stellt der Boden einen Zwischenspeicher dar, in dem der Kohlenstoff einige Jahrhunderte verweilt, bevor er in die

Sedimente gelangt. Ob ein nennenswerter Austausch zwischen den Sedimenten und dem Boden einerseits sowie der Tiefsee andererseits stattfindet, ist fraglich. Der wesentliche Ausgang aus dem Speicher »Sedimente« (mit 20 Billiarden Tonnen Kohlenstoff = 20 000 GtC) ist unter natürlichen Gegebenheiten wohl im wesentlichen der Vulkanismus, der im Mittel aber »nur« etwa 50 Millionen (= 0,05 Milliarden) Tonnen Kohlenstoff pro Jahr in die Atmosphäre schleudert.

Oft bezeichnet man das Zusammenspiel dieser Vorgänge schlichtweg als den globalen Kohlenstoff-Kreislauf. Und um alle diese Vorgänge verstehen und quantitativ abschätzen zu können, muß man in einem Modell die Speicher und die Austauschvorgänge möglichst gut erfassen, und zwar in physikalischer wie in chemischer Hinsicht. Jedes Modell ist jedoch eine mehr oder weniger grobe Vereinfachung der Wirklichkeit. Seine Gültigkeit versucht man durch Messungen zu kontrollieren, so gut das eben geht, zunächst für den derzeitigen Zustand – genauer gesagt für den stationären Zustand, das heißt ohne wesentliche zeitliche Trends der Speicher- und Austauschgrößen. So entsteht ein kompliziertes physikochemisches Gleichungssystem, wobei je nach Modellaufwand die Speicher (Kästchen) noch weiter unterteilt werden, um auch die regionalen Unterschiede erfassen zu können. In der Modellsprache heißen diese Kästchen und ihre weiteren Unterteilungen Boxen, und man spricht von einem »Box-Modell« des Kohlenstoff-Kreislaufs. Dabei bereiten nicht nur die Zustands- und Reaktionsgleichungen, sondern auch die unterschiedlichen Zeitkonstanten – Verweilzeiten in den Boxen, Geschwindigkeit der Austauschvorgänge – große Schwierigkeiten.

Ist das Modell nun realistisch genug, kann es auch die menschlichen Eingriffe (gestrichelte Pfeile) näherungsweise simulieren. Der wichtigste Eingriff ist dabei die Verfeuerung fossiler Brennstoffe (Kraftwerke, Privathaushalte, Industrie). Während dieser Eingriff vor rund hundert Jahren noch in der Größenordnung von rund 200 Millionen Tonnen pro Jahr lag – das ist schon vier-

114

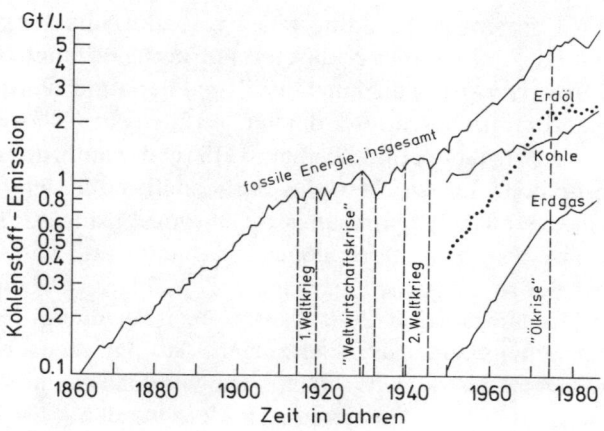

Abbildung 24:

Anthropogene CO_2-Emission in die Atmosphäre, hier aufgrund des Verbrauchs fossiler Energie, seit 1950 aufgeschlüsselt in Kohle, Erdöl und Erdgas. Im Jahr 1986 ist ein Maximum von 5,37 Milliarden Tonnen erreicht worden. Die indirekte Kohlenstoff-Emission durch Reduktion der Biosphäre (Waldrodungen usw.) beträgt derzeit etwa ein Fünftel im Vergleich zur direkten durch fossile Energie (Quelle: nach R. M. Rotty, 1982, 1985 und 1987).

mal so viel im Vergleich zum Vulkanismus –, hat er nach den Schätzungen des Amerikaners R. Rotty (1985, 1987) vom Energie-Analyse-Institut der Oak-Ridge-Universität im Jahr 1986 ein vorläufiges Maximum von 5,37 Milliarden Tonnen pro Jahr erreicht (vgl. Abbildung 24), das ist mehr als hundertmal soviel wie der Vulkanismus. Der Hauptbeitrag kommt in den letzten Jahren, wie die Abbildung zeigt, vom Erdöl; mit geringem Abstand folgt die Kohle und mit größerem Abstand das Erdgas. Vergleichen wir diese Zahl mit dem atmosphärischen Speicher von 600 Milliarden Tonnen, so erscheint sie zwar gering; diese zusätzliche Menge kann aber – bildlich gesprochen – das Faß zum Überlaufen bringen.

Spätestens jetzt beginnen allerdings wieder die Unsicherheiten. Wir stellen zwar fest, daß ungefähr die Hälfte dieser anthropoge-

115

nen CO_2-Emission in der Atmosphäre verbleibt, und das kumulativ von Jahr zu Jahr; dies erklärt uns nun auch den langfristigen und immer intensiver zunehmenden Trend der atmosphärischen CO_2-Konzentration während der letzten hundert bis zweihundert Jahre. Wo aber bleibt die andere Hälfte der anthropogenen CO_2-Emission? Es spricht vieles dafür, daß dafür der Ozean sorgt, da dessen obere Mischungsschicht (noch?) keine CO_2-Sättigung aufweist. Eine noch höhere Aufnahmerate verhindert offenbar der zu langsame Übergang in den tieferen Ozean. Der Puffer Mischungsschicht-Ozean kann eben nur einen Teil des anthropogenen Kohlenstoffs auffangen. Auf der anderen Seite wäre dieser Puffer viel wirksamer, wenn wir ihn nicht mit immer noch steigender CO_2-Emission überfordern würden.

Ein Teil davon geht vielleicht auch in die Vegetation. G. Kohlmaier (1985), ein deutscher Chemiker, sieht jedenfalls Anzeichen dafür, daß der atmosphärische Jahresgang der CO_2-Konzentration zunimmt, was auf eine Vegetationszunahme oder intensivere Produktivität der Vegetation oder beides hindeuten könnte, natürlich immer nur bezogen auf die mittleren bis subpolaren Breiten der Nordhemisphäre. Diese zweite Vermutung einer höheren Produktivität ist deswegen nicht von der Hand zu weisen, weil eine höhere CO_2-Konzentration der Atmosphäre eine höhere Assimilationsrate gestattet, sofern gleichzeitig genügend Wasser vorhanden ist. Dieser CO_2-Düngeeffekt ist durch Messungen in Treibhäusern auch tatsächlich nachgewiesen worden, so durch den Biologen H. Lieth (1986).

Nicht erfaßt sind dabei die großräumigen Waldrodungen in den Tropen, da der tropische Regenwald ja keine jahreszeitlich orientierte Vegetationstätigkeit aufweist und sich daher auch nicht im atmosphärischen CO_2-Jahresgang widerspiegeln kann. Solche Waldrodungen stellen aber, ganz abgesehen von den lokal- und regionalklimatischen Auswirkungen, eine Reduzierung des biosphärischen Kohlenstoffspeichers dar. Somit könnte immer weniger Kohlenstoff in der Vegetation gebunden werden, und die atmosphärische CO_2-Konzentration müßte auf diesem indirekten Weg zunehmen. Entsprechende Abschätzungen sind zwar schwierig, haben sich aber im Laufe der letzen Jahre auf Werte zwischen null und rund zwei Milliarden Tonnen eingependelt. Der geringere Wert würde gelten, falls es in den Rodungsgebieten nicht umgehend zum Verbrennen des Holzes, sondern im Gegenteil – bei Lagerung oder industrieller Verwendung des Altholzes – sogar zur Anpflanzung von Kulturpflanzen käme.

Das Verhältnis des Effektes der fossilen Brennstoffe zum indirekten Effekt der Biosphäre schätzt man heute mit ungefähr 5 : 1 (oder 4 : 1) ein, wobei der biosphärische Anteil auch den Effekt der Bodenzerstörung enthält. Wenn allerdings die tropischen Waldrodungen im gleichen Ausmaß wie in den letzten Jahren weitergehen, dazu das Waldsterben in Mittel- und Osteuropa, kann sich das Gewicht – wie das früher schon einmal war – in Zukunft in Richtung Biosphäre verschieben. Auch die durch Fahrlässigkeit entfachten großen Waldbrände in den Mittelmeerländern sowie USA, Kanada, UdSSR usw. könnten dabei zu Buche schlagen. Interessant ist, daß sich in der anthropogenen CO_2-Emission Kriege und Wirtschaftskrisen deutlich widerspiegeln. Der jüngste Rückgang nach dem vorläufigen Gipfelwert von 1979 (5,23 GtC) ist als Spareffekt der Industrieländer gedeutet worden und gab schon zu Hoffnungen Anlaß, nun könnte die CO_2-Emission über längere Zeit absinken. Das ist leider eine trügerische Hoffnung gewesen; denn nach einem kleinen relativen Minimum im Jahr 1983 (4,95 GtC) setzt sich der Anstieg unvermindert fort, was auf die Steigerung des Energiebedarfs der Entwicklungsländer, ganz besonders in Ostasien, somit einschließlich der Volksrepublik China, die ganz besonders hohe Steigerungsraten aufweist, zurückgeführt wird.

Dementsprechend ist auch bei der jährlichen atmosphärischen CO_2-Konzentration (Mauna-Loa-Werte) nichts von einer Entschärfung der Situation zu sehen. Eher setzt sich in jüngster Zeit die Zunahme der atmosphärischen CO_2-Konzentration noch verstärkt fort.

Auffällig sind bei diesen jährlichen Zuwachsraten der atmosphärischen CO_2-Konzentration die starken Jahr-zu-Jahr-Unterschiede. Und dieser Effekt ist sogar, zumindest vordergründig, erklärbar. Die Ursache ist in dem schon beschriebenen El-Niño-Effekt zu suchen, somit im Auftreten ungewöhnlich hoher Wassertemperaturen des tropischen Pazifiks und wohl auch des Atlantiks im Abstand von einigen Jahren und mit jeweils einigen Monaten Dauer (meist Dezember bis Februar/März des Folgejahres). Ganz offensichtlich fällt gerade in diesen El-Niño-Jahren der atmosphärische CO_2-Anstieg besonders hoch aus, so 2,3 ppm Anstieg im Jahr 1972/73 und 2,0 ppm Anstieg im jüngsten El-Niño-Jahr 1982/83. Im Vergleich dazu liegen die jährlichen Durchschnittswerte, hier immer Mauna-Loa-Messungen, bei 1,1 ppm für die Zeitspanne 1959 bis 1984.

Nun sollten wir, bevor wir versuchen in die Zukunft zu blicken, zunächst noch weiter in die Vergangenheit zurückschauen. Dazu vergleichen wir in Abbildung 9 vor allem das Zeitintervall der letzten Jahrmillion der Temperaturgeschichte mit der Rekonstruktion der atmosphärischen CO_2-Konzentration, wie sie in Abbildung 19 dargestellt ist. Gehen wir davon aus, daß die Orbitalhypothese das Kommen und Gehen der Kalt- und Warmzeiten (Eis- und Zwischeneiszeiten) weitgehend korrekt erklärt, schon das ist wie gesagt eine Hypothese, und schließen wir uns außerdem den ebenfalls zum großen Teil anerkannten Hypothesen führender Ozeanographen und Geologen an, die sich mit diesem Problem intensiv beschäftigt haben (vor allem die Amerikaner W. S. Broeker und C. F. Baes), so haben die beobachteten Temperaturfluktuationen die CO_2-Variationen gesteuert und nicht umgekehrt. Ganz geklärt ist dieses Problem allerdings nicht, und wir müssen im Rahmen der Klimamodellrechnungen darauf zurückkommen; denn wir haben es hier wieder einmal mit der Komplikation der Rückkopplungen im Klimasystem zu tun. Wenn aber nicht nur CO_2-Variationen Klimaänderungen bewirken können, sondern Klima-, besonders Temperaturänderungen auch CO_2-Änderungen, müssen wir uns fragen, wie dieser letztgenannte Mechanismus funktionieren soll.

118

Dafür gibt es verschiedene physikalische und biochemische Hypothesen. Die naheliegendste Erklärung ist eine physikalische und beinhaltet die Vermutung, daß wärmeres Wasser eine niedrigere Löslichkeit der darin enthaltenen Gase aufweist, so daß in Warmzeiten mehr CO_2 vom Ozean an die Atmosphäre abgegeben wird als in kälteren Epochen. Das würde die atmosphärischen CO_2-Variationen sowohl in Zusammenhang mit dem El-Niño-Phänomen als auch in Zusammenhang mit den Warm- und Kaltzeiten geologischer Zeitspannen erklären. Bei genauerer quantitativer Analyse reichen diese Erklärungen aber nicht aus. Daher bringen die genannten Ozeanographen und Geologen die marine Biosphäre, insbesondere die Mikroflora des Ozeanwassers, mit ins Spiel. Da im Fall von El-Niño-Ereignissen kaltes und nährstoffreiches Tiefenwasser durch wärmeres und nährstoffärmeres Oberflächenwasser ersetzt wird, könnte es sein, daß weniger pflanzliches Plankton zu weniger Assimilationstätigkeit im Wasser führt, folglich dem Wasser weniger CO_2 entzogen wird, das dann vermehrt an die Atmosphäre abgegeben werden könnte. Was nun die paläoklimatologischen Schwankungen (Kalt- und Warmzeiten) der atmosphärischen CO_2-Konzentration betrifft, so hat besonders W. S. Broeker (1982) die folgende Hypothese aufgestellt: Beim Übergang von einer Kalt- zu einer Warmzeit kommt es ja zu einem Meeresspiegelanstieg – für den Übergang Würm-Kaltzeit zu Neo-Warmzeit auf etwa 135 Meter geschätzt –, der die sogenannte Kontinentalschelfe (heutige kontinentnahe Flachwassergebiete) überflutet. Dabei soll das Meerwasser in diesen Schelfen durch intensive Sedimentbildung, bei der die relativ hohe Wassertemperatur der Schelfgebiete eine Rolle spielt, Phosphor verlieren. Die nun geringere Phosphordüngung des Meerwassers reduziert die pflanzlichen Meeresorganismen, wodurch vergleichbar den El-Niño-Ereignissen dem Meerwasser weniger CO_2 entzogen wird und die dadurch erreichte höhere CO_2-Anreicherung des Meerwassers auch zu einer höheren Ausgasung in die Atmosphäre führt.

Diese Hypothese ist ohne weiteres nicht widerlegbar, auch wenn sie Fragwürdigkeiten enthält. Und Modelle, die nun solche Vorgänge realistisch simulieren sollen, können zwar einen gegenwärtigen (besser stationären) Zustand recht gut erfassen, unter Umständen auch zeitliche Trends, sind aber bei der Erklärung von Fluktuationen einfach überfordert. Hinzu kommt, daß diese Modelle zudem aus Gründen der Optimierung des Rechenaufwandes einen festen Rahmen verlangen, was beispielsweise die ozeanische Zirkulation betrifft. Dies kann aber für die Simulation vergangener Kohlenstoff-Flüsse unzutreffend sein, so daß schon der Blick in die Vergangenheit im wahrsten Sinne des Wortes den Rahmen solcher Modelle sprengt, und was noch schlimmer ist: keiner weiß genau, in welcher Art und Weise.

Wenn aber der Versuch, die Vergangenheit zu erklären, so viele Fragen aufwirft, wie wollen wir dann mit Hilfe solcher Kohlenstoff-Flußmodelle in die Zukunft schauen?

Es wird sogar noch schwieriger; denn die Unsicherheiten dieser Kohlenstoff-Flußmodelle sind vergleichsweise noch gering im Vergleich zu den Vorhersagen künftiger Energienutzung. Die damit verbundenen Schwierigkeiten sind bereits diskutiert worden, und die entsprechende Risikoabschätzung folgt noch.

Geht man nun zunächst einmal von den Energieszenarien in der Form aus, wie sie veröffentlicht worden sind, so erlauben Kohlenstoff-Flußmodelle Abschätzungen der künftigen CO_2-Konzentration in der Atmosphäre. Abbildung 25 enthält dazu vier Beispiele, die der deutsche Geograph W. Bach (1982) zusammengestellt hat. Dabei ist wichtig festzuhalten, daß selbst bei Annahme des sogenannten Effizienz-Szenarios (nach A. B. Lovins und Mitarbeitern, 1982, Kurve 4 in Abbildung 25), bei der eine langfristige Abnahme der CO_2-Emission in die Atmosphäre aufgrund sparsamerer Energienutzung vorausgesetzt wird, die atmosphärische CO_2-Konzentration zunächst noch weiter zunimmt. Ganz gleich, ob man nun dieses Szenario als machbar oder nur als Wunschtraum ansieht: Die Unsicherheiten sind geradezu gigantisch, wie uns das auch das Department of

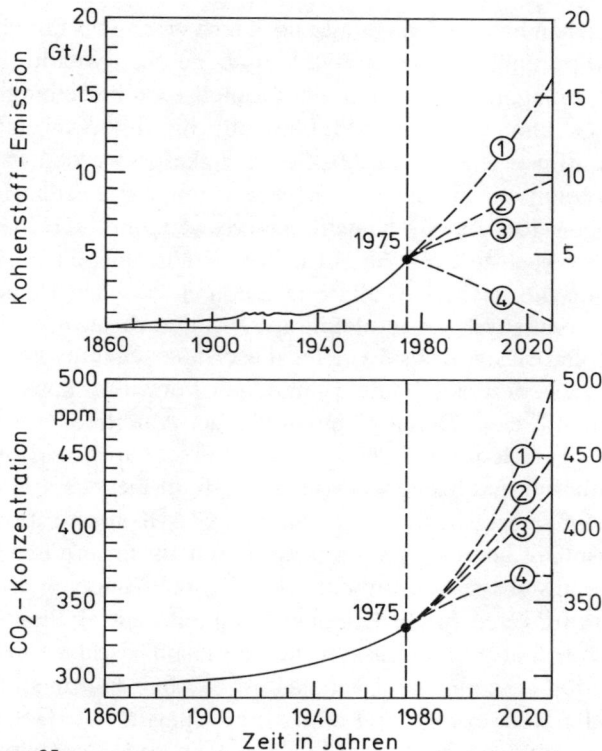

Abbildung 25:

Vergleich der Kohlenstoff-Emission (oben) mit der atmosphärischen CO_2-Konzentration (unten); bis 1975 Schätzung oder Messung, danach Vorhersagen nach folgenden Szenarien: (1) hohes Szenario des Internationalen Instituts für Angewandte Systemanalyse (IIASA 1981), (2) zugehöriges niedriges Szenario, (3) EG-Szenario nach U. Colombo und O. Bernardini, 1979 sowie (4) sogenanntes Effizienz-Szenario nach A. B. Lovins und Mitarb., 1982 (Quelle: nach W. Bach, 1982).

Energy (DOE, 1985) vor Augen führt. Danach sind in den kommenden hundert Jahren, weiter wollen wir gar nicht in die Zukunft zu schauen versuchen, atmosphärische Konzentrationswerte zwischen etwa 500 ppm und 800 ppm zu erwarten.

Nun sagen aber Kohlenstoff-Flußmodelle nicht genug aus, wie

121

wir gesehen haben, denn es gibt noch jene vierzig bis fünfzig weiteren Spurengase, die klimatologisch gesehen in die gleiche Kerbe schlagen. Wie im Fall des Kohlenstoffs beziehungsweise des CO_2 kann man auch Flußmodelle für den Schwefel, den Stickstoff usw. entwerfen. Die Schwierigkeiten werden wahrlich erdrückend; wir müssen fragen: Wie könnten die Szenarien für künftigen Reisanbau, Kunstdüngerverwendung, Kraftverkehr usw. der nächsten fünfzig bis hundert Jahre aussehen? Hinzu kommen die Probleme, alle relevanten chemischen Reaktionszyklen realistisch zu modellieren, womöglich auch noch den atmosphärischen Transport aller dieser Substanzen vorherzusehen – dies bei regional ungleichmäßiger Verteilung sowie direkter und indirekter Beteiligung kurzlebiger Anteile.

Aus den vielen und kaum mehr übersehbaren Messungen, Hypothesen und Szenarien soll zum Schluß dieses Kapitels nur noch der Kunstgriff der »äquivalenten CO_2-Konzentration« der Atmosphäre herausgegriffen werden, der für unsere Problematik wenigstens eine summarische Grobabschätzung erlaubt. Dabei wird versucht, die Klimawirksamkeit weiterer Spurengase einfach in Form einer zusätzlichen atmosphärischen CO_2-Konzentration auszudrücken, wie das vor etlichen Jahren schon der deutsche Klimatologe H. Flohn vorgeschlagen hat. Gehen wir von den atmosphärischen CO_2-Messungen und -Rekonstruktionen unter Annahme mittlerer Projektionen aus (Abbildung 26), dann kommen wir zu diesen höheren Äquivalentwerten, indem wir zur CO_2-Konzentration Jahr für Jahr eine fiktive CO_2-Konzentration addieren, die die Wirksamkeit der vermutlich wichtigsten weiteren klimarelevanten Spurengase erfassen soll. Wie die Abbildung 26 nach einer Schätzung des englischen Klimatologen T. M. L. Wigley (1984) zeigt, kommt vor 1950 eigentlich nur das Spurengas CO_2 als klimarelevant in Betracht. Aber schon 1980 ergibt sich aufgrund weiterer Spurengase ein Zuschlagswert von rund 25 ppm, nach Schätzungen der Arbeitsgruppe Crutzen vom Max-Planck-Institut für Chemie unter Einbezug von Ozon – das bei der Schätzung nach Wigley fehlt –

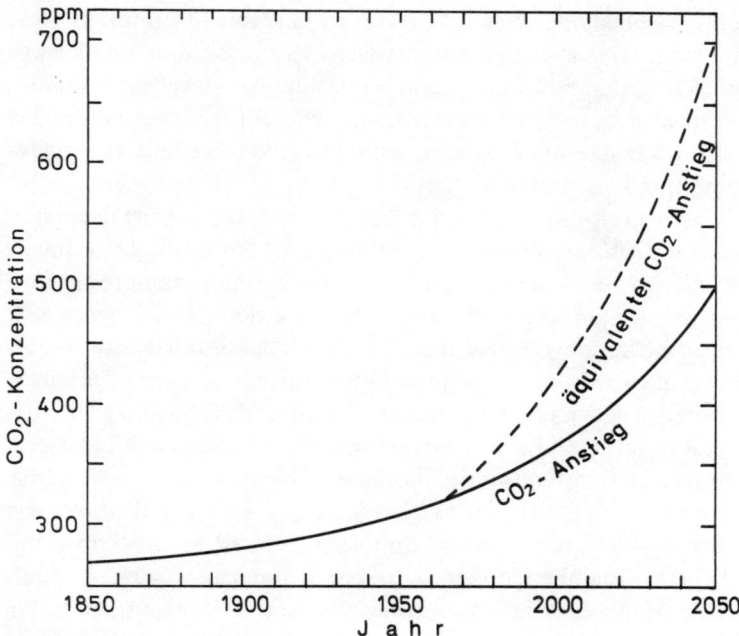

Abbildung 26:
Atmosphärische CO_2-Konzentration, rekonstruiert, gemessen und projektiert (mittlere Annahmen), verglichen mit der sogenannten äquivalenten atmosphärischen CO_2-Konzentration, die eine Reihe weiterer klimarelevanter Spurengase in Form einer zusätzlichen fiktiven CO_2-Konzentration berücksichtigt (Quelle: nach T. M. L. Wigley, 1984).

sogar etwa 30 ppm. Da seit vorindustrieller Zeit allein die CO_2-Konzentration bis 1980 um etwa 60 ppm angestiegen ist, machen die weiteren Spurengase schon 1980 ungefähr die Hälfte des CO_2-Effektes aus. Sollte eine CO_2-Konzentration von 600 ppm erreicht werden, vielleicht in hundert Jahren, mit einigen Jahrzehnten Unsicherheit, bezüglich der Zukunft sogar mit mindestens hundert Jahren Unsicherheit, so würden nach den derzeit gängigen Schätzungen noch einmal etwa 300 ppm durch die anderen klimarelevanten Spurengase dazukommen und deshalb

123

eine äquivalente Gesamtkonzentration von 900 ppm erreicht werden. Dies aber bedeutet, daß bei Berücksichtigung aller klimarelevanten Spurengase eine Situation, die 600 ppm CO_2-Konzentration entspricht,»äquivalent« schon in etwa fünfzig Jahren auf uns zukommen könnte, allerdings wieder mit der schon betonten Unsicherheit.

Daraus ergibt sich, daß das Erreichen einer atmosphärischen Konzentrationsschwelle, die 600 ppm CO_2 entspricht, äquivalent betrachtet – also unter Einschluß der weiteren Spurengase –, als sehr wahrscheinlich angesehen werden muß, wenn sich unsere Energiestrategie hinsichtlich der fossilen Energieträger, aber auch unsere sonstige Aktivität nicht gravierend ändert.

Fünfzig Jahre mögen auf den ersten Blick als ferne Zukunft aufgefaßt werden, die uns zunächst nicht besonders interessiert. Verantwortungsvoll wäre das aber sicherlich nicht, denn wir müssen festhalten, daß es aufgrund der Trägheit des Systems (Atmosphäre und Ozean, Spurengasverweilzeiten) selbst bei Sofortmaßnahmen einige Jahrzehnte dauern würde, bis sich diese Maßnahmen in der atmosphärischen Konzentration der klimarelevanten Spurengase auswirken. Außerdem sollte uns nicht nur die Zeitspanne unseres eigenen Lebens interessieren, sondern auch das Schicksal unserer Kinder und Enkel. Es ist deshalb nötig, den Treibhauseffekt nun genauer kennenzulernen, damit wir abschätzen können, welche klimatischen Auswirkungen durch den Anstieg dieser Spurengase auf uns zukommen.

5. Der Mensch ändert das globale Klima: der Treibhauseffekt

5.1 Physik des Treibhauseffekts

Bevor wir uns nun den globalen Folgen zuwenden, die wir mit unserem Tun zu verantworten haben, sollten wir in einer kurzen Zwischenbilanz festhalten:

- Natürliche Klimaschwankungen hat es nicht nur in der Vergangenheit gegeben, wir leben auch heute mitten in diesem Geschehen. Und das müssen wir stets berücksichtigen, wenn wir vom Menschen verursachte anthropogene Klimaänderungen betrachten. Allerdings hat, über die ganze Erde und viele Jahre gemittelt, die bodennahe Lufttemperatur in den letzten rund 10 000 Jahren eine Schwankungsbreite von rund 1,5 °C nie überschritten.
- Als Folge der Aktivitäten des Menschen (Energieverbrauch, landwirtschaftliche und industrielle Produktion, Waldrodungen usw.) ändert sich die Zusammensetzung der Atmosphäre. Insbesondere nimmt die atmosphärische Konzentration einer Reihe von klimawirksamen Spurengasen zu (CO_2, bodennahes O_3, Chlorfluormethane, N_2O, CH_4 usw.).
- Mit Hilfe von Annahmen über den künftigen Energieverbrauch (sogenannte Szenarien) und physikochemischen Flußmodellen für den Kohlenstoff schätzen wir ab, daß in etwa hundert Jahren die Konzentration des atmosphärischen CO_2 von gegenwärtig (1986) 347 ppm (= 0,0347 %, vorindustriell rund 280 ppm) auf etwa 600 ppm ansteigen könnte, wenn wir so weitermachen wie bisher. Berücksichtigen wir auch die wei-

125

teren klimawirksamen Spurengase, dann könnte ein äquivalenter Effekt bereits in ungefähr fünfzig Jahren zustande kommen. Schon heute haben wir die atmosphärische CO_2-Konzentration in eine Höhe geschraubt, wie sie in den letzten Jahrmillionen durch natürliche Vorgänge nie eingetreten ist.

Und nun kommt die entscheidende Folgerung, die erst verständlich macht, warum uns diese schleichende Änderung der atmosphärischen Zusammensetzung im Weltklimaforschungsprogramm und nationalen Forschungsprogrammen so intensiv beschäftigt, und warum wir diese Entwicklung so ernst nehmen müssen: Es geht um die Klimawirksamkeit der Spurengase. Wir wissen bisher nur, daß dies mit dem Strahlungshaushalt der Atmosphäre zusammenhängt. Was aber steckt dahinter, und warum ist das für uns gefährlich?

Klimawirksam ist ein atmosphärisches Spurengas dann, wenn es zwei Eigenschaften aufweist: erstens eine relativ lange atmosphärische Verweilzeit, in der sich diese Gase über die ganze Atmosphäre global verteilen und unabhängig von ihrem Entstehungsort überall wirksam sind. Zweitens kommt eine bestimmte Eigenschaft hinsichtlich des atmosphärischen Strahlungshaushalts hinzu, die wir uns näher ansehen wollen. Wenn eine dritte Eigenschaft auftritt, nämlich ein atmosphärischer Konzentrationsanstieg, nimmt auch die Klimawirksamkeit zu.

Wenden wir uns nun dem Strahlungshaushalt zu. Dabei müssen wir wissen, daß jede Materie, so auch die Gasmoleküle der Atmosphäre, die eingestrahlte Sonnenenergie erstens absorbieren, was immer eine Erwärmung zur Folge hat, und zweitens streuen. Beides, Absorption und Streuung, hängt von der Art der Gasmoleküle ab. Ein Teil der Streustrahlung dringt zur Erdoberfläche durch, und zwar durch Vielfachstreuung an weiteren Gasmolekülen beziehungsweise Partikeln. Diese Streustrahlung können wir über die ganze Himmelsfläche messen. Ein anderer Teil der Streustrahlung wird jedoch in den interplanetarischen Raum reflektiert und geht daher dem System Erdoberfläche-Atmosphäre verloren.

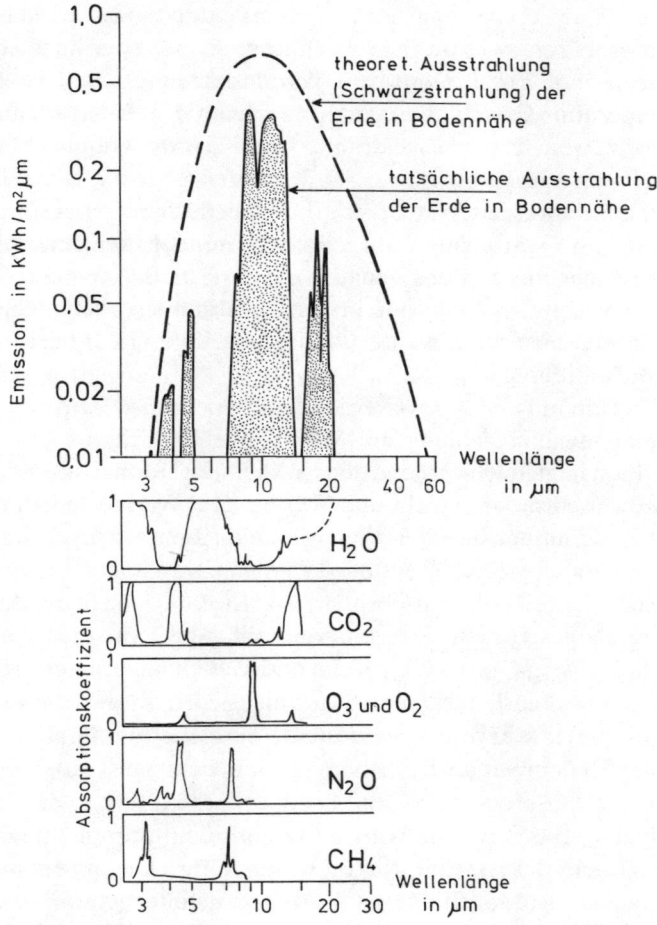

Abbildung 27:
Oben: Theoretische Ausstrahlung der Erdoberfläche ohne Treibhauswirkung (gestrichelte Kurve) und tatsächliche Ausstrahlung (gerasterte Fläche) aufgrund der Wirkung der Treibhausgase. Unten: Wellenlängenbereiche, in denen die einzelnen angegebenen Treibhausgase die Wärmeabstrahlung absorbieren und dementsprechend zur Erdoberfläche zurückwerfen. Der Absorptionskoeffizient gibt die Intensität dieser Absorption an (Quelle: nach C.-D. Schönwiese, 1985, mit freundlicher Genehmigung des Deutschen Wetterdienstes, Offenbach).

127

Jede Materie, also auch die Gasmoleküle und Partikel der Atmosphäre sowie die Erdoberfläche, strahlt aber auch selbst Wärme aus. Diese emittierte Wärmestrahlung hängt von der Temperatur ab und läßt sich berechnen (Stefan-Boltzmann-Gesetz, wonach die ausgestrahlte Energie proportional zur vierten Potenz der Temperatur ist). Im Mittel über die ganze Erde und alle Jahreszeiten stellt sich die Oberflächentemperatur ein, bei der die Wärmeausstrahlung des Systems Erde-Atmosphäre die Sonneneinstrahlung genau kompensiert. Bei den Gasen ist dabei wichtig, daß sie nur in ganz bestimmten Wellenlängenbereichen absorbieren, die für das jeweilige Gas typisch sind (vgl. Abbildung 27).

Weiterhin müssen wir wissen, daß der energetisch wichtige Teil der Sonneneinstrahlung im Wellenlängenbereich von etwa 0,3 bis 4 μm liegt, entsprechend den Erscheinungsformen ultraviolettes Licht, sichtbares Licht und Wärme. Die Wärmeausstrahlung der Erde nimmt dagegen den Wellenlängenbereich von etwa 4 bis 100 μm ein. Die potentielle Wärmeabstrahlung der Erdoberfläche, das heißt ohne atmosphärische Einflüsse, ist in der Abbildung als gestrichelte Kurve dargestellt, und zwar in der Maßeinheit Energie pro Zeit, Fläche und Wellenlänge. Diese Kurve entspricht dem Planckschen Strahlungsgesetz, wobei die Fläche unter dieser Kurve den gesamten Energiebetrag darstellt, der sich nach dem Stefan-Boltzmann-Gesetz berechnen läßt.

Ohne Atmosphäre würde die Erdoberfläche direkt in den interplanetarischen Raum Wärmestrahlung emittieren, und die gestrichelt dargestellte Kurve wäre gültig. Genaugenommen müßte die Erdoberfläche auch ein sogenannter schwarzer Körper im Sinn der Physik sein, was wir hier aber nicht näher erörtern wollen. Im weiteren wäre dann alles sehr einfach, wie wir in Abbildung 28 sehen: In Abhängigkeit von der eingestrahlten Sonnenenergie würde sich an der Erdoberfläche eine Gleichgewichtstemperatur von −18 °C einstellen, gemittelt über die ganze Erde und alle Jahreszeiten.

In Wirklichkeit messen wir aber eine bodennahe Lufttemperatur

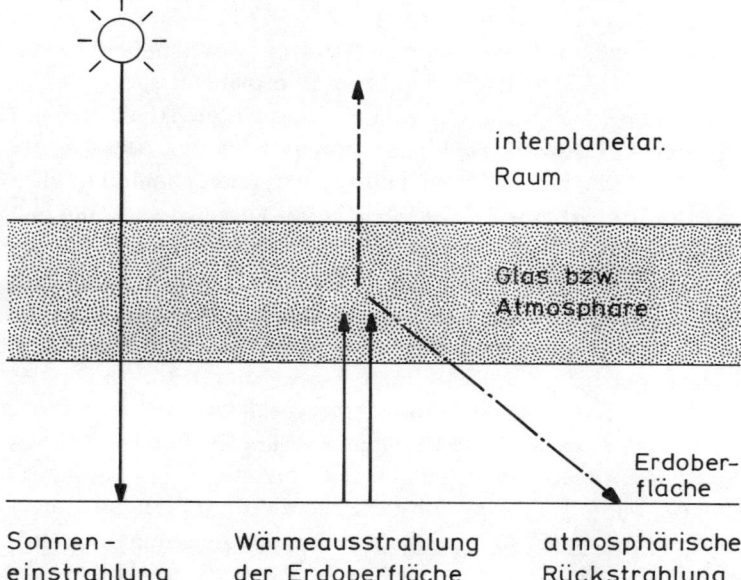

interplanetar.
Raum

Glas bzw.
Atmosphäre

Erdober-
fläche

| Sonnen-einstrahlung | Wärmeausstrahlung der Erdoberfläche | atmosphärische Rückstrahlung |

Abbildung 28:
Veranschaulichung des Treibhauseffekts mit Hilfe des einfachen Bildes einer Glasscheibe. Das Glas wirft einen Teil der Wärmeausstrahlung der Erdoberfläche dorthin zurück (strichpunktierter Pfeil), so daß die Temperatur ansteigt und sich dementsprechend die Wärmeabstrahlung erhöht (Doppelpfeil). Auch die Glasscheibe strahlt Wärme ab (gestrichelter Pfeil), so daß sie sich in ihrem oberen Bereich abkühlt. Die Sonneneinstrahlung (links) bleibt unverändert. Insgesamt stellt sich ein Strahlungsgleichgewicht auf einem höheren Temperaturniveau der Erdoberfläche ein.

von +15 °C. Und diesen Unterschied von 33 °C bewirkt die Atmosphäre, oder genauer gesagt, diesen Unterschied bewirken die klimawirksamen Spurengase. Um das zu verstehen, verwenden wir zunächst das Bild einer Glasscheibe, die wir zwischen Sonne und Erdoberfläche halten, und kommen damit auf Abbildung 28 zurück. Diese Glasscheibe läßt die Sonneneinstrahlung weitgehend ungehindert zur Erdoberfläche hindurch, absorbiert aber einen Teil der Wärmeausstrahlung der Erde. Das Glas

129

emittiert entsprechend seiner Temperatur Wärme in beide Richtungen: zur Erdoberfläche und zum interplanetarischen Raum. Dadurch wird die Strahlungsbilanz an der Erdoberfläche erhöht, die von der Glasscheibe hinzukommende Energie wird an der Erdoberfläche fast vollständig absorbiert, und es kommt folglich zu einer Erwärmung der Erdoberfläche. Diese Erwärmung hält so lange an, bis sich auf einem höheren Temperaturniveau der Erdoberfläche ein neues Strahlungsgleichgewicht eingestellt hat. Dabei dürfen wir nicht übersehen, daß sich die Glasscheibe durch die Wärmeabstrahlung in den interplanetarischen Raum in ihrem oberen Bereich abkühlt. Soweit das Grundprinzip des Treibhauseffekts, wie ihn der Gärtner ausnutzt.

Nun müssen wir aber die besondere Rolle der klimawirksamen Spurengase wieder ins Spiel bringen. Im unteren Teil der Abbildung 27 sind die Absorptionsbereiche dieser Spurengase eingezeichnet, in denen diese Gase die Wärmeabstrahlung der Erdoberfläche absorbieren. Die Absorption wird mit Hilfe einer Maßzahl ausgedrückt, die zwischen den Werten 0 (keine Absorption) und 1 (vollständige Absorption) schwankt. Die notwendige Bedingung dafür, daß diese Gase ähnlich wie eine Glasscheibe wirken, ist, daß sie ihre Absorption überwiegend im Wellenlängenbereich der Wärmeabstrahlung der Erdoberfläche aufweisen und keine Kompensation im Bereich der Sonneneinstrahlung zustande kommt.

Das wichtigste Treibhausgas, der Wasserdampf (H_2O), absorbiert nun durchaus auch im Bereich der Sonnenstrahlung, und wir sehen, die Dinge liegen nicht gerade einfach. Doch ist der Effekt im Bereich der Wärmeausstrahlung der Erde wesentlich größer, so daß der Treibhauseffekt überwiegt. Insbesondere bewirkt H_2O, daß nur zwischen 3,5 und 5 μm sowie zwischen 7 bis 20 μm die terrestrische Ausstrahlung wirksam werden kann. Man kann das mit einem Haus vergleichen, das gut wärmeisoliert ist, bei dem aber zwei Fenster offenstehen, und die eben genannten Wellenlängenbereiche heißen daher das kleine und große Wasserdampffenster, klein und groß in Anbetracht des in diesen Bereichen ausgestrahlten Energiebetrags. Nur in diesen Bereichen läßt der Wasserdampf also die Wärmeausstrahlung der Erdoberfläche zu.

Dies zeigt uns auch, daß weitere klimawirksame Spurengase, die wir jetzt als Treibhausgase bezeichnen, nur dann von wesentlicher Bedeutung sein können, wenn sie genau im Bereich dieser Wasserdampffenster sozusagen kleinere Teilfenster schließen. Dort, wo der Wasserdampf nur teilweise absorbiert, insbesondere im Bereich zwischen 12 und $20\,\mu$m, kommt es darauf an, ob andere Spurengase intensivere Absorptionsbanden besitzen. Das ist beispielsweise beim Kohlendioxid (CO_2) der Fall, das bei $15\,\mu$m stark absorbiert, daneben auch im Bereich des kleinen Wasserdampffensters bei $4,5\,\mu$m. Wir sehen an der in Abbildung 27 dargestellten tatsächlichen Ausstrahlung der Erdoberfläche (schraffierte Fläche), die vom theoretischen Planckschen Strahlungsgesetz (gestrichelte Kurve) erheblich abweicht, nun tatsächlich im kleinen und großen Wasserdampffenster entsprechende Lücken, die auf das Treibhausgas CO_2 zurückgehen.

Jedes weitere Treibhausgas, wie es in der Tabelle 8 und der Abbildung 27 erfaßt ist, aber auch viele weitere, können mit ihrer Absorption Stück für Stück Teile der Wasserdampffenster schließen, wobei es im einzelnen darauf ankommt, ob sich solche Absorptionsbanden teilweise oder ganz überlappen (dann sind die zusätzlichen Gase weniger wirksam) oder nicht; deshalb kann man die Treibhauswirkung der einzelnen Spurengase nicht einfach addieren. Weiterhin ist es natürlich wichtig, ob die Absorptionsbanden mehr im Maximumbereich der Planckschen Strahlungskurve liegen (um $10\,\mu$m) oder mehr im Randbereich, wo die Wirksamkeit entsprechend nachläßt.

Es liegt auf der Hand: Nimmt die Konzentration dieser Treibhausgase aufgrund menschlicher Aktivitäten zu, so nimmt auch der Treibhauseffekt zu, sofern dem nicht andere Veränderungen in der Atmosphäre entgegenstehen. Warum H_2O in der Auflistung von Tabelle 8 fehlt, werden wir noch erörtern.

Spurengas	derzeitige atmosphärische Konzentration	derzeitiger Erwärmungseffekt
Wasserdampf (H₂O)	sehr variabel (2 ppm – 3 %)	20,6 °C
Kohlendioxid (CO₂)	345 ppm	7,2 °C
Ozon, bodennah (O₃)	0,03 ppm	2,4 °C
Distickstoffoxid (N₂O)	0,3 ppm	1,4 °C
Methan (CH₄)	1,7 ppm	0,8 °C
weitere		ca. 0,6 °C
Summe		ca. 33 °C

Tabelle 9:
Derzeitiger Temperatur-Treibhauseffekt der wichtigsten klimawirksamen Spurengase (Quelle: nach K. Y. Kondratyev und N. I. Moskalenko, 1984).

Zunächst wollen wir einmal abschätzen, welcher Temperatureffekt den genannten Gasen derzeit, also ohne Betrachtung weiterer Konzentrationszunahme, zukommt. Wir wissen schon, daß dabei die Differenz zwischen $-18\,°C$ (Strahlung-Gleichgewicht-Temperatur ohne Atmosphäre) und $+15\,°C$ (tatsächlich gemessen) herauskommen muß, also 33 °C Temperaturerhöhung. Aus der Tabelle 9 ist nun ersichtlich, daß allein das Spurengas H_2O einen Beitrag von rund 20 °C liefert, und die nur 0,03 Prozent Volumenanteile CO_2 steuern etwa 7 °C hinzu. Nun sehen wir schon, daß uns hier nicht die Hauptbestandteile der Atmosphäre interessieren müssen, sondern im wahrsten Sinne des Wortes Spuren von Anteilen, und zwar aufgrund ihrer Treibhauswirkung, die ja nichts anderes als eine Änderung der Strahlungsvorgänge in der Atmosphäre bedeutet. Gehen wir in Tabelle 9 weiter, so kommen wir zum bodennahen (troposphärischen) Ozon (O_3), dessen winzige Konzentration von 0,03 ppm (= 0,000003 %) noch immer einen Treibhauseffekt von 2,4 °C zustande bringt. Mit den weiteren wichtigsten Treibhausgasen Distickstoffoxid (N_2O), Methan (CH_4) usw. kommen wir auf 33,2 °C, in Übereinstimmung mit dem Wert, den wir erwartet haben. Dabei lassen wir Komplikationen, die mit den Reflexionseigenschaften der Erdoberfläche zusammenhängen, außer acht.

Die angegebenen Zahlenwerte der Temperatur sind übrigens nicht ganz unproblematisch, weil sich die Absorptionsbanden dieser Gase etwas überlappen, vor allem bezüglich des Wasserdampfs. Bei den hier aufgelisteten Gasen ist das aber nicht allzu gravierend, so daß wir näherungsweise tatsächlich die einzelnen Spurengasbeiträge zum gesamten atmosphärischen Treibhauseffekt addieren dürfen. Eine weitere Komplikation besteht darin, daß neben der Absorption auch die komplizierten Streuvorgänge an den Wolken berücksichtigt werden müssen. Weiterhin ist an der Erdoberfläche die Strahlungsbilanz aus solarer Einstrahlung und terrestrischer Ausstrahlung gar nicht ausgeglichen, auch nicht im Mittel über alle Regionen der Erde und alle Jahreszeiten, sondern wird erst durch die Wärmeflüsse von der Erdoberfläche zur Atmosphäre bilanziert. Lediglich das Gesamtsystem Erdoberfläche-Atmosphäre befindet sich im Strahlungsgleichgewicht gegenüber der solaren Einstrahlung an der fiktiven Oberfläche der Atmosphäre. Das Bild der Glasscheibe in Abbildung 28 ist deswegen unvollständig, weil die Atmosphäre mit der Erdoberfläche (Landgebiete bzw. Ozean) in Kontakt steht und sich dort Austauschvorgänge abspielen, die über die Strahlungsprozesse hinausgehen, besonders die eben erwähnten Wärmeflüsse und weil ein echtes Treibhaus durch die Glasabdeckung im Gegensatz zur Atmosphäre den turbulenten Wärmeaustausch mit den darüberliegenden Schichten unterbindet. In der Atmosphäre müssen wir alle Hebungsvorgänge, die Wolkenbildung und viele andere Prozesse berücksichtigen. Mit allen diesen Vorgängen ist auch die Einstellung einer ganz bestimmten Temperaturschichtung in Abhängigkeit von der Höhe verbunden, die ebenfalls wichtig ist. Schließlich haben wir es mit enormen regionalen und jahreszeitlichen Unterschieden zu tun, auch mit der gesamten großräumigen wie kleinräumigen Zirkulation der Atmosphäre, die ja eine Art Maschinerie zur Umverteilung von Energie ist.

Diese Überlegungen machen uns klar, daß wir den tatsächlichen Treibhauseffekt bezüglich der Temperatur nur in grober Nähe-

133

rung und als globalen Mittelwert, in der regionalen und jahreszeitlichen Verteilung – und das gilt natürlich erst recht für den Niederschlag –, keineswegs mit Hilfe simpler Energiebilanzbetrachtungen erfassen können. Weiterhin bedingen die Kopplungen der Einflußmechanismen auf das Klima eine sogenannte Nichtlinearität der Prozesse, so daß wir stets alle Prozesse in ihrer Gesamtheit betrachten sollten und nicht einfach einen Teilbereich herausziehen und isoliert behandeln dürfen. Dabei sind natürlich auch die sogenannten Rückkopplungen von Bedeutung, die wir schon erörtert haben. Das Klimasystem ist aber so kompliziert, daß wir ihm mit einfachen Überschlagsrechnungen nicht gerecht werden können. Und nun kommen wir auf die Frage zurück, ob sich die Wasserdampfkonzentration in der Atmosphäre ändert oder nicht. Es ist nämlich so, daß der Treibhauseffekt von CO_2 – und das gilt für Vergangenheit und Zukunft – gar nicht allein auf die Strahlungswirkung dieses Spurengases zurückgeführt werden darf. Mit der zunächst vom Anstieg des CO_2 bewirkten primären Temperaturerhöhung steigt auch die Verdunstung, besonders über den Ozeanen, und damit vermutlich auch der Wasserdampfgehalt der Atmosphäre. So zeigen genaue Berechnungen, daß der in Tabelle 9 auf 7,2 °C veranschlagte Beitrag des CO_2 zum Treibhauseffekt in Wirklichkeit zum größeren Anteil auf eine positive, also selbstverstärkende Rückkopplung mit H_2O zurückgeht. Da kommt sofort wieder die Frage ins Spiel, ob dann nicht auch die Bewölkung zunimmt und damit den Treibhauseffekt wieder dämpft. Und wieder kommen wir zu der Feststellung, daß wir mit simplen Energiebilanzbetrachtungen an der Erdoberfläche das Problem keinesfalls vollständig erfassen und somit den Treibhauseffekt gar nicht quantitativ abschätzen können.

Noch eine weitere und letzte Komplikation soll hier besprochen werden, weil sie für das Folgende sehr wichtig ist. Das ist die unterschiedliche Auswirkung des Treibhauseffekts in verschiedenen Höhen der Atmosphäre. Beim Einfluß des Vulkanismus auf das Klima hatten wir ja schon gesehen, daß einer Erwärmung in der oberen Atmosphäre (Stratosphäre) durch die Absorption von Sonnenstrahlung (durch die vulkanogenen Partikeln) eine Abkühlung in der unteren Atmosphäre gegenübersteht. Auch beim Treibhauseffekt gibt es ein derartiges Phänomen, nun aber umgekehrt; das heißt, der bodennahen Erwärmung steht eine Abkühlung der oberen Atmosphäre (Stratosphäre) gegenüber. Um dies zu verstehen, ist es wichtig, sich daran zu erinnern, daß jede Materie in Abhängigkeit von ihrer Temperatur Energie ausstrahlt, also auch die Gase und Partikel der oberen Atmosphäre. Nimmt dort die Konzentration bestimmter langlebiger Gase zu, so ergibt sich als Folge davon eine verstärkte Ausstrahlung. Während sich nun die untere Atmosphäre in der Nähe der erwärmten Erdoberfläche befindet, somit viel Wärmenachschub von dort erhält und der Weg der atmosphärischen Rückstrahlung (zur Erdoberfläche) relativ kurz ist mit entsprechend geringen Absorptions- und Streuverlusten, fehlt dieser Wärmenachschub in der oberen Atmosphäre. Daher sollten wir erwarten, daß beim tatsächlichen atmosphärischen Treibhauseffekt der Erwärmung der bodennahen Luftschicht eine Abkühlung der oberen Atmosphäre gegenübersteht.

Zugegeben, diese Erklärung ist in dieser immer noch sehr einfachen Form recht mühsam. Um zu quantitativen Aussagen zu kommen, müssen wir sowohl die Strahlungsprozesse, als auch die Flüsse fühlbarer und latenter Wärme, als auch alle Bewegungsvorgänge einschließlich Wolkenbildung in einem großen Modell erfassen und dürfen dabei auch die Rückkopplungen nicht vergessen. Mit anderen Worten, wir benötigen Klimamodellrechnungen, und zwar so umfassend, wie eben möglich.

5.2 Klimamodelle

Mit Hilfe von sogenannten Energieszenarien versuchen wir, zumindest in einigen angenommenen Alternativen, unsere künftige Energienutzung abzuschätzen. Darauf bauen die Stoffkreislaufmodelle auf, um uns die künftige Kohlendioxid-Konzentration der Atmosphäre vorherzusagen, ebenfalls in Alternativen und daher mit entsprechender Unsicherheit (vgl. Abbildung 19 und 25). Immerhin sind wir aber zu der Abschätzung gelangt, daß ohne einschneidende Änderungen der jetzigen Energiepolitik ein CO_2-Anstieg auf etwa 600 ppm schon in ungefähr hundert Jahren möglich ist. Nehmen wir die wichtigsten weiteren klimawirksamen Spurengase hinzu, so könnte eine vergleichbare Situation vielleicht schon in fünfzig Jahren eintreten.

Den damit verbundenen primären, nur auf die Temperatur bezogenen Treibhauseffekt haben wir in groben Zügen bereits kennengelernt. Jetzt geht es um die Frage: Was haben wir genau zu erwarten? Denn nur möglichst weitgehend verläßliche und quantitativ genaue Aussagen können wir zur Grundlage unseres Handelns machen. Und solche Aussagen, hier über den Treibhauseffekt, können wir nur von Klimamodellen erhoffen.

Ein Modell ist zunächst ein mehr oder weniger vereinfachtes Konzept, in den Naturwissenschaften meist in Form eines Gleichungssystems, das uns erlaubt, mehr oder weniger komplizierte Vorgänge zu simulieren. Insbesondere bei komplizierten Systemen sind Vereinfachungen unumgänglich. Wir versuchen dann, auch wenn wir nicht alle Einzelheiten verstehen, doch wenigstens die Gesamtwirkung anzunähern. Das Klima ist nun ein solch kompliziertes System, so daß trotz immensen Aufwandes immer nur ein Teil des Geschehens erfaßt werden kann. Aber es gibt keinen anderen Weg, als mit großem, stets aber auch optimiertem Aufwand die wichtigsten und für das jeweilige Problem relevanten Prozesse zu modellieren. Unter günstigen Umständen liefert uns ein solches Modell dann auch Vorhersagen, die wir benötigen, um Entscheidungen für die Zukunft zu treffen. Bei alledem dürfen wir aber nie vergessen, daß selbst das aufwendigste Modell eben nur eine Vereinfachung und nicht die volle Wirklichkeit beschreibt und daß Vorhersagen, die wir damit zustande bringen, nicht notwendigerweise auch eintreffen. Wir hoffen aber, sonst bräuchten wir uns ja mit Modellen gar nicht abzugeben, daß Modell und gegebenenfalls Vorhersage wenigstens in einer größtmöglichen Ähnlichkeit zur Wirklichkeit stehen.

Nun zum Prinzip der Klimamodelle, und auch da fangen wir am besten zunächst mit dem Einfachsten an. Denken wir an das Klima und an den Treibhauseffekt im besonderen, so könnten wir uns eine einzige Gleichung vorstellen, die besagt, daß die Summe aus solarer Einstrahlung S und Wärmeabstrahlung der Erdoberfläche E bilanziert also null sein soll (Gleichgewicht). Dann läßt sich E aus der Erdoberflächentemperatur berechnen; S kann gemessen werden, einschließlich des Anteils, der an der Erdoberfläche reflektiert wird. Wir müssen dann noch irgendwie – durch geeignete Parameterisierungen – die Flüsse fühlbarer und latenter Wärme berücksichten, natürlich auch die Streuungsvorgänge. Wenn wir aber nur auf die globale Mitteltemperatur hinauswollen, ist das durchaus eine Art Klimamodell, und zwar die einfachste »nulldimensionale« Form, das heißt keine Auflösung in Raum und Zeit, eines Energiebilanzmodells (EBM).

Der nächste Schritt ist ein System solcher Bilanzgleichungen, zumindest aufgeschlüsselt nach Zonen unterschiedlicher geographischer Breite, von beiden Polen in Richtung Äquator, wobei diese Zonen unterschiedlich ausgedehnt sein können. Wir haben unser Modell in einer Dimension, nämlich in der Nord-Süd-Richtung (»meridional«, wie der Meteorologe sagt) aufgelöst, aber in der West-Ost-Richtung (»zonal«) gemittelt. In der Sprache der Klimamodellierer ist das dann ein eindimensionales zonal gemitteltes EBM.

Nun haben wir schon gesehen, daß der Treibhauseffekt in verschiedenen Höhen der Atmosphäre unterschiedlich ausfallen sollte. Um dies in den Griff zu bekommen, genügt es nicht, einfach Energiebilanzgleichungen stufenweise für unterschiedliche Höhe zu formulieren mit Erfassung der Zustandsgrößen Temperatur, Druck, Feuchte, Wind usw. in Abhängigkeit von der

Höhe. Wir müssen die verschiedenen Formen des Wärmetransports berücksichtigen, und zwar auch unter Einschluß turbulenter Vorgänge. Und da spätestens wird die Angelegenheit schwierig. Trotzdem ist dieser Weg eingeschlagen worden, der zu einer weiteren Stufe der Klimamodellierung führt, nämlich zu den sogenannten Strahlung-Konvektion-Modellen (radiative convective model, RCM).

Die Konvektion ist der wichtige atmosphärische Vorgang, bei dem, ausgehend von einer Erwärmung der Erdoberfläche, und dies relativ stark gegenüber der Umgebung, sich diese Erwärmung zunächst durch Wärmeleitung auf die bodennächste Luftschicht überträgt. Die erwärmte und daher relativ leichte Luft beginnt aufzusteigen, und zwar unter turbulenter Durchmischung. Dabei entsteht nach und nach eine nach oben wachsende erwärmte und gut durchmischte Luftschicht. Voraussetzung für diesen Vorgang ist eine relativ starke Temperaturabnahme mit der Höhe vor dem Einsetzen dieses Konvektionsprozesses. Man spricht von thermisch labiler Schichtung, und zwar so, daß die aufsteigende konvektive Luft, die sich dabei annähernd adiabatisch, das heißt, ohne Wärmeaustausch mit der Umgebungsluft abkühlt (um ca. 1 °C pro 100 Meter), stets wärmer als die in bestimmter Höhe vorgefundene Umgebungsluft ist. Dann ist die Konvektionsluft nämlich immer leichter als die Umgebungsluft, und die Konvektion setzt sich in ihrer Entwicklung nach oben fort (labiler Zustand).

Im einzelnen ist dieser Konvektionsvorgang sehr kompliziert, und wir finden in der Konvektionsluft ein Nebeneinander von aufsteigenden und absinkenden Luftpaketen. Bei ausreichender Feuchte bilden sich im Bereich der aufsteigenden Luftpakete die Konvektionswolken, zunächst der sogenannte Schönwetter-Cumulus, bei konvektiver Entwicklung über etliche Kilometer Höhe schließlich die Gewitterwolke Cumulonimbus. Ist die Umgebungsluft ab einer Höhe nicht mehr labil geschichtet, oder finden wir sogar Inversionen vor, das sind Schichten, in denen die Temperatur mit der Höhe ansteigt, was größtmögliche Stabilität bedeutet, so wird die Konvektion und damit übrigens auch der Austausch mit höheren Luftschichten unterbunden.

Das wesentliche Problem besteht nun darin, Gleichungssysteme zu finden, die diesen eigentlich räumlich sehr differenzierten Prozeß der Konvektion zumindest in Abhängigkeit von der Höhe zusammenfassen, zur Simulation von Temperatur, Feuchte usw., die sich dort einstellen. Das wäre dann ein eindimensionales RCM. Besser wäre aber eine Erfassung zugleich in Abhängigkeit von der geographischen Breite, somit ein zweidimensionales Modell. Eine solche Vorgehensweise heißt allgemein Parameterisierung, weil versucht wird, eigentlich räumlich stark differenzierte Größen, die hier am Werke sind, durch relativ großräumige zu ersetzen; dies sind dann die Parameter. Und selbstverständlich ist die Konvektion nicht der einzige Hebungsvorgang in der Atmosphäre, der zur Wolkenbildung führen kann; denken wir nur an Staubewölkung an Gebirgen oder Aufgleitbewölkung an einer Warmfront, übrigens mit ganz anderer räumlicher Struktur und auch ganz anderer Höhe der Bewölkungsuntergrenze.

Gerade bei den Wolken kann man sich gar nicht recht vorstellen, wie solche räumlich zusammenfassenden Parameterisierungen gelingen sollen. Auch ist es sicher nicht gerade realistisch, Gebirge einfach zonal (in West-Ost-Richtung) mitteln zu wollen. Zudem haben wir noch die Gegensätze zwischen Land und Meer und vieles andere mehr.

Daher ist es sicherlich am besten, wenn wir unsere Modelle gleich dreidimensional, das heißt, aufgeschlüsselt nach geographischer Breite, geographischer Länge und nach der Höhe konstruieren. Eine solche dreidimensionale Art der Modellierung ist jedoch die aufwendigste Möglichkeit und läßt sich nicht immer in vertretbarem Zeitaufwand durchführen, besonders wenn auch noch in Abhängigkeit von der Zeit gerechnet werden soll. Auf der anderen Seite sind nur solche dreidimensionalen Modelle in der Lage, die Bewegungsvorgänge in der Atmosphäre, die Zirkulation, einigermaßen realistisch zu behandeln. Folglich sollten wir in diese dreidimensionalen Zirkulationsmodelle (general circulation models, GCMs) unser größtes Vertrauen setzen. Im Prinzip handelt es sich um eine Art Modell, wie es auch zur Wettervorhersage verwendet wird. Wir haben die Arbeitsweise dieser Modelle schon beim Gitterpunktsystem mit mehreren Schichten kennengelernt. An zwei Dinge sollten wir uns besonders erinnern: erstens an das Prinzip, einem solchen Modell irgendeine klimawirksame Änderung – sozusagen als Randbedingung – aufzuzwingen, zum Beispiel sprunghafte Erhöhung der atmosphärischen CO_2-Konzentration auf 600 ppm, wobei dann bis zu einem Gleichgewichtszustand gerechnet (integriert) wird, der die Reaktion des Klimas auf die ausgeprägte Änderung beschreibt; zweitens an die enorme Arbeitszeit, die zur Errechnung einer solchen Gleichgewichtsreaktion erforderlich ist – bei guten, weil relativ realistischen Modellen, sind es mehrere Tage an den größten elektronischen Rechenanlagen der Welt. Man kann nun versuchen, mit solchen Modellen vergangene oder künftig erwartete Änderungen gegenüber dem derzeitigen Klimazustand zu simulieren, wobei jeweils ein neuer Gleichgewichtszustand errechnet wird. Solche Simulationen nennt man Klimamodell-Experimente, die – wie man sich denken kann – wegen der langen Rechenzeiten auch sehr teuer sind.

Es ist jedoch klar, daß nur solche dreidimensionalen GCMs, neben den wichtigen regionalen Unterschieden, auch die Reaktion anderer Klimaelemente als der Lufttemperatur, insbesondere Feuchte, Wolken und Niederschlag, mit Anspruch auf gewisse Wirklichkeitsnähe behandeln können, was sehr wichtig ist, weil ja diese anderen Klimaelemente auf die Temperatur rückwirken. Bei der Klimamodellierung kommt aber noch ein ganz wichtiger Gesichtspunkt hinzu: Der Ozean, den man bei den kurzen charakteristischen Zeiten der Wettervorhersage von einigen Tagen weitgehend außer acht läßt, muß bei Klimamodellierungen mit einbezogen werden; deutlicher gesagt: Wir brauchen die Kopplung eines atmosphärischen mit einem ozeanischen Zirkulationsmodell. Genaugenommen dürfte auch die

140

Kryosphäre, zumindest das Meereis, in der Modellierung – nicht als feste Randbedingung, sondern variabel – nicht fehlen. Es darf ohne Übertreibung gesagt werden, daß solche umfassenden Klimamodellierungen zum Aufwendigsten gehören, was in der Naturwissenschaft derzeit behandelt wird, durchaus vergleichbar den Großexperimenten der Hochenergiephysiker oder der mikrobiologischen Forschung. Dementsprechend gibt es zur Zeit auch nur wenige Gruppen von Wissenschaftlern in der Welt, die diese aufwendigen Klimamodellierungen durchführen können. Dazu gehören drei amerikanische Gruppen, eine englische und seit kurzem auch das Max-Planck-Institut für Meteorologie in Hamburg (Arbeitsgruppe K. Hasselmann).

Trotzdem weisen auch die aufwendigsten und neuesten Klimamodelle noch einige typische, zum Teil gravierende Schwächen auf, die wir uns vor Augen führen müssen, bevor wir uns die Ergebnisse von Modellexperimenten ansehen. Die wichtigsten dieser Schwächen sind:

- ungenügende Erfassung des hydrologischen Zyklus (Wasserkreislauf), insbesondere was die Wolken betrifft, hier wiederum ganz besonders die Konvektionswolken;
- ungenügende Berücksichtigung der Erdoberfläche, insbesondere der Gebirge und sonstiger gegenüber der Gitterpunktweite der Modelle (einige 100 Kilometer)»subskaliger« Phänomene;
- bei weitem zu stark vereinfachte Modellierung des Ozeans, da echte Zirkulationsmodelle hier weitgehend fehlen, insbesondere der Vertikalbewegung im Ozean (vgl. El-Niño-Phänomen) und der ozeanischen Wirbel, die wesentlich kleinräumiger als ihre atmosphärischen Verwandten, die wandernden Tiefdruckgebiete, sind;
- Meereis wird meist nur in Form konstant vorgeschriebener Randbedingungen berücksichtigt. Auch die Erfassung der jahreszeitlichen Unterschiede bereitet noch große Schwierigkeiten.

Nun zu den Ergebnissen der Klimamodell-Experimente, wobei

wir uns hier zuerst nur auf die Temperaturreaktion aufgrund der anthropogen ansteigenden klimawirksamen Spurengase beschränken (primärer Treibhauseffekt). Weitaus am häufigsten sind dabei sogenannte CO_2-Verdoppelungsexperimente durchgeführt worden mit einer sprunghaften Erhöhung von 300 ppm auf 600 ppm, wie sie etwa in 100 Jahren zu erwarten ist, äquivalent aber vielleicht schon in 50 Jahren. Um zu prüfen, ob das Modell wenigstens den derzeitigen Klimazustand korrekt wiedergibt, führt man zunächst einen sogenannten Kontroll-Lauf mit gegenwärtigen Bedingungen (bezüglich CO_2 aber meist 300 ppm) durch, und um Modell-Artefakte auszubügeln, wird dann von den Simulationsergebnissen bei Annahme einer höheren CO_2-Konzentration (600 ppm) das Ergebnis des Kontroll-Laufs abgezogen. Zur Verdeutlichung der Effekte sind außer diesen CO_2-Verdoppelungsexperimenten in einigen Fällen auch Vervierfachungen oder sogar Verachtfachungen simuliert worden.

Ein repräsentatives Beispiel einer CO_2-Verdoppelungsstudie ist nun in Abbildung 29 wiedergegeben, wobei die Ergebnisse einer gekoppelten Atmosphäre-Ozean-Modellrechnung längs der Meridiane gemittelt wurden, so daß wir die Temperaturreaktion in Abhängigkeit von der Höhe und der geographischen Breite erkennen können (Modell des Geophysical Fluid Dynamics Laboratory, USA, S. Manabe und R. T. Wetherald, 1980). Wir sehen deutlich, daß der Temperatureffekt vom Äquator (dort ca. 2 °C) in Richtung zum Pol hin zunimmt, mit einem Maximum von etwa 8 °C (in polaren Breiten, aber nicht exakt am Pol); bei uns in 50 Grad geographischer Breite sind es etwa 4 °C Temperaturanstieg. Wir sehen weiterhin, daß in den inneren Tropen der Temperatureffekt mit der Höhe zunächst leicht zunimmt, im Gegensatz vor allem zu den mittleren und polaren Breiten. In der Stratosphäre, hier oberhalb zwischen 12 und 15 Kilometer Höhe, zeigt sich eine Abkühlung, die über den Tropen den Betrag der bodennahen polaren Abkühlung erreicht. In noch größerer Höhe ist die Abkühlung sogar ausgeprägter als der

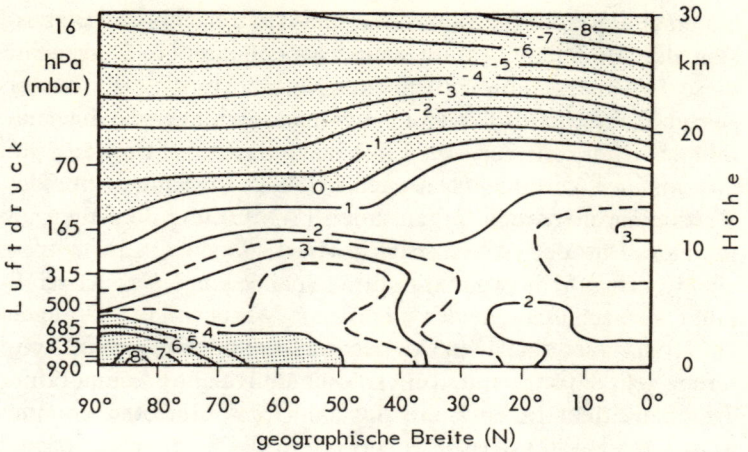

Abbildung 29:
Klimamodell-Simulation einer atmosphärischen CO_2-Konzentrationserhöhung von 300 ppm auf 600 ppm im Gleichgewicht. Angegeben ist die Temperaturreaktion (Isolinien in °C) in Abhängigkeit von der geographischen Breite (nur Nordhemisphäre) und der Höhe (Quelle: nach S. Manabe und R. T. Wetherald, 1980).

Maximalwert der bodennahen Erwärmung; dies ist in der Abbildung aber nicht mehr ersichtlich und auch unsicherer. Bleiben wir in der bodennächsten Luftschicht, unserem Lebensraum, so kommt im Mittel über alle geographischen Breiten (und Jahreszeiten) in diesem Modell eine Temperaturerhöhung um 3,0 °C für den Fall einer atmosphärischen CO_2-Verdoppelung heraus. Dürfen wir dieses Ergebnis nun als verbindlich festhalten? Keineswegs, denn dies ist nur eine von vielen Modellrechnungen, von bisher etwa 40 größeren Experimenten dieser Art. Berücksichtigen wir nur die besonders aufwendigen Modellexperimente seit 1980, so ergibt sich für den bodennahen global und jahreszeitlich gemittelten Effekt eine Wertespanne von 0,2 °C bis 4,8 °C. Offenbar sind die Unsicherheiten ganz erheblich. Das hängt mit den vielen Möglichkeiten unterschiedlicher Modellkonzeption zusammen und ist natürlich unbefriedigend. Daher haben eine Reihe von Expertengremien in eingehender Diskussion der Modellkonzeptionen und Modellergebnisse versucht, diese Ergebnisse hinsichtlich ihrer Verläßlichkeit, oder besser gesagt Wahrscheinlichkeit, einzugrenzen, so auch die Internationale Klimakonferenz 1985 in Villach durch die Umweltorganisation der Vereinten Nationen (UNEP) zusammen mit der Weltmeteorologischen Organisation (WMO) und dem Internationalen Rat der Wissenschaftlichen Unionen (ICSU). Man einigte sich auf eine wahrscheinliche Spanne von $1,5\,°C$ bis $4,5\,°C$ unter Vernachlässigung des niedrigsten Werts von $0,2\,°C$ wegen der zu stark vereinfachten Ozeanmodellierung. Die gleiche Konferenz geht davon aus, daß ein solcher äquivalenter Temperatur-Treibhauseffekt in etwa um das Jahr 2030 eintreten könnte, wenn wir so weitermachen wie bisher.

Trotz der offensichtlichen Unsicherheiten läßt sich dieser Temperatureffekt über den global-jahreszeitlichen Mittelwert hinaus noch etwas eingehender aufschlüsseln. Dazu betrachten wir kurz die Abbildung 30. Sie enthält auf der rechten Bildhälfte das CO_2-Verdoppelungsexperiment des U. S. National Center for Atmospheric Research (W. M. Washington und G. A. Meehl 1984).

Wir sehen wie in der Abbildung 29, daß der Temperatureffekt, hier ist nur die bodennahe Schicht dargestellt, vom Äquator in Richtung Pol zunimmt, wobei wir im tropischen Bereich ungefähr die Hälfte des globalen Mittelwertes ansetzen dürfen. Der wesentliche Grund dafür ist die gute vertikale Verteilung des Erwärmungseffektes in den Tropen (durch Konvektion), während in der Polarzone sehr stabile Gegebenheiten vorherrschen, die eine effektive vertikale Durchmischung unterbinden.

In den mittleren Breiten ist der Effekt offenbar jahreszeitlich sehr unterschiedlich mit einem Maximum im Winter (etwa doppelter Wert des globalen Mittels) und einem geringeren Betrag im Sommer. Der maximale winterliche Betrag liegt auch hier nicht genau am Pol, sondern in je nach Modellkonzeption unterschiedlicher geographischer Breite zwischen etwa 60 Grad und 80 Grad Nord. Man kann sich vorstellen, daß der maximale

MODELL   STATISTIK

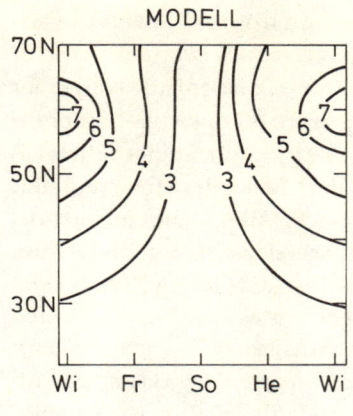 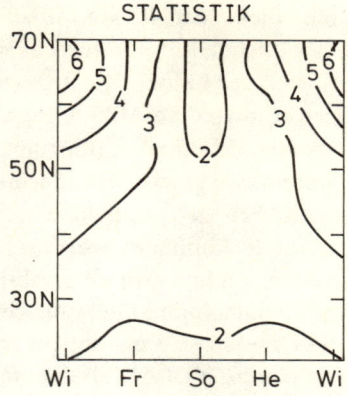

Abbildung 30:
Links: Klimamodell-Simulation einer atmosphärischen CO_2-Verdoppelung, wobei die Temperaturerhöhung (Treibhauseffekt) nach der Jahreszeit und den geographischen Breiten aufgeschlüsselt ist; Isolinien in °C. Rechts: ein entsprechender statistischer Verifikationsversuch (Quelle: links W. M. Washington und G. A. Meehl, 1984; rechts C.-D. Schönwiese und J. Malcher, 1987).

Effekt dort liegen sollte, wo die größte Änderung der Eis- und Schneebedeckung zustande kommt, und das ist sicherlich nicht genau im Pol. Aber auch das ist sehr unsicher und hängt bei den Modellergebnissen unter anderem davon ab, ob die Meereisausdehnung in der Modellrechnung variiert oder festgehalten wird.
Bei der regionalen Verteilung der Temperatureffekte, die für die betroffenen Staaten natürlich von besonderem Interesse sind, differieren die Modellergebnisse jedoch so stark, sind dementsprechend so unsicher, daß Festlegungen derzeit nicht möglich sind und jeder Experte entsetzt ist, wenn seine Ergebnisse in dieser Weise mißbraucht werden. Wohl kann man sagen, daß die Temperaturreaktionen in den kontinentalen Bereichen (Kanada oder die Zone von Osteuropa bis Sibirien) größer sein sollten als in den mehr maritim beeinflußten Gebieten. Sicher ist allerdings

auch dies nicht. So sind für den Raum Grönland äußerst unterschiedliche Temperaturreaktionen errechnet worden, und es gibt sogar Modelle, die in gewissen Regionen der Erde statt einer Erwärmung eine Abkühlung vorhersagen (aber nie global gemittelt, damit keine Irrtümer aufkommen). Dabei zeigt sich, daß besonders große Unterschiede der Modellergebnisse, einschließlich gelegentlich errechneter Abkühlungen, meist dort zustande kommen, wo das Klima schon auf natürliche Weise eine besonders große Variabilität aufweist. Solchen Zonen kann auch das Klimamodell nur schwer gerecht werden, und dort sind die Ergebnisse dann entsprechend unsicher.

Versucht man, Modellergebnisse zu »verstehen«, das heißt, allgemeine physikalische Erklärungen dafür zu finden, was man aber nur mit großer Vorsicht versuchen sollte, so kommt man auch zu der Vermutung, daß im Vergleich zur Nordhemisphäre die weitaus maritimere Südhemisphäre wesentlich weniger vom Treibhauseffekt betroffen sein sollte. Hinzu kommt, daß wir in der antarktischen Region eine besonders stabile Klimakonstellation vorfinden, mit einem – großzügig gesehen – zum Südpol symmetrischen Kontinent und einer ringförmigen Meeresströmung um diesen Kontinent herum, so daß ozeanische Austauschprozesse mit den gemäßigten Breiten der Südhemisphäre weitgehend unterbunden sind. Daß diese antarktische Zone ein gewisses Eigenleben führt, zeigt auch der Vergleich der Vereisungsunterschiede zwischen Kalt- und Warmzeit, die erstaunlich gering waren, im Vergleich zu den gigantisch anmutenden Veränderungen auf der Nordhemisphäre.

Ein besonders wichtiges Problem bei der Diskussion der Modellergebnisse zur Simulation des anthropogenen Treibhauseffekts ist die Frage, wie stark die dämpfende Wirkung des Ozeans sein wird. Wir wissen ja, daß Wasser eine hohe Wärmekapazität aufweist, sich daher viel langsamer abkühlt oder erwärmt als das Festland und daß ausgerechnet der Ozean in den bisherigen Modellrechnungen nur drastisch vereinfacht behandelt wird. Bei den GCM-Simulationen sind uns ja immer nur Gleichgewichtsreaktionen zugänglich, und der Ozean sollte bewirken, daß diese Reaktion sehr langsam zustande kommt. Aber wie langsam? Wie sieht überhaupt der zeitliche Ablauf der erwarteten Temperaturerhöhung als Folge des anthropogenen Treibhauseffekts aus? Wir haben es also nicht nur mit dem Problem zu tun, daß wir nicht sicher sagen können, wann eine CO_2-Konzentration von 600 ppm oder eine äquivalente Situation eintreten wird unter Einbezug weiterer Spurengase; wir wissen auch nicht, mit welcher Verzögerung das Klima auf diese Veränderungen der atmosphärischen Zusammensetzung reagieren wird.

Entsprechend problematisch ist die Frage, wie wir die außer CO_2 wirksamen Gase in solchen Modellrechnungen behandeln müssen. Dabei kann bei vielen Substanzen wie beim Ozon nicht auf die Betrachtung der vielfältigen chemischen Reaktionen verzichtet werden. Das aber heißt, wir müssen nicht nur ein ozeanisches mit einem atmosphärischen Zirkulationsmodell koppeln, sondern mit beiden auch noch ein chemisches Reaktionsmodell. Und das ist, klar gesagt, derzeit Wunschtraum und weit von der Realisation entfernt. Trotzdem gibt es einen Weg: nämlich das Abrücken von den eigentlich erwünschten Zirkulationsmodellen (GCMs) zugunsten der einfacheren Strahlung-Konvektion-Modelle (RCMs). Pionierarbeit hat auf diesem Gebiet der Amerikaner V. Ramanathan (U. S. Center for Atmospheric Research) geleistet, und seine 1985 veröffentlichten Ergebnisse sind in der Tabelle 10 zusammengefaßt. Wir können darin eine Art Stufenleiter zum – chemisch gesehen – gesamten Temperatur-Treibhauseffekt sehen, ausgehend vom Beitrag des CO_2, jeweils unter Hinzunahme eines weiteren klimawirksamen Spurengases, bis hin zum vermuteten Gesamteffekt, der in etwa gleichzeitig mit der CO_2-Verdopplung erwartet wird.

In jüngster Zeit hat der deutsche Meteorologe C. Brühl (Arbeitsgruppe Crutzen, Max-Planck-Institut für Chemie in Mainz) darauf aufgebaut und nun in einer zeitabhängigen Berechnung nicht nur den Effekt der einzelnen klimawirksamen Spurengase (bei ihm sind das CO_2, CH_4, N_2O, O_3 und die CFMs;

Spurengas	angenommene Konzentrations-erhöhung	zusätzlicher (außer CO_2) Temperatur-effekt °C
Kohlendioxid (CO_2)	300 → 600 ppm	2–4
Ozon, bodennah (O_3)	0,03 → 0,06 ppm	0,9
Chlorfluormethane (CFMs)*	0 → 1 ppb	0,6**
Distickstoffoxid (N_2O)	0,3 → 0,6 ppm	0,4
Methan (CH_4)	1,7 → 3 ppm	0,3
Ammoniak (NH_3)	0 → 1 ppb	0,09
Tetrachlorkohlenstoff (CCl_4)	0 → 1 ppb	0,08
Chloroform ($CHCl_3$)	0 → 1 ppb	0,06
Tetrafluorkohlenstoff (CF_4)	0 → 1 ppb	0,06
Salpetersäure (HNO_3)	Verdoppelung	0,06
Methylchlorid (CH_2Cl_2)	0 → 1 ppb	0,03
Methylchloroform (CH_3CCl_3)	0 → 1 ppb	0,02
Ethylen (C_2H_4)	0,2 → 0,4 ppb	0,01
Summe (falls für CO_2 ein Wert von 3 °C angenommen wird):		5,6

* F 11 = $CFCl_3$, F 12 = CF_2Cl_2, F 13 = CF_3Cl, F 22 = CF_2HCl
** Nach neuesten Abschätzungen wesentlich weniger.

Tabelle 10:
Der kumulative Treibhauseffekt bei Erhöhung der atmosphärischen Konzentration wichtiger Spurengase (Quelle: nach WMO, 1982 und V. Ramanathan u. a., 1985).

vgl. Tabelle 8), sondern auch die verzögernde Wirkung des Ozeans abgeschätzt. Die Abbildung 31 zeigt einen Auszug seiner Ergebnisse. Bei der bis zum Jahr 2050 durchgeführten Berechnung – bis zu diesem Jahr läßt er das CO_2 auf 525 ppm ansteigen – erhält er als Temperaturerhöhung (bodennahes globales und jährliches Mittel) etwa 2,6 °C ohne Berücksichtigung des Ozeans, aber nur rund 1,7 °C bei Einbezug des Ozeans. Dies muß noch durch weitere Modellexperimente und Verbesserungen abgesichert werden, gibt uns aber doch einen gewissen Hinweis sowohl auf die dämpfende Wirkung des Ozeans als auch auf den Effekt der klimawirksamen Spurengase insgesamt.
Das gleiche Modell erlaubt im übrigen auch Abschätzungen der Effekte in Abhängigkeit von der Höhe, und da ein chemisches Reaktionsmodell mit eingebunden ist, auch Abschätzungen der Änderungen der Ozon-Konzentration. Wenn die Modellannah-

men korrekt sind, wird bis zum Jahr 2050 eine Zunahme des bodennahen Ozons um etwa 70 Prozent (150 Prozent gegenüber dem vorindustriellen Wert) erwartet und eine Abnahme in der Stratosphäre, vor allem aufgrund der Wirkung der CFMs, um etwa 30 Prozent. Beide Projektionen sind alarmierend, die letzte deswegen, weil sie auf einen Abbau der schützenden Ozonschicht der Stratosphäre hinweist, wie sie in jüngster Zeit auch beobachtet worden ist, vor allem über der winterlichen Antarktis.

Wenn wir uns nun weiter mit den Klimamodell-Experimenten zur Abschätzung des anthropogenen Treibhauseffekts auseinandersetzen, dürfen wir nicht übersehen, daß dies nur ein Faktor im Klimageschehen ist. Der natürliche Vorgang des Vulkanismus beispielsweise könnte dem entgegenwirken. Es gibt aber auch anthropogene Effekte, die eine solche Gegenwirkung ausüben könnten. Dazu gehört vor allem eine Zunahme der Aerosolkonzentration (Schwebpartikel) in der Atmosphäre, daneben

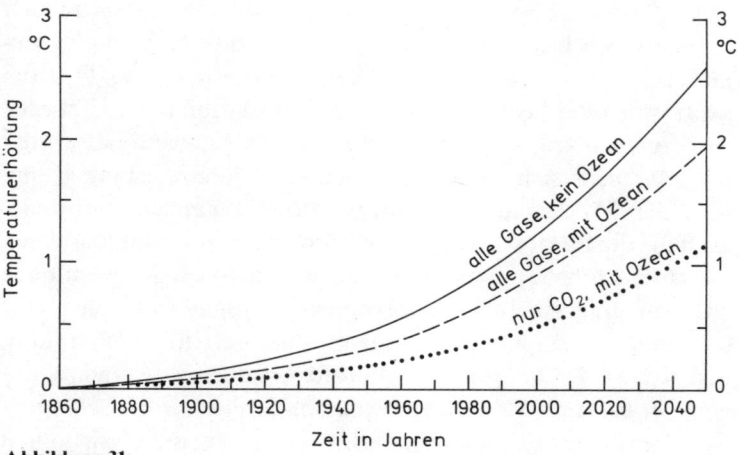

Abbildung 31:
Zeitabhängige Berechnung des Treibhauseffekts (CO_2 allein und mehrere klimawirksame Gase) mit Hilfe eines gekoppelten Atmosphäre-Ozean-Modells und eines chemischen Reaktionsmodells (Quelle: nach C. Brühl, 1987, vereinfacht).

aber auch Oberflächenänderungen der Erde durch Waldrodungen und das Vordringen der Wüsten (Desertifikation), da Sand und nackter Boden die Sonneneinstrahlung weit stärker reflektieren – vergleichbar mit Schnee und Eis – als die Vegetation. Bei der vergleichenden Abschätzung der Effekte sind die Wissenschaftler der Meinung, daß wir den anthropogenen Treibhauseffekt besonders ernst nehmen müssen. Er wird wahrscheinlich das Ausmaß aller anderen in Frage kommenden Einflüsse auf das Klima der kommenden Jahrzehnte und Jahrhunderte bei weitem übersteigen. Ausgenommen ist dabei der sogenannte nukleare Winter im Fall eines weltweiten Atomkrieges; danach wäre aber die Erde für lange Zeit sowieso unbewohnbar.

5.3 Klimadiagnose

Angesichts der Kohlenstoff-Flußmodelle und Energieszenarien zur Abschätzung der künftigen atmosphärischen Konzentration klimawirksamer Spurengase, besonders aber auch aufgrund der Klimamodell-Experimente zur Abschätzung des Temperatureffekts bei einer Verdoppelung der atmosphärischen CO_2-Konzentration oder bei einer äquivalenten Situation unter Einbezug weiterer Spurengase ist nun sicherlich der Einwand berechtigt: Modelle sind doch schon prinzipiell eine Vereinfachung gegenüber der Wirklichkeit. Das gilt trotz des immensen Aufwandes auch für die fortgeschrittenen dreidimensionalen Klimamodelle; außerdem führen unterschiedliche Klimamodell-Konzeptionen zu recht unterschiedlichen Ergebnissen, sogar was den global gemittelten Temperatur-Treibhauseffekt betrifft. Woher können wir wissen, ob die Modellprojektionen richtig sind? Oder genauer gefragt: Wie sollen wir die Bandbreite der Modellergebnisse bewerten? Fällt die Bandbreite und damit die Unsicherheit der Abschätzungen eher noch zu gering aus? Oder gibt es Wege, diese Bandbreite einzugrenzen? Gibt es überhaupt einen Weg, die Klimamodell-Vorhersagen zu überprüfen?

Solche Fragen sind zweifellos sehr berechtigt. Und es gibt nur einen Weg, zu der geforderten Überprüfung der Klimamodell-Ergebnisse zu kommen: die Klimadiagnose. Damit soll hier weniger die Untersuchung spezieller Klimaprozesse gemeint sein, die auch zur Klimadiagnose gehört, sondern vielmehr die Betrachtung des tatsächlichen Klimageschehens anhand der Beobachtungsdaten. Eine solche Überprüfung eines Modellergebnisses mit Hilfe von Beobachtungsdaten heißt allgemein Verifikation. Und es ist schon erwähnt worden, daß jedes Klimamodell zunächst einmal in einem Kontroll-Lauf dahingehend getestet wird, ob es den derzeitigen Klimazustand überhaupt mit befriedigender Näherung korrekt wiedergibt, bevor es für Zukunftsexperimente verwendet wird.

Das reicht aber nicht aus; denn trotz guter Übereinstimmung von Modell und Beobachtungsdaten in der Ausgangssituation könnten bei der Simulation der Zukunft die Modellvereinfachungen immer noch zu Fehlschlüssen führen. So ist vor einigen Jahren noch häufig argumentiert worden, eine Temperaturerhöhung, somit auch der erwartete anthropogene Treibhauseffekt, müßte zu mehr Verdunstung und folglich auch zu stärkerer Bewölkung führen. Die Bewölkung sollte dann die Sonneneinstrahlung herabsetzen und somit die Temperaturerhöhung dämpfen und schließlich zum Stillstand bringen. Das wäre eine negative Rückkopplung, also ein Vorgang, der sich selbst abschwächt. Die neueren Klimamodelle, die realistischere Bewölkungsansätze (Parameterisierungen) benützen als frühere, kommen eher zur gegenteiligen Annahme, daß nicht nur die Erhöhung des Wasserdampfgehaltes der Atmosphäre durch höhere Verdunstung – insoweit ist die oben genannte Argumentation richtig –, sondern auch die Bewölkungsveränderungen den Temperaturanstieg verstärken, also ebenfalls eine positive Rückkopplung darstellen. Ganz sicher ist das aber auch heute noch nicht; im einzelnen kommt es darauf an, in welcher Region der Erde, in welcher Höhe und zu welcher Jahreszeit die Bewölkung in Zusammenhang mit dem Treibhauseffekt zu- oder abnimmt und wie dann folglich die Bilanzänderung aus solarer Einstrahlung und terrestrischer Wärmeabstrahlung durch diese Bewölkungsänderungen aussieht. Dieses Beispiel ist jedoch nur eine der Unsicherheiten, mit denen Klimamodellierer heute leben müssen. Und daher brauchen wir noch eine weitere Verifikationsstrategie, die über die reinen Kontroll-Experimente hinausgeht. Ein möglicher Weg dahin besteht in der genauen Analyse der bisher beobachteten Klimaschwankungen mit allen Mitteln der modernen mathematischen Statistik, einschließlich der Erarbeitung von Hypothesen darüber, warum diese Klimaschwankungen aufgetreten sind. Eine solche Art der Klimadiagnose beinhaltet dann zwei Stufen: erstens exakte Beschreibung der vergangenen – direkt gemessenen oder indirekt rekonstruierten – Variationen des Klimas und zweitens ebenso exakte Untersuchung der möglichen Zusammenhänge, die dann zu den genannten Hypothesen über mögliche Zusammenhänge zwischen Klimaelementen und möglichen Einflußgrößen führen. Solche möglichen Einflußgrößen sind beispielsweise der anthropogene Spurengasanstieg, den wir schon in der Vergangenheit beobachtet haben, aber auch natürliche Vorgänge wie etwa der Vulkanismus.

Und nun gibt es eine große Gefahr, der manchmal sogar Wissenschaftler erliegen. Betrachten wir doch noch einmal die Abbildung 7, und decken wir, um gleich zu unserem Fehlschluß zu kommen, die Zeit ab 1940 im rechten Drittel der Abbildung zu. Dann sehen wir einen ansteigenden Trend der bodennahen Lufttemperatur in den nordhemisphärischen Landgebieten. Das vergleichen wir mit Abbildung 21 und folgern: Die Temperatur steigt an, weil die atmosphärische CO_2-Konzentration ansteigt. Das ist die Entdeckung des Treibhauseffekts in den Beobachtungsdaten. Nun decken wir das rechte Drittel von Abbildung 7 auf und müssen einsehen, daß unsere Hypothese nicht stimmen kann; denn nach 1940 ist die nordhemisphärische Lufttemperatur trotz weiterem und sogar verstärktem CO_2-Anstieg zurückgegangen. In Abbildung 8 sehen wir einen Anstieg der globalen

Meeresspiegelhöhe bis heute. Nach unserer eben gemachten Erfahrung mit der Lufttemperatur sollten wir nun vorsichtiger sein und sagen: Ob dieser Anstieg auf die CO_2-Hypothese zurückgeht, ist keinesfalls sicher und schon gar nicht, ob sich dieser Meeresspiegelanstieg in Zukunft fortsetzen wird.

Die Suche nach Trends und der Vergleich von Kurven ähnlicher Trends führt uns also nicht weiter, und wir unterliegen dem gleichen Irrtum wie jener Zeitgenosse, der aus dem fallenden Trend der in Europa beobachteten Störche und Kindergeburten in der ersten Hälfte unseres Jahrhunderts auf einen ursächlichen Zusammenhang geschlossen hat. Diese beiden Vorgänge bilden kein abgeschlossenes System, sondern sind noch mit anderen korreliert; das ist die typische Situation für sogenannte Scheinkorrelationen. Und trotzdem beschäftigen wir uns in diesem Buch mit gutem Grund so intensiv mit dem Treibhauseffekt. Wie bei den Klimamodellen müssen wir aber einsehen, daß simple Datenvergleiche anstelle aufwendiger mathematischer Statistik fehl am Platz sind. Außerdem wird häufig übersehen, daß auch eine noch so ausgefuchste Statistik letztlich keine Beweise für ursächliche Zusammenhänge liefern kann. Unsere Strategie muß Klimamodell und statistische Klimadiagnose verknüpfen.

Unsere Situation ähnelt in gewisser Weise einem Indizienprozeß vor Gericht, bei dem der Angeklagte – hier der Mensch – die Tat – hier die Erhöhung der klimawirksamen Spurengase in der Atmosphäre – nicht gestanden hat und der Staatsanwalt nun nach Indizien sucht, die den Angeklagten dennoch der Tat überführen sollen. Spielen wir den Staatsanwalt und stellen wir fest, daß es ja nicht nur ein einziges mageres Indiz wie die im letzten Jahrhundert zeitweise ansteigende Lufttemperatur gibt, sondern eine Reihe solcher Indizien, und damit könnte sich der Tatverdacht erhärten. Wir stellen fest:

– Die mittlere nordhemisphärische (bodennahe) Lufttemperatur der Landgebiete ist in den letzten hundert Jahren um etwa 0,7 °C angestiegen, und global gesehen ist dieser Trend in fast gleichem Ausmaß (0,6 °C) sogar noch deutlicher festzustellen.

153

- In der Arktis (Mittel des Gebietes 65 bis 85 Grad Nord) liegt dieser Anstieg sogar bei rund 1,7 °C, für die Wintermonate sogar bei knapp 4 °C.
- In der gleichen Zeit ist der global gemittelte Meeresspiegel um etwa 10 cm angestiegen, nach anderen Datenquellen vielleicht sogar um rund 20 cm.
- Für die letzten 20 Jahre, und das ist neu und wichtig für uns, gibt es Indizien für einen Temperaturrückgang in der Stratosphäre (vgl. Abbildung 32), wie das die deutsche Meteorologin K. Labitzke (1986) herausgefunden hat, und zwar nordhemisphärisch gemittelt um etwa 0,5 °C (24 Kilometer Höhe und für die Zeit von 1965 bis 1985); das ist deswegen besonders bemerkenswert, weil es im Einklang mit vielen Klimamodell-Rechnungen steht.
- Etwa für die gleiche Zeitspanne hat der deutsche Klimatologe H. Flohn (1986) eine Zunahme des Wasserdampfgehaltes der tropischen Atmosphäre (ca. 3 und 5,5 Kilometer Höhe) analysiert.
- In den allerletzten Jahren gibt es Indizien für ein Zurückweichen des Dauerfrostbodens in der Arktis, wie auch in den letzten Jahren der Anstieg der bodennahen Lufttemperatur sich verstärkt fortgesetzt hat.

Nun hat der Verteidiger das Wort, und er wird entgegnen: Erstens gibt es eine ganze Reihe von Gegenindizien. So hat zum Beispiel die Meeresoberflächen-Temperatur im globalen Mittel seit 1940 eher ab- als zugenommen. Der Staatsanwalt wirft ein, daß das aber nicht für die Südhemisphäre gelte. Auch die Eisbedeckung in der Arktis hat seit 1980 eher zu- als abgenommen, nur von 1960 bis 1975 und schon von 1925 bis 1935 gibt es Hinweise auf einen arktischen Eisrückgang (DOE 1985).

Zweitens, selbst dort, wo die Indizien mit der Hypothese eines In-Gang-Kommens des Treibhauseffekts kongruent sind, muß man sehen, daß diese Trends gegenüber den Jahr-zu-Jahr-Variationen der Daten nicht besonders groß sind. Der Statistiker schätzt daher ab, daß die Signifikanz der Trends nicht hoch und

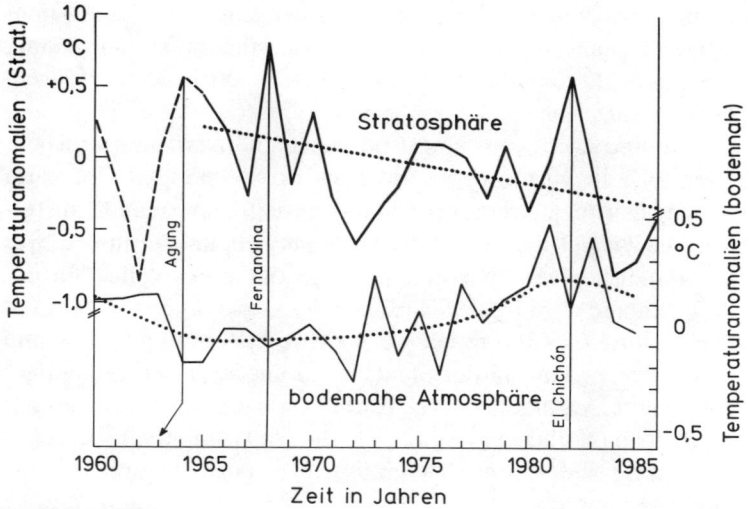

Abbildung 32:
Die mittlere nordhemisphärische Temperatur der Stratosphäre (oben) zeigt einen abnehmenden Trend, der jedoch aufgrund der starken Variationen von Jahr zu Jahr, zum Teil durch Vulkanismus bedingt, statistisch nicht signifikant ist, mit den Klimamodell-Experimenten (Treibhauseffekt) aber konform geht (nach K. Labitzke, 1986, 1987). Unten sind zum Vergleich die bodennahen Temperaturwerte (aus Abb.7) eingezeichnet. Besonders explosive Vulkanausbrüche (hier Agung, Fernandina und El Chichón) wirken dem Treibhauseffekt durch stratosphärische Erwärmung und bodennahe Abkühlung entgegen (Quelle: nach C.-D. Schönwiese, 1987).

daher nicht vertrauenswürdig ist. Auf dieses Signifikanz-Problem kommen wir noch zurück.

Drittens, selbst wenn sich ein steigender Temperaturtrend zeigt oder ähnliche Indizien wie ein Meeresspiegelanstieg, ist das noch lange kein Beweis für den Treibhauseffekt. Der Verteidiger erinnert an die Geschichte mit den Störchen und Kindergeburten und hat sicher die Lacher auf seiner Seite. Er kann das aber auch näher erläutern: Es gibt eben sehr viele Vorgänge im Klimasystem, die einen zeitweisen Temperaturanstieg bewirken können wie ein vorübergehender Rückgang des Vulkanismus oder Vorgänge auf der Sonne oder ozeanische Vorgänge oder die atmosphärische Zirkulation, einschließlich rein zufallsbedingter Variationen. Damit sind zwar noch längst nicht alle Indizien angesprochen, aber doch die wichtigsten. Und das Wort soll nun der Gutachter haben. Der mag sich auf die Klimamodell-Experimente abstützen, die wir in Kapitel 5.2 besprochen haben, und ausmalen, was uns möglicherweise bevorsteht, wenn das unheilvolle Tun des Angeklagten nicht in die Schranken des Gesetzes gewiesen wird. Richter und Geschworene ziehen sich zur Beratung zurück und konstatieren: Sowohl der Staatsanwalt als auch der Verteidiger haben gute Argumente vorgebracht, und auch der Gutachter hat im Prinzip möglicherweise recht. Aber so richtig überzeugt sind wir nicht; vor unserem Urteil müssen wir noch weiteres Beweismaterial sammeln.

Halten wir fest: Die Klimamodell-Experimente enthalten trotz ihres immensen Aufwandes und der Kontroll-Läufe noch gravierende Unsicherheiten. Die Beobachtungsindizien weisen nicht alle in die gleiche Richtung, sind – soweit sie für den anthropogenen Treibhauseffekt sprechen – noch recht schwach ausgeprägt und erlauben in dieser Form vor allem keine ursächliche Zuordnung. Wir müssen also Klimamodell und statistische Klimadiagnose noch in engere Beziehung zueinander bringen. Oder anders gesagt: Wir müssen eine Strategie finden, in der sich Modell und Beobachtungsstatistik gegenseitig abstützen und damit womöglich gegenseitig verifizieren. Und auch für die Ungereimtheiten, daß heißt für die widersprüchlichen Indizien, müssen wir Erklärungen finden.

Das ist nicht einfach und läßt uns mehr oder weniger nebulös das Dilemma der modernen Klimaforschung erahnen. Trotzdem müssen wir versuchen voranzukommen. Was unser hier geschildertes Problem betrifft, so heißt ein möglicher Weg: multiple statistische Analyse (Korrelations- und Regressionsrechnung), was uns dann vielleicht zu einem geeigneten, auf Beobachtungsdaten basierenden Regressionsmodell führt. Diese Art von Modellen ist im Gegensatz zu den bisher besprochenen Klimamodellen aber nicht deterministisch, beinhaltet also keine physikalischen Ursache-Wirkung-Beziehungen, sondern ist statistisch; und das bedeutet, es können nur Hypothesen gewisser Wahrscheinlichkeit, stets unter 100 Prozent und somit unsicher, herauskommen. Aber gerade der Versuch, die Wahrscheinlichkeit der Abschätzungen und Aussagen ist sehr wichtig; er ist neben der Verbesserung der Klimamodelle der einzige Weg, der uns im wesentlichen noch bleibt.

Ohne daß wir alle Einzelheiten verstehen müssen, ist das Prinzip unseres statistischen Modells das folgende: Die beobachteten Klimadaten – und da gehen wir zunächst einmal von dem Datensatz aus, der besonders verläßlich ist, das sind die in Abbildung 7 dargestellten nordhemisphärischen Temperaturdaten seit 1851 – werden statistisch allen möglichen und physikalisch sinnvollen Einflußgrößen sozusagen angeboten, das ist die Korrelationsrechnung, und diese zeigt, wie gut oder schlecht diese möglichen Zusammenhänge sind. Dazu gehört natürlich die häufig vernachlässigte Prozedur der statistischen Signifikanzprüfungen. Daraus bauen wir uns dann ein Gleichungssystem – am besten für möglichst viele Gitterpunkte wie im Fall der Klimamodelle –, das die Wirkungsgröße (wie die bodennahe Lufttemperatur) als Funktion mehrerer möglicher Einflußgrößen quantitativ beschreibt, wobei eine dieser möglichen Einflußgrößen der beobachtete atmosphärische CO_2-Anstieg beziehungsweise der äquivalente CO_2-Anstieg ist. Wichtig ist dabei, daß alle diese Berechnungen auf Daten beruhen, die in der Vergangenheit – im Gegensatz zu den Klimamodell-Experimenten – auch tatsächlich eingetreten sind.

Auf der anderen Seite ist ein solches Vorgehen durchaus auch mit Hilfe von deterministischen Klimamodellen versucht worden, wobei für multiple Fragestellungen – mehr als nur eine Einflußgröße – im wesentlichen nur vereinfachte Strahlungsbilanzmodelle, aber keine dreidimensionalen Zirkulationsmodelle in

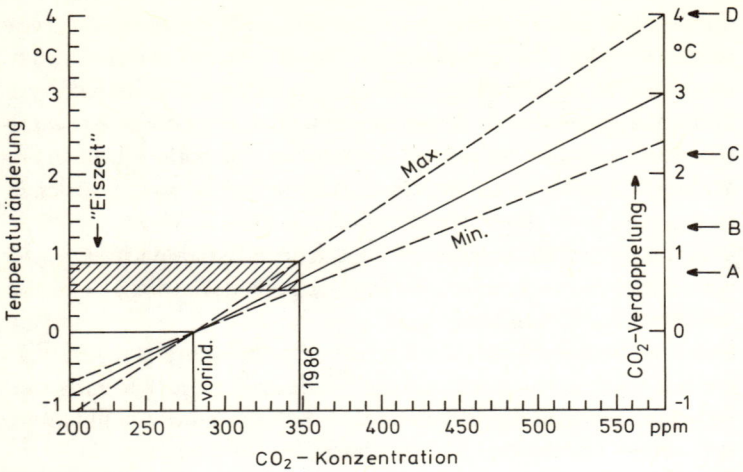

Abbildung 33:
Statistische Abschätzung des Zusammenhangs zwischen der Änderung der atmosphärischen CO_2-Konzentration und dem nordhemisphärisch und jährlich gemittelten Temperatureffekt. Am linken Rand ist der Beitrag zum CO_2-Niveau einer Kaltzeit (Eiszeit) abzulesen, am rechten Rand das Signal im Fall einer CO_2-Verdoppelung. Der schraffierte Bereich gibt den möglicherweise bis heute schon eingetretenen Treibhauseffekt an. Alle Berechnungen aufgrund von Beobachtungsdaten und relativ zum vorindustriellen CO_2-Niveau von 280 ppm → kein anthropogener Temperatureffekt. Die Vergleichswerte aus der Klimageschichte sind A: Mittelalterliches Optimum, vor etwa 1000 Jahren, 0,5 bis 1 °C wärmer; B: Holozänes Optimum, vor 6000 Jahren, 1 bis 1,5 °C wärmer; C: Eem-Warmzeit vor 120000 Jahren, 2 bis 2,5 °C wärmer; D: Spättertiär vor etwa 10 Millionen Jahren, 3 bis 5 °C wärmer (Quelle: nach C.-D. Schönwiese, 1987).

Frage kommen und zwar wegen des nötigen Rechenaufwandes. So gibt es derzeit kein verläßliches Klimamodell, das den Transport von Vulkanstaub in der Atmosphäre und die daraus resultierende Temperaturreaktion simulieren könnte.

Bleiben wir beim statistischen Weg, so können wir nun abschätzen, welcher Anteil der bisher beobachteten Temperaturvariationen auf den Vulkanismus und welcher auf den anthropogenen Spurengasanstieg zurückgeführt werden könnte. Das ist freilich

158

leichter gesagt als getan, da es gerade beim Vulkanismus unterschiedliche Ansätze (Parameter) gibt, die das Ausmaß der Vulkanaktivität im Laufe der Zeit beschreiben, wobei nur die Vulkanausbrüche berücksichtigt werden dürfen, die wirklich auch die Stratosphäre beeinflußt haben; nur dann sind deutliche Abkühlungseffekte in der bodennahen Luftschicht zu erwarten.

Trotz dieser vielen Schwierigkeiten des statistischen Weges, von denen hier nur einige genannt sind, gibt es aber durchaus erfolgversprechende Versuche, auf diesem Weg weiterzukommen. Das Ergebnis eines solchen Versuches ist in Abbildung 33 dargestellt. Dieses Bild enthält die auf Beobachtungsdaten beruhende Abschätzung des Temperatureffekts – das sogenannte Temperatursignal – in Abhängigkeit von der atmosphärischen CO_2-Konzentration, die sich zunächst nur zwischen 280 und etwa 345 ppm bewegt, wie zwischen 1750 und 1984 gemessen. Die Unschärfe der Temperaturabschätzung beruht auf Unsicherheiten der implizit enthaltenen vulkanischen und solaren Einflußgrößen sowie auf nicht ganz gegebener zeitlicher Stabilität, das heißt, bei Änderung des erfaßten Zeitintervalls variieren die Regressionskoeffizienten etwas. Unter Einschluß dieser Unsicherheiten folgt als Ergebnis, daß statistisch-hypothetisch der bisherige CO_2-Konzentrationsanstieg eine Temperaturerhöhung von etwa 0,5 bis 0,9 °C bewirkt haben sollte, und zwar seit vorindustrieller Zeit (um 1700/1800) bis heute (1986).

Diese Abschätzung läßt sich nun sozusagen hochrechnen, und zwar in Orientierung an die Klimamodell-Experimente von 300 auf 600 ppm, bei linearer Rechnung gleichbedeutend 280 auf 580 ppm. Dieser lineare Zusammenhang ist zwar nach den Klimamodell-Rechnungen nicht exakt gegeben, da mit zunehmender CO_2-Konzentration die Temperatureffekte etwas geringer werden, das heißt, es besteht ein schwach logarithmischer Zusammenhang. In dem hier erfaßten Bereich der CO_2-Werte gilt aber der lineare Bezug in recht guter Näherung. Zu welchem Ergebnis führt nun eine solche Hochrechnung? Wie Abbildung

33 zeigt, ergeben sich etwa 2,5 bis 4,0 °C Temperaturerhöhung, hier nordhemisphärisch gemittelt, bodennahe nicht jahreszeitlich aufgelöste Temperaturreaktion. Dieses Ergebnis deckt sich aber offenbar gut mit den meisten der Klimamodell-Experimente bei CO_2-Verdoppelung.

Obwohl wir nun unsere Treibhaus-Hypothese durch den Versuch einer gegenseitigen Verifikation von Klimamodell-Experimenten und statistischer Klimadiagnose anhand der Beobachtungsdaten sicher besser abgesichert haben als vorher – der Angeklagte unseres Indizienprozesses von vorhin ist sichtlich in die Enge getrieben –, ist es doch nur der Versuch einer Verifikation; denn neben der Annahme, daß Klimamodell und Klimastatistik – in gewissen Grenzen der Bandbreite der Aussagen – richtig sind, bleibt doch die Möglichkeit, daß beide falsch sind, auch wenn das nicht mehr so wahrscheinlich ist wie beim Vergleich bloßer Klimatrends mit Klimamodell-Ergebnissen. Um unsere Ergebnisse noch weiter abzusichern ist es daher wichtig, die gleiche Prozedur, wie in Abbildung 34 geschildert, nun auch regional und jahreszeitlich aufgeschlüsselt zu wiederholen. Und nun kommen wir auf Abbildung 30 zurück, wo ein solcher aufgeschlüsselter Vergleich – geographische Breite, Nordhemisphäre und Jahreszeit – durchgeführt ist. Und auch aus dieser Sicht ist die Übereinstimmung gut; denn Klimamodell wie Klimastatistik zeigen, wie der Temperatureffekt von den Tropen in Richtung Arktis und im außertropischen Bereich vom Sommer zum Winter ansteigt.

Wir können die statistischen Ergebnisse auch mit der zeitabhängigen Klimamodell-Rechnung vergleichen, wie sie in Abbildung 31 dargestellt ist. Dort wurde für CO_2 allein von vorindustrieller Zeit bis heute (1985) eine Temperaturerhöhung von etwa 0,4 bis 0,5 °C abgeschätzt, wieder in guter Übereinstimmung mit der statistischen Analyse der Beobachtungsdaten. Für die Gesamtheit der klimawirksamen Spurengase, soweit sie im Modell berücksichtigt sind, findet C. Brühl (1987) ohne die dämpfende Wirkung des Ozeans einen Effekt von etwa 1 °C und mit Ozean

160

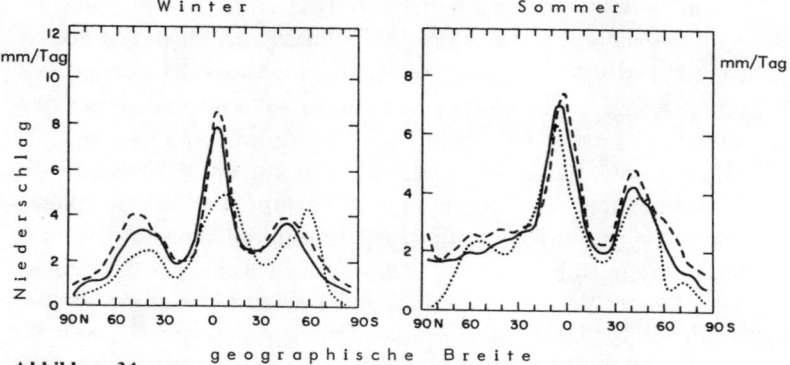

Abbildung 34:

Beispiel eines Klimamodell-Experiments zur Abschätzung der möglichen Niederschlagsänderungen im Fall einer atmosphärischen CO_2-Verdopplung, aufgeschlüsselt nach der geographischen Breite und Sommer beziehungsweise Winter umgezeichnet. Gepunktet sind die Beobachtungswerte eingetragen, die deutlich vom sogenannten Kontroll-Experiment abweichen. Die gestrichelte Kurve gibt dann die CO_2-Verdoppelungssimulation an (Quelle: nach W. M. Washington und G. A. Meehl, 1984).

rund 0,6 °C. Dieser Unterschied erinnert uns auch wieder daran, wie wichtig es ist, den Ozean bei diesen Abschätzungen zu berücksichtigen.

Reichen unsere Abschätzungen nun für einen Beweis aus? Die Geschworenen unseres fiktiven Gerichts werden zugeben müssen: mit Sicherheit immer noch nicht; denn nach wie vor sind das deterministische Klimamodell wie das statistische Regressionsmodell vereinfacht, im Fall der Statistik vor allem deswegen, weil die Beobachtungsdaten eine gewisse Ungenauigkeit beinhalten, weil der Zusammenhang zwischen CO_2- und Temperaturanstieg nicht streng linear ist, und vor allem, weil die Statistik hier längst nicht alle möglichen Einflußgrößen berücksichtigt hat.

Wann werden wir denn nun Sicherheit haben? Das ist eine wichtige, aber keineswegs einfache Frage. Die insbesondere von den

Klimamodell-Experimenten prognostizierten Änderungen der Klimaelemente, hier der Lufttemperatur, aber auch die entsprechenden Abschätzungen der statistischen Methodik werden, wie schon gesagt, als Signale bezeichnet, in Analogie zu den Sendersignalen, die wir mit Hilfe eines Rundfunkgerätes auffangen. Die gesamte Variationsbreite des Klimas, im allgemeinen die Variationsbreite der Jahr-zu-Jahr-Variationen der Klimaelemente, wird häufig als Rauschen (Klimarauschen) bezeichnet, ähnlich dem Rauschen im Radio, wenn wir keinen Sender eingestellt haben. Wie dort der Hörgenuß erst dann zustande kommt, wenn das Verhältnis Signal zu Rauschen groß genug ist, das heißt das Signal groß genug gegenüber dem Rauschen, so benötigt man auch in der Klimaforschung genügend große Signal-Rausch-Verhältnisse, um zu richtigen, genügend gut abgesicherten Schlüssen zu kommen. Das bisher statistisch-hypothetisch abgeschätzte CO_2-Temperatursignal, aber auch die Klimamodell-Abschätzung sind keinesfalls wesentlich größer als die mittlere und erst recht nicht größer als die maximale Änderung der Daten von Jahr zu Jahr, die in Abbildung 7 in der Größenordnung von 1 °C liegt; man vergleiche auch die Bandbreite der Temperaturschwankungen im Holozän, etwa 1,5 °C, in Abbildung 9.

Nun müssen wir auf das Signifikanzproblem der Statistik zurückkommen. Und da gilt, daß bei etwa einem Faktor drei von Signal gegenüber Rauschen – das Rauschen ist die Standardabweichung (als Variationsmaß) der Beobachtungsdaten – mit einiger Wahrscheinlichkeit die betreffende Hypothese richtig ist. Vollständige Sicherheit erreicht die Statistik nie, so daß man auch einen Faktor vier oder fünf fordern könnte; meist ist man aber mit dem Faktor drei zufrieden.

Ausgehend von den Klimamodell-Experimenten und im Vergleich zum beobachteten Klimarauschen kann man nun versuchen abzuschätzen, wann das CO_2-Temperatur-Signal so groß sein wird, daß es statistisch akzeptiert werden kann, nämlich in etwa bei Erreichen des genannten Faktors drei zwischen Signal und Rauschen. Und so kommt man zur Zeitangabe: in ungefähr zehn bis zwanzig Jahren. Das Übel ist nur, daß wir dann den Treibhauseffekt nicht einfach abstellen können wie ein Kernkraftwerk, sondern daß auch ohne weitere Zunahme der Emission klimawirksamer Spurengase, ja sogar bei Reduktion dieser Emission, sowohl die atmosphärische CO_2-Konzentration als auch der Temperatureffekt für viele Jahre erst noch weiter ansteigt. Berücksichtigen wir dabei die Trägheitsfunktion des Ozeans, so kommen wir sogar auf etliche Jahrzehnte. Ja, es kann sogar sein, daß wir dann – wenn wir den CO_2- beziehungsweise allgemeinen Spurengas-Temperatur-Treibhauseffekt nachgewiesen haben – noch Jahrhunderte mit ihm und seinen Folgen leben müssen. Und das heißt, viele Generationen nach uns wären davon noch betroffen!

Wir müssen also Wahrscheinlichkeiten und Risiken vergleichend abschätzen, um den Effekten durch Vorsorgemaßnahmen frühzeitig die Spitze zu nehmen. Mit anderen Worten: Wir benötigen eine objektive und realistische Abschätzung der verschiedenen Risiken, die die Menschheit bedrohen, und das Risiko des anthropogenen Treibhauseffekts ist keinesfalls das einzige dieser Risiken. Wir haben bisher – was das Risiko des anthropogenen Treibhauseffekts betrifft – nur das Temperaturrisiko betrachtet. Wir wissen aber, nach dem was wir über das Klima gelernt haben, daß nie die Temperatur isoliert, sondern über die atmosphärische Zirkulation stets auch das gesamte Klima sich ändert, somit auch andere Klimaelemente als die Lufttemperatur betroffen sind. Man könnte das als den indirekten Treibhauseffekt bezeichnen.

6. Was sonst noch alles passieren könnte: der indirekte Treibhauseffekt

6.1 Bewölkung und Niederschlag

Wir wissen, daß mit einer Temperaturänderung, wie sie die Klimamodell-Experimente als Folge des Anstiegs der klimawirksamen Spurengase vorhersagen, auch Änderungen anderer Klimaelemente verbunden sind. Zudem hat uns Abbildung 10 gezeigt, wie wichtig für die Auswirkungen der Klimaänderung neben der Temperatur der Niederschlag ist. Niederschlag aber ist eng mit der Bewölkung und daher mit der atmosphärischen Zirkulation verknüpft.

Gerade bei der Simulation von Bewölkung und Niederschlag sind die Klimamodell-Annahmen, wie wir schon gehört haben, sehr problematisch. Entsprechend widersprüchlich sind auch die Vorhersagen bei Verwendung der unterschiedlichen Klimamodell-Konzeptionen. Die Projektionen für den Niederschlag im Fall einer anthropogenen Spurengaserhöhung schwanken von Modell zu Modell außerordentlich stark, wobei hier – im Gegensatz zur Temperatursimulation – prinzipiell nur die aufwendigen dreidimensionalen Zirkulationsmodelle in Frage kommen. Man kann, wenn man die Modelle vergleicht, die Ergebnisse nahezu als chaotisch bezeichnen, weit schlimmer noch als die regionalen, nicht zonal gemittelten Temperaturvorhersagen, was im übrigen für eine gewisse Zufälligkeit der Ergebnisse sprechen würde. Wir stehen daher vor der unschönen Situation, daß uns die möglicherweise bevorstehenden Niederschlagsänderungen – gerade mit Blick auf die Landwirtschaft und die Ernährungsprobleme – ganz besonders interessieren, die Klimamodell-Experimente aber gerade in diesem Punkt unzuverlässig sind.

Relativ gut gesichert ist die Vermutung, daß bei einem Temperaturanstieg zugleich der Wasserdampfgehalt der Atmosphäre, vielleicht auch die Bewölkung insgesamt, sehr wahrscheinlich aber Niederschlag und Verdunstung insgesamt zunehmen, der hydrologische Zyklus sich somit beschleunigen sollte. Einige Modelle zeigen darüber hinaus an, daß der Niederschlag speziell in gemäßigten und hohen geographischen Breiten ansteigen könnte, vielleicht auch in den Tropen, während speziell in den östlichen Bereichen der subtropischen Kontinente der Niederschlag abnehmen könnte (Interpretation von A. Berger, 1986). Immer wieder wird auch eine polwärtige Verlagerung der Klima- und somit Niederschlagsgürtel ins Spiel gebracht, besonders eine erhöhte Aridität (Niederschlagsdefizit relativ zur Verdunstung) im Breitenkreisbereich von etwa 34 bis 35 Grad.

Eine solche Modellrechnung ist in Abbildung 34 wiedergegeben. Die Niederschlagszunahme im Winter etwa nördlich von 40 Grad und etwa 35 Grad Süd ist zu erkennen, aber auch deutliche Unterschiede zwischen derzeitiger Beobachtung und dem Kontrollexperiment. Zu den Widersprüchen bei den Modellergebnissen kommen noch die Probleme bei der Erfassung der Beobachtungsdaten, die im Fall des Niederschlags weit weniger verläßlich als im Fall der Temperatur sind. Was die Bewölkung betrifft, so ist in diesem Zusammenhang sicherlich von Interesse, daß die englische Geographin A. Henderson-Sellers (1987) in den letzten Jahrzehnten eine zunehmende Tendenz der Wolkenbedeckung insgesamt in Europa und Nordamerika anhand der Beobachtungsdaten festgestellt hat. Beim Niederschlag gibt es noch kaum schlüssige Hinweise auf signifikante Trends anhand der Beobachtungsdaten.

Insgesamt sind die Erwartungen von Bewölkungs- und Niederschlagsänderungen in Zusammenhang mit dem anthropogenen Treibhauseffekt sehr unsicher, und wer bestimmte Ergebnisse einem bestimmten Modell entnimmt und ausgerechnet diese als wahrscheinlich ansieht, übersieht nur die Widersprüche, die ihm andere Modelle liefern und generell die modellimmanente Unsicherheit. Es ist daher wiederholt versucht worden, durch Analogiestudien weiterzukommen. Dabei wird versucht, frühere tatsächlich beobachtete relativ warme Epochen der Klimageschichte mit etwaigen Niederschlagsanomalien zu koppeln, nach dem Motto, was früher eingetreten ist, könnte auch in Zukunft eintreten. Dann aber hat man es mit den Problemen der unsicheren Niederschlagsmessung und vor allem der noch viel unsichereren Niederschlagsrekonstruktion für frühere Jahrhunderte und Jahrtausende zu tun, so daß sich wirklich greifbare Ergebnisse auch auf diesem Weg nicht haben finden lassen.

6.2 Eisgebiete und Meeresspiegelhöhe

Etwa 14,4 Millionen Quadratkilometer, das sind 9,7 Prozent der Landgebiete der Erde, sind beim derzeitigen Klimazustand mit Eis bedeckt. Der weitaus größte Teil davon ist im antarktischen Inlandeis gebunden: 29,3 Millionen Kubikkilometer in der Antarktis gegenüber nur 3 Millionen Kubikkilometer in Grönland und gar nur 0,1 Millionen Kubikkilometer in Form von Gebirgsgletschern außerhalb der Polarzonen.

Es ist interessant, daß die Kryosphäre während der letzten Kaltzeit (Würm-Eiszeit, Höhepunkt etwa 18 000 Jahre vor heute) mit schätzungsweise 44,4 Millionen Quadratkilometern fast die dreifache Fläche gegenüber heute eingenommen hat. Dabei war das antarktische Eisgebiet mit rund 13,5 Millionen Quadratkilometern allerdings nur unwesentlich weiter ausgedehnt – wiederum ein Hinweis auf die ausgeprägte Stabilität der Eisgegebenheiten in diesem Gebiet –, während diese Eisgebiete in Nordamerika – im wesentlichen das ganze heutige Kanada – mit mehr als 13 Millionen Quadratkilometern und in Skandinavien und Großbritannien zusammen mit rund 7 Millionen Quadratkilometern rekonstruiert werden. Es ist schon erwähnt worden, daß als

Folge dieser ausgedehnten kaltzeitlichen Kryosphäre der Meeresspiegel um etwa 135 Meter tiefer lag als heute, was unter anderem die Nordsee zu Festland und die Themse zum Nebenfluß des Rheins machte.

Zum Landeis kommt noch das Meereis hinzu. Kehren wir zum heutigen Klimazustand zurück, so finden wir – jeweils jahreszeitlich stark variierend – in der Arktis zwischen 7 und 14 sowie in der Antarktis zwischen 3,6 und 18,4 Millionen Quadratkilometer Meereis. Man schätzt, daß in extremen Jahren etwa 7 Prozent der Meeresgebiete mit Packeis bedeckt sein können, dazu sind etwa 18 Prozent von Treibeis betroffen. Das Volumen des Meereises ist allerdings sehr gering, da es nur eine vertikale Mächtigkeit von maximal 5 Metern erreichen kann, im Gegensatz zum Inlandeis in Grönland von über 2 Kilometern und in der Antarktis von maximal 4 Kilometern Mächtigkeit.

Was passiert nun mit diesem Land- und Meereis, wenn es als Folge des anthropogenen Treibhauseffekts wärmer wird? Der wahrscheinlichste Effekt ist zunächst einmal ein Rückzug der arktischen Treibeisgrenze, während in der Antarktis nur geringe Folgen zu erwarten sind. Es gibt einige wenige Klimamodell-Rechnungen, in denen auch eine Variation des Meereises simuliert worden ist. Besonders verläßlich sind diese vereinfachten Berechnungen zwar nicht; das drastischste Ergebnis soll aber hier genannt sein: das Verschwinden des Packeises im arktischen Sommer, was allerdings nur bei einer Erhöhung der Jahresmitteltemperatur in diesem Gebiet um mindestens 5 °C als wahrscheinlich angesehen wird. Das würde offenbar mehr als nur eine Verdoppelung der atmosphärischen CO_2-Konzentration erfordern.

Somit bleibt eigentlich nur der Rückgang der Treibeistätigkeit in der Arktis, vielleicht ähnlich ausgeprägt wie zur Zeit des Mittelalterlichen Klimaoptimums, als die Normannen auf dem nördlichen Seeweg über Grönland Nordamerika erreichten. Dies deutet wiederum die Möglichkeit an, über Analogiestudien der Vergangenheit zu Aussagen für die Zukunft zu kommen.

Problematisch bleiben dabei mögliche Fehler oder Ungenauigkeiten der Klimarekonstruktion, die Frage der Randbedingungen – waren Land- und Meerverteilungen, Meeresströmungen usw. ähnlich wie heute? – und nicht zuletzt das Problem der charakteristischen Zeit der Vorgänge, wobei hier der Vorgang des Eisrückgangs im Blickpunkt steht.

Bevor wir auf dieses Problem näher eingehen, soll zum Thema Analogiestudien noch das Klima der Eem-Warmzeit oder des späten Tertiärs genannt sein, als wir vor rund 120 000 Jahren (Eem) eine global um etwa 2,0 bis 2,5 °C höhere Lufttemperatur als heute hatten; vor 10 Millionen Jahren (Spättertiär) war sie sogar um 3 bis 5 °C höher. Der deutsche Klimatologe H. Flohn (1980, 1985) hat immer wieder auf solche Vergleichsmöglichkeiten hingewiesen und gefragt, ob wir als Folge des anthropogenen Spurengasanstiegs ein Klima wie zur Eem-Warmzeit oder zur Zeit des Spättertiärs erzeugen könnten. Dieses spättertiäre Klima ist für die Paläoklimatologie von besonderem Interesse, weil damals ein extrem asymmetrisches Klima mit vereister Südhemisphäre (Antarktis), aber eisfreier Nordhemisphäre existiert hat. Von der gegenüber heute immer noch wesentlich wärmeren Eem-Warmzeit wissen wir, daß zwar die Vereisungen der Nordhemisphäre bestehen geblieben sind, jedoch in vielleicht geringerem Umfang als heute; denn es ist rekonstruiert worden, daß damals der mittlere globale Meeresspiegel etwa 3 bis 6 Meter höher gelegen haben muß als heute.

Sollten als Folge unseres Tuns also die Eisgebiete der Erde abschmelzen und die Küstenländer im Meer ertrinken? Früher sind solche Hypothesen tatsächlich in der Wissenschaft diskutiert worden. Seit mindestens fünf Jahren wissen wir aber, daß solche Hiobsbotschaften, wie sie noch immer durch die Medien geistern, Unsinn sind. Zwar läßt sich aus den Eisvorräten der Erde errechnen, um wieviel der Meeresspiegel ansteigen würde, wenn alle diese Eisvorräte schmelzen würden, nach Tabelle 11: etwa 81,5 Meter. Entsprechend sicher wissen wir aber auch, daß dazu eine Zeitspanne (charakteristische Zeit) von etlichen Jahr-

Eisgebiet	Fläche in 10^6 km^2	Volumen in 10^6 km^3	MÄ in m
Landeis:	14,4		81,5
Ostantartkis	9,9	25,9	64,8
Westantarktis	2,3	3,4	8,5
Grönland	1,7	3,0	7,6
Gebirgsgletscher	0,5	0,1	0,3
Frostboden			
Dauerfrost (Permafrost)	7,6	0,03	0,1
zeitweise	17,3	0,07	0,2
Meereis			
Arktik	7,0–14,0	0,02–0,05	–
Antarktik	3,6–18,4	0,01–0,06	–
Schneebedeckung			
Nordhemisphäre	3,7–46,3	0,002	
Südhemisphäre	0,07–0,85		–

Tabelle 11:
Die Eisgebiete der Erde und deren Meeresspiegeläquivalente (MÄ), das bedeutet Höhen des Meeresspiegelanstiegs im Fall eines Abschmelzens (Quelle: nach R. G. Barry, 1985).

tausenden nötig wäre, und für die Antarktis mit insgesamt etwa 73 Meter Meeresspiegeläquivalent ist wahrscheinlich auch diese Zeitspanne noch zu gering. Damit aber liegt die charakteristische Zeit des Abschmelzens der Eisvorräte der Erde wesentlich über der charakteristischen Zeit des anthropogenen Spurengas-Treibhauseffekts und ist schon deswegen nicht realistisch. Welche Erwartungen sind nun aber realistisch? Um auf die richtige Größenordnung zu kommen, sollten wir uns zunächst an den tatsächlichen – oder besser vermutlichen, da rekonstruierten – Meeresspiegelanstieg der letzten hundert Jahre erinnern, und dieser Wert liegt bei etwa 10 Zentimeter oder allenfalls, bei alternativen Abschätzungen, bei 20 Zentimeter. Eine statistische Hochrechnung, ähnlich wie in Abbildung 33 für die Temperatur vorgestellt, führt zu etwa 70 Zentimeter (C.-D. Schönwiese, 1986) für den Fall einer CO_2-Verdoppelung. Dies aber ist eine sehr simple lineare Abschätzung, die nicht korrekt sein muß, weil gerade das Abschmelzen des Eises auch sprunghaft ablaufen kann. Neben den weniger zu Buche schlagenden Gebirgsgletschern ist dabei vor allem das westantarktische Schelfeis von Interesse, das auf das Meer hinausreicht und unterhalb des Meeresspiegels fußt. Dort sind sogenannte Kalbungsvorgänge möglich, bei denen mehr oder weniger sprunghaft Eisblöcke abbrechen und schmelzen. Wenn wir auch hier wieder die drastischsten Abschätzungen anvisieren, so kommen wir auf eine obere Risikoschwelle von 3 bis 4 Meter. Jedoch sind sich die meisten Wissenschaftler darin einig, daß ein solcher Vorgang als sehr unwahrscheinlich anzusehen ist. Wie schwierig diese Probleme sind, zeigt eine Publikation des holländischen Glaziologen J. Oerlemans (1987), der berechnet hat, daß im Falle einer globalen Erwärmung im Zuge des anthropogenen Treibhauseffekts das antarktische Eis zunächst zunehmen sollte, und zwar aufgrund der Niederschlagsänderungen. Für das Grönland-Eis errechnet Oerlemans jedoch eine Tendenz zum Abschmelzen. Wenn wir den vergangenen Meeresspiegelanstieg betrachten, so hat eine Modellrechnung von J. Hansen, V. Gornitz u. a. (1982) ergeben, daß etwa die Hälfte davon auf Abschmelzvorgänge, die andere Hälfte jedoch auf die thermische Ausdehnung des Ozeanwassers, und zwar im wesentlichen des oberen Mischungsschicht-Ozeans, zurückzuführen sein sollte.

Fassen wir alle wissenschaftlich fundierten Abschätzungen der jüngsten Zeit zusammen, so erhalten wir, wie auch die Villacher Klimakonferenz 1985, einen wahrscheinlichen Bereich von 0,2 bis 1,4 Meter Meeresspiegelerhöhung bei einem Treibhaus-Temperatureffekt (auch global gemittelt) von 1,5 bis 4,5 °C durch CO_2-Verdoppelung beziehungsweise äquivalenten Anstieg aller klimawirksamen Spurengase.

Vom Anstieg des Meeresspiegels droht uns also weit weniger Gefahr als oft behauptet. Auf der anderen Seite darf man aber auch diese nun vergleichsweise geringen Effekte nicht unterschätzen. Ein Meeresspiegelanstieg von vielleicht einem

Meter ist durchaus gefährlich, zumal es sich hier ja um einen globalen Mittelwert handelt und die regionalen Effekte erheblich davon abweichen können. Kommt dann auch noch eine Erhöhung des Tidenhubs (Unterschied zwischen Ebbe und Flut) hinzu, vielleicht auch noch eine größere Häufigkeit von Sturmfluten, so kann die Situation an den Küstengebieten und in den großen Flußdeltagebieten der Erde schon dramatisch werden. Eine Erhöhung des Tidenhubs, wie derzeit im Bereich der Deutschen Bucht tatsächlich beobachtet, steht damit vielleicht in gewissem Zusammenhang.

6.3 Weitere Klimaelemente

Nun haben wir als wahrscheinliche oder mögliche Folgen des anthropogenen Spurengasanstiegs Temperaturänderungen, Änderungen von Bewölkung und Niederschlag sowie Veränderungen an Eisgebieten und Meeresspiegel betrachtet. Was könnte als Folge eines solchen indirekten Treibhauseffekts noch passieren, wenn wir wirtschaftliche Folgen zunächst außer acht lassen? Wenn wir auf den üblichen Klimakarten in den Schulatlanten Klimaelemente betrachten, kommen wir nach Temperatur und Niederschlag zu Luftdruck und Wind. Der Luftdruck ist von uns direkt nicht wahrnehmbar und braucht daher hier nicht zu interessieren, obwohl er für das Verständnis des Wetter- und Klimageschehens sehr wichtig ist. Kommen wir also zum Wind; und da sind sicherlich Sturmhäufigkeiten – die tropischen Wirbelstürme, aber auch Stürme in unseren Breiten, einschließlich der Sturmfluten – von besonderem Interesse.

Da die tropischen Wirbelstürme über den warmen tropischen Ozeanen entstehen, in Zusammenhang mit hoher Meeresoberflächentemperatur und entsprechend starker Verdunstung, könnte man als Folge des anthropogenen Treibhauseffekts an eine größere Häufigkeit dieser Stürme denken. Auf der anderen Seite wird gerade in den Tropen und über den Meeren die erwartete Temperaturänderung relativ gering ausfallen und auch zeitlich verzögert werden. Vielleicht noch wichtiger ist die Tatsache, daß es für die Meeresoberflächentemperatur eine physikalisch mögliche Obergrenze gibt, die bei 28 bis 29 °C liegt. In manchen Gebieten der Erde, vor allem im indonesischen Bereich, ist diese Grenze heute schon erreicht. In anderen Gebieten, vielleicht auch im Zusammenhang mit häufigeren El-Niño-Ereignissen, ist ein solcher Effekt, das heißt eine größere Häufigkeit tropischer Wirbelstürme, denkbar. Quantitative Abschätzungen sind allerdings derzeit kaum möglich.

Schauen wir in die gemäßigte Klimazone, so ist zunächst festzustellen, daß bei einer globalen Erwärmung, die in den Tropen deutlich geringer ausfällt als in den gemäßigten und polaren Breiten, der Temperaturunterschied zwischen Pol und Äquator abgeschwächt wird durch den geringeren meridionalen Temperaturgradienten. Genau dieser Gradient aber wird als Motor der Westwinddrift der gemäßigten Klimazone angesehen. Es ist daher nicht abwegig anzunehmen, daß die mittlere Intensität der Westwinddrift abnehmen könnte. Was aber mit den relativ kurzzeitigen Abweichungen davon passiert, und das sind genau die für uns wesentlich interessanteren Stürme, weiß derzeit keiner. Helfen uns hier Analogiestudien der Vergangenheit weiter? Der englische Klimatologe H. H. Lamb (1979) berichtet, daß die Sturmflutmöglichkeit an der holländischen und deutschen Nordseeküste – weniger ausgeprägt an der englischen Küste – in der Zeit zwischen dem 10. und dem 12. Jahrhundert, also beim Übergang zum Mittelalterlichen Klimaoptimum, stark zugenommen hat. So wird aus dem Jahr 1099 eine Sturmflut mit angeblich 100 000 Toten in Holland und England überliefert, und das bei der damals viel geringeren Bevölkerungsdichte. Diesem Befund entspricht auch die Überlieferung relativ weniger Sturmfluten in diesem Gebiet während der Kleinen Eiszeit und einer deutlichen Zunahme in unserem Jahrhundert, dem Übergang zum Modernen Optimum. Andererseits aber scheint die größte Häufigkeit überhaupt, während der letzten 2000 Jahre, in das 13. Jahrhundert zu fallen, in die sogenannte Klimawende, den Übergang vom Mittelalterlichen Optimum zur Kleinen Eiszeit, die Zeit einer drastischen Abkühlung. 1218 entstand bei einer gewaltigen Sturmflut der Jadebusen, ähnlich 1287 die Zyuder-See; und erst 1362 wurde ein großer Teil der bis damals noch mit dem Festland verbundenen friesischen Inseln gebildet. Daß der Schneeanteil im Niederschlag beim Ingangkommen des anthropogenen Treibhauseffekts zurückgehen sollte, liegt auf der Hand. Quantitative Aussagen sind freilich aus den Klimamodell-Rechnungen ähnlich wenig verläßlich wie die Niederschlagsänderungen selbst. Der Dauerfrostboden, der derzeit permanent etwa 7,6 Millionen Quadratkilometer, also 5 Prozent der Oberfläche der Landgebiete, einnimmt, wird auf den nordhemisphärischen Landgebieten sicherlich deutlich zurückweichen, und das deutet sich in den Beobachtungsdaten auch schon an. Stimmt der Befund zunehmender Bewölkung im Zuge des Treibhauseffekts in der gemäßigten Klimazone, wie für Europa und Nordamerika in den Beobachtungsdaten nachgewiesen, so sollte in diesen Gebieten dementsprechend auch die Sonnenscheindauer zurückgehen, was einen Ausbau der Nutzung der Sonnenenergie hierzulande nicht gerade erleichtern würde. Allerdings sind, wie mehrfach betont, die Klimamodell-Rechnungen in dieser Hinsicht zur Zeit noch wenig verläßlich, und die üblichen Interpretationen der Wissenschaftler laufen darauf hinaus, daß die Änderung des Gesamtbedeckungsgrades der Wolken weltweit, mit regional weitaus größeren Unsicherheiten, unter 1 Prozent bleiben sollte; entsprechend gering müßten dann auch die Änderungen der Sonnenscheindauer ausfallen. Gerade beim indirekten Treibhauseffekt, der Änderung von Bewölkung, Niederschlag, Sonnenscheindauer, Sturmhäufigkeit usw., vielleicht weniger ausgeprägt bei der Meeresspiegelhöhe, bleibt festzuhalten, daß sowohl aufgrund der Klimamodell-Experimente als auch der Analyse der Beobachtungsdaten Vorhersagen von Klimaänderungen, als Folge des anthropogenen Spurengasanstiegs, äußerst unsicher sind.

7. Die sozioökonomischen Folgen: Schätzungen und Spekulationen

Wir kommen nun zur wichtigen Frage, wie die erwarteten anthropogenen Klimaänderungen – der Treibhauseffekt – auf die Menschheit rückwirken werden. Die Abbildung 35 führt uns das stufenweise Vorgehen vor Augen: Wir haben mit den Energieszenarien begonnen, die uns sagen sollen, wie die künftige Emission von CO_2 und anderen klimarelevanten Spurengasen vermutlich aussehen wird. Die Stoff-Flußmodelle, beispielsweise die Kohlenstoff-Flußmodelle, bauen darauf auf, um die künftige atmosphärische Konzentration der klimawirksamen Spurengase abzuschätzen. Dies wiederum ist die Basis der Klimamodell-Experimente zur Simulation der damit vermutlich verknüpften Klimaänderungen. Der weitere Schritt, den wir jetzt unternehmen, ist die Anwendung der sogenannten Impaktmodelle, die ausgehend von den erwarteten anthropogenen Änderungen der Klimaelemente abschätzen sollen, welche Folgen daraus in ökologischer, landwirtschaftlicher, gesamtwirtschaftlicher und letztlich sozioökonomischer Hinsicht resultieren könnten.

Es muß uns bewußt sein, daß unsere Aussagen Schritt für Schritt unsicherer werden, wenn auch der Beitrag zur Unsicherheit von Stufe zu Stufe recht unterschiedlich ist, besonders groß schon bei den Energieszenarien. Wir haben festgestellt, daß die regionalen Aussagen der Klimamodelle nicht sehr verläßlich sind, ganz besonders bei den erwarteten Niederschlagsänderungen. Nun kommen mit den Impaktmodellen weitere erhebliche Unsicherheiten ins Spiel. Bei kritischer Betrachtung muß man daher zu der Erkenntnis kommen, daß die entsprechenden regionalen Abschätzungen der Impaktmodelle in ihren regionalen Aussagen so unsichere Schätzungen sind, daß sie schon fast an Spekulationen grenzen. Trotzdem gibt es derzeit keinen anderen Weg, wenn man weiterkommen will. Und wir müssen weiterkommen; gerade die sozioökonomischen Auswirkungen der Klimaänderungen werden wir zu spüren bekommen.

Auch der erwartete Meeresspiegelanstieg, den wir schon diskutiert haben, kann dem Impaktproblem zugerechnet werden. Da er aber relativ eng mit den Klimamodell-Experimenten verknüpft ist und dementsprechend definitive Abschätzungen vorliegen, ist das Ausmaß der Spekulation relativ gering. Wir hatten für den Fall einer Verdoppelung der atmosphärischen CO_2-Konzentration oder einer äquivalenten Situation – unter Einbezug der weiteren wichtigsten klimarelevanten Spurengase –, wie sie vielleicht schon in fünfzig Jahren erwartet werden kann, im globalen Mittel einen wahrscheinlichen Meeresspiegelanstieg von 0,2 bis 1,4 Meter veranschlagt. Dieser Zahlenwert, oder genauer gesagt, diese Zahlenwertspanne, bedarf aber einer näheren Erörterung.

Dabei ist zunächst die vermutliche Eintrittszeit wichtig. Setzen wir für die eben genannten fünfzig Jahre in vorsichtiger Näherung das Jahr 2050 an – häufig wird auch 2030 genannt –, so zeigt uns Tabelle 12, nach einer Studie der U. S. Umweltschutzorganisation (EPA, 1983), sowohl die zeitliche Entwicklung als auch den jeweiligen Unsicherheitsbereich. Wir sehen, dieser Bereich

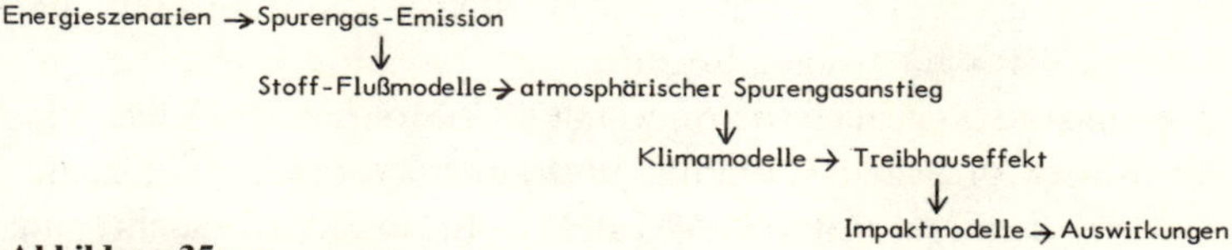

Energieszenarien → Spurengas-Emission
↓
Stoff-Flußmodelle → atmosphärischer Spurengasanstieg
↓
Klimamodelle → Treibhauseffekt
↓
Impaktmodelle → Auswirkungen

Abbildung 35:
Die Kette der Schätzungen vom künftigen Energieverbrauch (Energieszenarien) bis zu den Auswirkungen der anthropogenen Klimaänderungen (Treibhauseffekt) in ökologischer und sozioökonomischer Hinsicht (Impakt).

	Jahr 2000	Jahr 2050	Jahr 2100
hohe Schätzung	17 cm	1,17 m	3,45 m
mittlere Schätzung	9–13 cm	53–79 cm	1,44–2,17 m
niedrige Schätzung	5 cm	24 cm	56 cm

Tabelle 12:
Abschätzungen des global gemittelten Meeresspiegelanstiegs aufgrund des anthropogenen Treibhauseffekts (Quelle: nach US-Umweltschutzorganisation, EPA, 1983).

ist sehr groß, besonders wenn wir uns die Schätzungen für das Jahr 2100 ansehen: von 0,6 bis 3,5 Meter.

Diese Unsicherheiten gehen vor allem auf die Frage zurück, welchen Beitrag das Abschmelzen von Landeis zum Meeresspiegelanstieg liefert. Der mit weniger Unsicherheit abschätzbare Beitrag, der auf die Expansion (Volumenvergrößerung) des Ozeans zurückgeht, wobei vor allem die obere, relativ warme und gut durchmischte Ozeanschicht zu betrachten ist, sollte nach Abschätzungen der amerikanischen Wissenschaftlergruppe V. Gornitz, J. Hansen u. a. (1982) etwa genausoviel ausmachen. Neueste Untersuchungen (G. Robin, 1986) sehen das Verhältnis aber eher bei 3 : 1 zugunsten der Meerwasserexpansion, was die Unsicherheiten erheblich reduzieren würde, auch hinsichtlich der von J. Oerlemans (1986) vermuteten Eiszunahme in der Antarktis im Zuge des anthropogenen Treibhauseffekts – bei gleichzeitiger Eisabnahme auf der Nordhalbkugel. Sind diese Abschmelzvorgänge von relativ geringer Relevanz für den Meeresspiegelanstieg, so würden wir in Tabelle 12 in der Nähe der mittleren Abschätzungen liegen.

Wichtig sind aber auch die regionalen Unterschiede. Dabei spielen die tektonischen Hebungs- und Absinkvorgänge der Landmassen, die man im globalen Mittel zu eliminieren versucht, eine bedeutende Rolle. Dort, wo sich die Landmassen heben, wie etwa in Skandinavien, wirkt sich der Meeresspiegelanstieg vergleichsweise gering aus; dort, wo die Landmassen absinken, addieren sich die Wirkungen. Orientieren wir uns an den beobachteten Trends der letzten hundert Jahre, so liegt der Meeresspiegelanstieg an der West- und Ostküste der USA, in Südeuropa und auch in Skandinavien etwa im Bereich der globalen Mittelwerte, an der Westküste Südamerikas und an den Küsten Westeuropas gelten eher geringere Werte, in Teilen Asiens und im Bereich der Bermudas aber wesentlich höhere. So ist für die Küsten des indischen Subkontinents mit einem Anstieg von 20 bis 50 Zentimeter ungefähr das Doppelte des globalen Mittelwertes belegt (nach V. Gornitz u. a., 1982).

Für die Deutsche Bucht kommt A. Führböter (1986), ebenfalls für die letzten hundert Jahre, auf einen Anstieg von rund 25 Zentimeter, was wahrscheinlich etwas über dem globalen Mittelwert liegt. Zum Teil ist dieser Effekt aber auf eine Vergrößerung des Tidenhubs zurückzuführen, das heißt, die Differenz zwischen Hochwasser (Flut) und Niedrigwasser (Ebbe) ist parallel zum Meeresspiegel auch gestiegen, so daß sich der Effekt vergrößert. Die obere Risikoschwelle für den Meeresspiegelanstieg an der Deutschen Bucht in den kommenden fünfzig Jahren sollte somit bei rund 1,5 Meter liegen, im Bereich von Indien aber bei 2 bis 3 Meter.

Was sind nun die wichtigsten ökologisch-sozioökonimischen Fragen? Zu nennen sind vor allem:
– Gefahr von Überflutung der Küstenbereiche, und zwar sowohl in Form eines allmählichen Anstiegs, relativ langfristige Gefahr, als auch in Form der kurzfristigen Gefahr häufiger Sturmfluten;
– Vordringen des Salzwassers landeinwärts, insbesondere im Bereich der großen Flußdeltas;
– vermehrte Erosion im Bereich relativ flacher und sandiger Küsten (Dünenabbau usw.).

Der Gefahr der Überflutung von Küstenbereichen kann nur durch entsprechende Küstenschutzmaßnahmen begegnet werden, nämlich durch Erhöhung der Schutzdeiche und durch besonderen Schutz der Hafenanlagen. Da man die Deiche nicht einfach aufstocken kann, sondern je nach gewünschter Höhe auch die Basis verbreitern und verstärken muß, würde eine Deicherhöhung um nur einen Meter und nur im Bereich der Deutschen Bucht bereits mehrere Milliarden DM kosten. Wesentlich stärker wären die Länder betroffen, die im Vergleich zu ihrer Gesamtfläche, auch im Vergleich zu ihrer Wirtschaftskraft, lange Küstenlinien und große Anteile von Tiefland aufweisen wie beispielsweise die Niederlande. Folgerichtig beobachten die Niederländer den Meeresspiegelanstieg und die Sturmfluthäufigkeit mit großer Sorge. Eine vom niederländischen Ministerium für Verkehr und Wasserwirtschaft kürzlich veröffentlichte Studie (1986) enthält die vielsagende Kapitelüberschrift:»Neo-Atlantis, das Szenario vom strategischen Rückzug«.

In den großen Flußdeltagebieten der Erde, die man nicht ohne weiteres abdeichen kann, wären größere Landverluste kaum vermeidbar. Sie betragen nach Schätzungen von D. F. Boesch (1982) im Bereich des Mississippi-Deltas (Louisiana, USA) schon jetzt rund 100 Quadratkilometer pro Jahr, bei maßvoller Extrapolation bis zum Jahr 2050 mindestens 5000 Quadratkilometer. Ein besonders dramatisches Beispiel stellt das Ganges-Brahmaputra-Delta in Bangladesh dar, wo ein Fluß-Höhengefälle von nur 8 Zentimeter pro Kilometer Flußlauf besteht. Nach einer Studie von J. M. Broadus (1986), die einen Meeresspiegelanstieg von einem Meter zugrunde legt, was durchaus in etwa fünfzig Jahren zu erwarten sein könnte, und die den Effekt flußaufwärts vordringenden Salzwassers mit einschließt, wäre dann rund einem Viertel der Bevölkerung die Nahrungsgrundlage entzogen, und das in einem Land, das schon heute zu den ärmsten der Erde zählt.

Diese wenigen Beispiele zum Effekt des zu erwartenden Meeresspiegelanstiegs mögen genügen, wobei die Erosionsgefahr ein besonders schwer kalkulierbares Risiko darstellt. Es ist nicht auszuschließen, daß im Zuge dieser Gefahr die beliebten Urlaubsgebiete der nord- und ostfriesischen Inseln verlorengehen könnten. Noch nachteiliger ist der Verlust landwirtschaftlicher Nutzfläche, und zwar sowohl durch Überflutung als auch durch das oft übersehene Risiko vordringenden Salzwassers, das den ökologischen Tod der Süßwasser-Lebensgemeinschaften bedeutet.

Nun zur Landwirtschaft selbst und somit zu den eigentlichen Impaktmodellen. Wir betreten dabei den – neben den Energieszenarien – besonders schwankenden Boden der in Abbildung 35 dargestellten Stufenleiter; und dieser Unsicherheiten müssen wir uns immer bewußt sein. Auf der anderen Seite kommen wir nur mit solchen Impaktmodellstudien weiter, wenn wir überhaupt etwas zu den uns betreffenden sozioökonomischen Folgen des Treibhauseffekts sagen wollen.

Die Klima-Vegetation-Impaktmodelle gehen von Beziehungen aus, in denen bestimmte Klimaelemente mit vegetationstypischen Größen gekoppelt werden. Ein Beispiel dazu zeigt Abbildung 36. Offensichtlich sind diese Beziehungen nicht linear, wie die Produktivität, das ist der Aufbau von Pflanzenmasse durch Assimilation, abzüglich der Verluste, die sogenannte Nettoprimärproduktion, in Abhängigkeit vom Jahresmittelwert der bodennahen Lufttemperatur und von der jährlichen Niederschlagssumme zeigt. Mit zunehmendem Niederschlag wird der Produktivitätseffekt bei den Pflanzen immer geringer und strebt einer Sättigung zu (gestrichelte Kurve). Die früher schon diskutierten nachteiligen Effekte des zu hohen Niederschlags sind dabei gar nicht berücksichtigt.

Bei der Lufttemperatur ist zu beachten, daß den negativen Jahresmittelwerten, etwa in Sibirien, ein kurzer Sommer mit positiven Temperaturen zuzuordnen ist; denn die Pflanzen beginnen mit ihrer Produktivität, artentypisch verschieden, erst oberhalb einer Temperaturschwelle von etwa +3 bis +7 °C. Auch bei steigender Temperatur tritt ein Sättigungseffekt auf, der in grober Näherung ab etwa 25 °C Jahresmitteltemperatur erreicht wird. Im Einzelfall treten erhebliche Streuungen der Meßwerte um die dargestellten statistischen Ausgleichskurven auf.

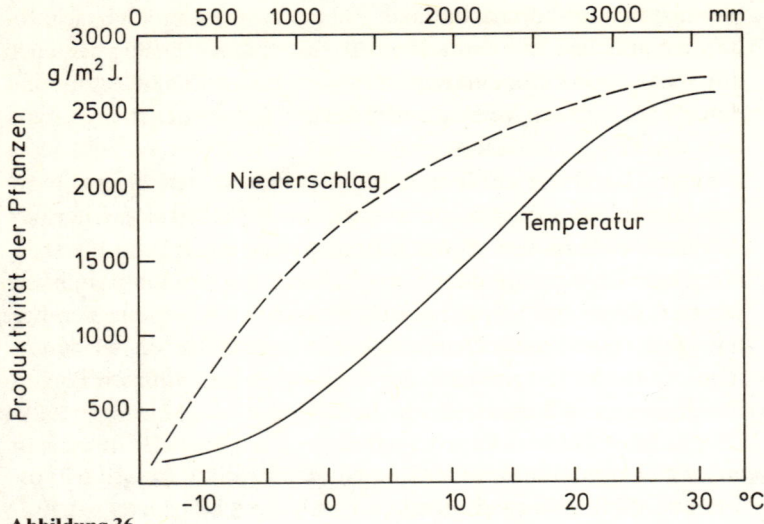

Abbildung 36
Produktivität der Pflanzen, Nettoprimärproduktion in Gramm pro Quadratmeter und Jahr in Abhängigkeit von der Jahresmitteltemperatur beziehungsweise von der Jahressumme des Niederschlages (Quelle: nach H. Lieth, 1975).

Mit Hilfe solcher Beziehungen zwischen Klimaelementen, die mittels der Klimamodelle in gewissen Grenzen und für den Fall eines anthropogenen Treibhauseffekts vorhersagbar sind, und vegetationstypischen Größen, kann nun weitergehend der Bezug zu den in Abbildung 10 dargestellten Holdridge-Vegetationsklassen hergestellt werden. Solche Kopplungen von Klimamodell- und Impaktmodell-Experimenten haben W. R. Emanuel und Mitarbeiter (1985) von der Umweltforschungsgruppe des U. S. Nationallaboratoriums in Oak Ridge durchgeführt. Das Ergebnis sind Weltkarten der derzeitigen Vegetation, simuliert nach dem Holdridge-Schema, und nach dem gleichen Schema simulierte Weltkarten der Vegetation im Fall einer atmosphärischen CO_2-Verdoppelung. Leider sind solche regionalen Ergebnisse wenig zuverlässig. Wie bei den Klimamodellen

180

kann man aber hoffen, daß das global zusammengefaßte Ergebnis verläßlicher ist. Danach würde die Tropenzone, aber auch die warm- und kühlgemäßigte Klimazone, auf Kosten der borealen wachsen. Noch interessanter sind die vermutlichen Änderungen der Vegetationsklassen für dieses CO_2-Verdoppelungsexperiment: Die Wüsten sollten sich um etwa 3 Prozent ihrer Fläche ausdehnen, die Grasflächen würden um 11 Prozent wachsen, die Waldgebiete um den gleichen Betrag abnehmen, und die Tundren würden verschwinden. In der Bundesrepublik Deutschland werden derartige Impaktmodell-Rechnungen von der Gruppe H. Lieth (Universität Osnabrück) durchgeführt.

Die kritische Durchsicht der verschiedenen Impaktmodell-Rechnungen, wie durch das U. S. Department of Energy (DOE 1985), führt zu dem Ergebnis, daß bei Zunahme der klimarelevanten Spurengase, also im Zuge des anthropogenen Treibhauseffekts, die landwirtschaftlichen Nutzflächen ungefähr erhalten bleiben sollten (ohne Effekt des Meeresspiegelanstiegs), jedoch größere regionale Verschiebungen und dementsprechend Anpassungsprobleme zu erwarten sind. Das klingt auf den ersten Blick wie eine Entwarnung. Doch dürfen diese Anpassungsprobleme nicht unterschätzt werden. So hilft es Spanien oder Italien wenig, wenn in England oder Kanada die landwirtschaftlichen Bedingungen günstiger werden sollten, im eigenen Land sich aber die Trockengebiete ausbreiten. Außerdem kann nicht ohne weiteres vorausgesetzt werden, daß in Gebieten günstiger werdenden Klimas auch die Bodengegebenheiten eine intensivere landwirtschaftliche Nutzung zulassen.

Häufig ist das Argument zu hören, daß der Anstieg der atmosphärischen CO_2-Konzentration einen direkten positiven Effekt auf die Pflanzen ausübt, da durch das gesteigerte Angebot von CO_2 die Photosynthese und daher auch die Biomassenproduktion erhöht wird. Das ist im Prinzip richtig, beinhaltet aber wesentliche Einschränkungen; denn erstens ist der Effekt nicht sehr groß: Abschätzungen der amerikanischen Landwirtschaftsexperten B. Acock und L. H. Allen (1985) zeigen, daß bei einer

CO_2-Verdoppelung (meist Erhöhung von 300 auf 600 ppm angenommen) die Biomassenproduktion der Pflanzen etwa um den Faktor 1,4 zunimmt, wobei dieser Faktor mit weiterer CO_2-Zunahme stetig abnimmt, der positive Effekt also immer geringer wird.

Wichtiger aber ist, daß diese Produktionssteigerung nur bei entsprechendem Wasser- und Nährstoffmehrangebot zustande kommen kann, und das ist keinesfalls generell gegeben. Man wird daher, um den sogenannten CO_2-Düngeeffekt auszunutzen, in vielen Regionen mit vermehrter Bodendüngung und vor allem mit künstlicher Bewässerung nachhelfen müssen. Stellt man all dies in Rechnung, so ist insgesamt kaum ein positiver Effekt zu erwarten.

Auf die größere Verbreitung von Schädlingen und auch bestimmter Krankheitserreger (Tropenkrankheiten) bei globaler Erwärmung und Ausdehnung der Tropenzone (vgl. Abbildung 37) ist schon hingewiesen worden. Dies ist eine sehr wichtige, wenn auch in ihren vielen Einzelheiten ungeklärte Gefahr.

Ein weiterer Problemkreis der sozioökonomischen Auswirkungen ist der Fischfang. Ein direkter Effekt durch den höheren CO_2-Gehalt des Meerwassers ist unwahrscheinlich. Die erwarteten Klimaänderungen im Zuge des anthropogenen Treibhauseffekts sollten eine polwärts gerichtete Wanderung der meisten Fischarten bewirken (T. H. Sibley und R. M. Strickland, 1985) mit negativen Folgen für den Fischfang in den tropischen und positiven in den subpolaren Gewässern. Diese Grobabschätzung, wie sie einige internationale Gremien sehen, bedarf allerdings der Modifikation; denn die überproportional starke Erwärmung des Meerwassers in subpolaren Gebieten vermindert das Nährstoffangebot für die Fische empfindlich. In diesem Zusammenhang sind Beobachtungen vom Winter 1986/1987 zu sehen, wonach große Robbenschwärme von den grönländischen Gewässern nach Nordnorwegen gezogen sind, was nach Ansicht der Meeresbiologen die Folge der steigenden Wassertemperaturen im Bereich von Grönland ist. Der Treibhauseffekt könnte

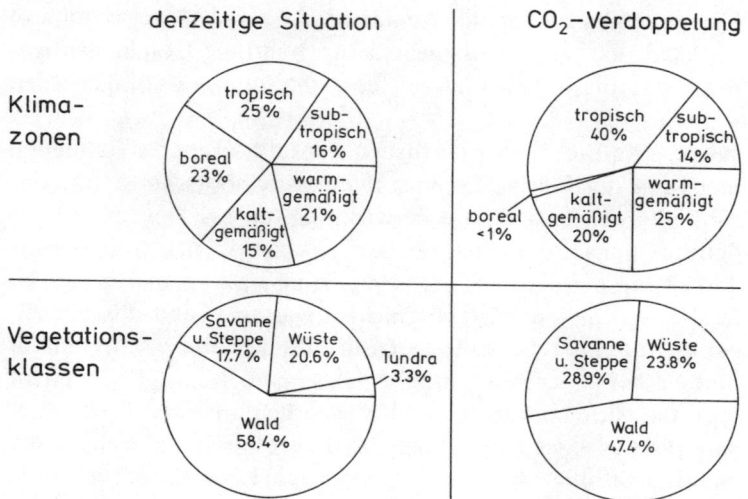

Abbildung 37:
Änderung des Flächenanteils der Klimazonen und der Vegetationsklassen im Fall einer Verdoppelung der atmosphärischen CO_2-Konzentration (Quelle: nach dem Impaktmodell von W. R. Emanuel u. Mitarb., 1985).

somit zu einer erheblichen Reduzierung der Kaltwasserrefugien für bestimmte Wassertiere führen.

Vielleicht noch bedeutender als diese langfristigen Umstellungen könnten zunehmende Häufungen von kurzfristigen Ereignissen sein, die mit diesen langfristigen Umstellungen verbunden sind. Die erwähnten El-Niño-Ereignisse, die zu höheren Wassertemperaturen führen, sind schon heute mit äußerst negativen Folgen für den peruanischen Fischfang verknüpft. Sollte die Häufigkeit solcher Ereignisse zunehmen, wären die wirtschaftlichen Folgen gravierend.

Gerade die Frage nach möglichen kurzfristigen Ereignissen im Zusammenhang mit dem langfristigen, schleichenden Treibhauseffekt ist jedoch weitgehend ungeklärt; dazu gehören auch die schon erwähnten häufigeren Sturmfluten an manchen

Küsten oder zunehmende Sommerdürren und Hagelschäden in Mitteleuropa oder Nordamerika. Auch auf die Gefahr häufigeren Schädlingsbefalls muß an dieser Stelle erneut hingewiesen werden.

Wissenschaftliche Übersichtsartikel und Reports schließen meist mit der Forderung nach intensiverer Forschung, und das zielt natürlich auch auf die Entwicklung verbesserter Impaktmodelle ab, um aus dem Stadium der Spekulationen mehr und mehr herauszutreten. Trotz dieser Forderung und intensiver Klimaforschung können wir aber nicht erwarten – und das betrifft gerade die Impaktmodelle, letztlich das gesamte schematisierte Stufenschema der Abbildung 35 –, in wenigen Jahren so weit zu sein, daß sich Vorhersagen mit wesentlich erhöhter Treffsicherheit erzielen lassen. Die Fortschritte im Gesamtkonzept, trotz mancher Sprünge nach vorn, so bei den Klimamodellen durch Einbezug eines realistischeren Ozeans, werden nur sehr langsam vorankommen. In der gleichen Zeit, nämlich in den kommenden Jahren, wird sich aber die schleichende Gefahr weltweiter anthropogener Klimaänderungen weiter fortsetzen, einschließlich der teils positiven, überwiegend aber wahrscheinlich negativen sozioökonomischen Auswirkungen. Und wir sollten uns an dieser Stelle daran erinnern, daß die Klimadiagnose (mit den Erkenntnissen über den Anstieg der Lufttemperatur, der Meeresoberflächentemperatur, der Meeresspiegelhöhe usw.) schon Indizien dafür liefert, daß die Lawine ins Rollen gekommen ist.

Vor dieser Gefahr, vor dem Hintergrund der Indizien, Abschätzungen und Spekulationen, angesichts der Wahrscheinlichkeit weltweiter Klimaänderungen durch den Menschen, wenn auch vorerst ohne Sicherheit der Aussagen, bleibt uns gar nichts anderes übrig, als den Gefahren ins Auge zu sehen und zu fragen: Welche Risiken kommen auf uns zu? Wie kommen wir zu einer realistischen Bewertung und Abwägung der Risiken? Was müssen wir jetzt schon tun, um der Gefahr des anthropogenen Treibhauseffekts wirksam zu begegnen?

8. Die Abwägung der Risiken: Was sollen wir tun?

In den vorangegangenen Kapiteln haben wir gezeigt, daß menschliche Aktivitäten tiefgreifende Veränderungen für unser Klima nach sich ziehen werden. Wir konnten zwar keine sicheren Vorhersagen anbieten, haben aber zu erläutern versucht, daß dies nach heutigem Stand der wissenschaftlichen Erkenntnis mit an Sicherheit grenzender Wahrscheinlichkeit eintritt.

Die bequemste – und von den Entscheidungsträgern deswegen nur zu häufig propagierte – Reaktion wäre, zunächst einmal gar nichts zu unternehmen und abzuwarten. Vielleicht sind der Wissenschaft bei der Modellierung der komplexen Kausalitäten doch Fehler unterlaufen, vielleicht existieren bisher unberücksichtigte negative, das heißt treibhauseffektmindernde Rückkopplungsmechanismen, oder bereits berücksichtigte wurden in ihrer Wirksamkeit unterschätzt. Wir glauben jedoch, daß der heutige Stand der Erkenntnis, insbesondere die in den letzten Jahren auf den verschiedensten Gebieten gewonnenen – mosaiksteinartig das Gesamtbild bestätigenden – wissenschaftlichen Ergebnisse, eine solche Reaktion nicht mehr verantwortbar macht. Wenn wir uns auf eine Politik des *wait and see* verlassen und nicht umgehend die entsprechenden Weichenstellungen vornehmen, werden wir unseren Kindern ein schweres Erbe hinterlassen.

Wie könnten aber solche Weichenstellungen aussehen? Nach den bisherigen Ausführungen dürfte klar sein, daß einschneidende Kurskorrekturen vonnöten sind. Da kann uns allerdings manchmal unbehaglich werden, wenn man sieht, wie schwer wir uns jetzt schon mit der Durchsetzung vergleichbar einfacher umweltpolitischer Maßnahmen tun wie bei der Rauchgasentschwefelung von Kohlekraftwerken.

Die geschilderte Problematik erfordert natürlich langfristige, die Dauer von Legislaturperioden bei weitem übersteigende und global greifende Gegenmaßnahmen. Ein solcher Zwang zu globalem Handeln darf natürlich von den Industrieländern nicht als Vorwand mißbraucht werden, sich der Pflicht zu entziehen, eine Vorreiterrolle zu übernehmen.

Abwendung des Treibhauseffekts heißt »Verminderung des Einsatzes fossiler Energieträger«, heißt allgemeiner »Reduzierung der Emission klimawirksamer Spurengase«. Im folgenden soll erläutert werden, welche Möglichkeiten und Grenzen hier bestehen: Diese Abschätzung beginnt mit dem Energieverbrauch. Ihm kommt ja, was die CO_2-Emission betrifft, ein besonderer Stellenwert zu; der Energieverbrauch soll daher etwas intensiver unter die Lupe genommen werden. Viele der getroffenen, eher allgemeinen Feststellungen bezüglich Einsparung oder Verbesserung der Nutzungseffizienz sind natürlich *cum grano salis* auf die Problemkreise Landwirtschaft und Industrie übertragbar. Am Schluß stehen einige Anmerkungen zum prekärsten Problem, der Bevölkerungspolitik, da dieses alle anderen direkt beeinflußt, aber leider häufig viel zu emotional diskutiert wird.

8.1 Sinnvolle Energienutzung

Eine Verminderung des Einsatzes fossiler Brennstoffe kann durch Einsparung von Energie generell und durch Verlagerung auf nichtfossile Energieträger bewirkt werden.

Diskutieren wir zunächst die Möglichkeiten der Energieeinsparung. Ist es wirklich unvermeidlich, daß die Menschen in den Industrieländern 6000 kg SKE, weltweit gemittelt immerhin noch 2000 kg SKE, pro Kopf und Jahr verbrauchen?

Bevor man diese Frage vorschnell verneint, muß man sich gewisse Rahmenbedingungen, also einen nur begrenzten Spielraum für solche Einsparungen vergegenwärtigen.

Die Ansprüche an Lebensqualität und Lebensstandard können nicht drastisch zurückgenommen werden. Das ist für Entwicklungsländer wohl selbstverständlich, denn hier lebt man ja häufig genug jetzt schon am Rande des Existenzminimums. Aber auch in den Industrieländern könnte ein Zurücknehmen oder teilweises Abschalten von Industrieproduktion oder Privatkonsum schwere sozioökonomische Konsequenzen, wie Arbeitslosigkeit, bedeuten. Man kann nicht ein Übel durch ein anderes ersetzen. Denkbar und vor allem durchsetzbar sind nur systemimmanente Einsparungen. Utopische Maximalforderungen zerstören nur, was sie zu heilen vorgeben.

Um etwas einzusparen, muß in aller Regel zunächst investiert werden, wohlgemerkt energetisch investiert. Ein Fernwärmenetz verlegt sich nicht von selbst. Die mittel- oder langfristige Verbrauchsminderung muß mit einem kurzfristigen Mehraufwand initiiert werden.

Aber auch bei diesen Prämissen muß festgestellt werden: Die beste Alternative zum Verbrauch fossiler Energie ist die Einsparung! Diese Forderung nach sparsamerem Wirtschaften stellt unterschiedliche Anforderungen an Industrie- und Entwicklungsländer. Gemeinsam bleibt jedoch die Feststellung, daß die notwendigen, aber durchaus schmerzhaften Maßnahmen ohne die Einsicht der Bevölkerung nicht durchführbar sind, beziehungsweise durch opportunistische Rücksichtnahmen der Entscheidungsträger verwässert werden können.

Wie könnte ein solcher Maßnahmenkatalog aussehen?

Kurzfristig durchführbare Maßnahmen in Industrieländern am Beispiel der Bundesrepublik
Die bei uns denkbaren Maßnahmen können auch als Test angesehen werden, inwieweit das so oft gepriesene gestiegene Umweltbewußtsein tatsächlich vorhanden ist oder nur mit einem

gestiegenen Anspruchsdenken bezüglich einer heilen (Um-) Welt verwechselt wird. So führte von 1985 bis 1986 der Ölpreisverfall zu einem Anstieg des Mineralöl- und Treibstoffverbrauchs um rund 4 Prozent. Von einsichtsmotivierter freiwilliger Selbstbeschränkung kann also nicht mehr die Rede sein, obwohl doch auf einer einzigen zusätzlichen Wochenendfahrt leicht eine Energiemenge verbraucht werden kann, die einigen Prozenten des Jahresheizölverbrauchs einer Durchschnittsfamilie entspricht. Mit weichen dirigistischen Maßnahmen könnte man hier leicht 20 bis 30 Prozent der zur Zeit im öffentlichen Straßenverkehr verbrauchten 57 Mt SKE einsparen, ohne volkswirtschaftlich relevante Belange der Automobilindustrie wesentlich zu tangieren. Diese Maßnahmen dienen gleichzeitig als Bereitschaftsindikatoren:

– Verlagerung des Individualverkehrs auf öffentliche Verkehrsmittel durch spürbare Erhöhung des derzeit (1987) zu niedrigen Benzinpreises durch steuerliche Maßnahmen zugunsten der Attraktivität des öffentlichen Verkehrsangebots;
– Erhebung einer Autobahngebühr mit Rückvergütung in Form von Bundesbahnfahrkarten;
– Steuer- und Treibstoffsteuerfreiheit für wasserstoffgetriebene Fahrzeuge.

Mittelfristige Möglichkeiten
Die nachstehend aufgeführten Maßnahmen sind, im Gegensatz zu den vorher genannten, nicht kostenlos: Sie verlangen kurzfristigen Mehraufwand, der sich aber in einem Zeitraum von wenigen Jahren energetisch amortisieren läßt und danach zu sehr effektiven Einsparungen führen sollte.

Kraft-Wärme-Kopplung
Von der zur Zeit in der Bundesrepublik aufgewendeten Primärenergie für die Stromerzeugung von 120 Millionen Tonnen Steinkohleneinheiten (Mt SKE) werden zwei Drittel über die Kühltürme der Kraftwerke ungenutzt abgeblasen. Das ergäbe

ein Sparpotential von 80 Mt SKE an Heizwärme, von dem zur Zeit nur etwas 5 Prozent genutzt werden. Einer vollständigen Nutzung stehen aber Einschränkungen entgegen:
– Fernwärmetransport über Strecken von mehr als 30 Kilometer ist unwirtschaftlich.
– Spitzenzeiten des Bedarfs an Strom und Wärme fallen nicht notwendigerweise zusammen, beide können aber – mit einem gewissen Spielraum, der zur Zeit technisch erprobt wird – sinnvoll nur gleichzeitig erzeugt werden. Experten rechnen damit, daß bei maximalem Ausbau der Kraft-Wärme-Kopplung bis zu 50 Mt SKE jährlich eingespart werden könnten. Das bedeutet aber auch, daß mindestens ein Teil neuer Kraftwerke dezentral, das heißt, klein und verbrauchernah zu errichten ist: Heizkraftwerke.

Wärmedämmung in Privathaushalten
80 Prozent des Energiegesamtverbrauchs privater Haushalte werden für die Heizung aufgewendet: 55 Mt SKE. Die mittlere Heizleistung beträgt bei uns pro Heizperiode etwa 100 Watt pro Quadratmeter. Diese Zahl könnte in einem optimal isolierten Idealhaus, das allerdings sehr aufwendig gebaut und daher wohl kaum bezahlbar und außerdem unbewohnbar wäre, da es gasdicht ist, um den Faktor 8 verringert werden (J. Fricke, 1981). Aber schon mit wesentlich weniger Aufwand kann merklich gespart werden. Handelsübliches Thermopenglas hat gegenüber 6 mm dickem Normalglas eine bis zu sechzigmal niedrigere Wärmedurchgangszahl (k-Wert). Die oben genannte durchschnittliche Heizleistung läßt sich in einem idealisierten Standardhaus um einen Faktor 2 vermindern (K. Heinloth, B. Diekmann, 1983). Diese Zahl schließt den energetischen Mehraufwand für eine zwanzigmalige Wiedererwärmung der zu Lüftungszwecken total ausgetauschten Innenluft ein. Auch dieser Faktor 2 ist sicher eine unrealistische Zahl, weil sie nicht die bereits vorhandene Bausubstanz berücksichtigt. Durch konsequente Umrüstung auf wärmeisolierendes Glas, durch Verwendung speziell

geeigneter Baumaterialien bei Neu- und Umbauten lassen sich aber sicherlich 20 bis 30 Prozent der in privaten Haushalten verbrauchten Heizwärme einsparen: 10 bis 15 Mt SKE.

Die hier aufgeführten Punkte stellen wohl die größten Posten des kurz- und mittelfristigen Einsparpotentials dar. Hinzu kommen noch:

- Konsequente Weiterführung bereits in anerkennenswerter Weise begonnener energieeinsparender, effizienzsteigernder Produktionsverfahren der Industrie, auch wenn diese sich nicht sofort zu Buche schlagen
- Verantwortungsbewußte Vermeidung von Über- und Sinnlosproduktionen (Verpackungen); auch eine überzogene Rüstungsindustrie fällt in diese Kategorie.

Ein weiteres Projekt, das bereits bei den kurzfristigen Maßnahmen angeklungen war, muß mittelfristig in Angriff genommen werden, um sich langfristig zu rentieren: der Ausbau eines wasserstoffbetriebenen Verkehrssystems sowie der Einstieg in ein Wärmeversorgungsnetz auf derselben Grundlage.

Dazu müssen wir von der derzeit gültigen magischen Formel der Energienutzung $C + O_2 \rightarrow CO_2 + Energie$, in der uns das CO_2 soviel Kopfzerbrechen bereitet, wegkommen zur neuen magischen schadstofffreien Energienutzungsformel $H_2 + \frac{1}{2}O_2 \rightarrow H_2O + Energie$. Leider besteht natürlich der Unterschied, daß die Sonne durch Umkehrung der ersten Reaktion uns schon vor Jahrmillionen einen entsprechenden Energievorrat zur Verfügung gestellt hat. Beim Wasserstoff müssen wir diesen Vorrat durch Energieeinsatz erst erzeugen, er ist also keine direkte Energiequelle, kann aber durchaus langfristig ein effizienzsteigernder Energieträger werden.

Vor einer solchen Konzeption langfristiger, also etwa in fünfzig Jahren greifender Energieversorgungssysteme ziehen wir die Bilanz des mittelfristig Erreichbaren: Ohne Berücksichtigung des für die jeweilige Installation eventuell nötigen Energiemehraufwandes ergibt die Addition der genannten Beiträge einen Wert von etwa 80 bis 100 Mt SKE oder 20 bis 25 Prozent des heutigen Primärenergieaufkommens in der Bundesrepublik. Diese Abschätzung kann ohne Probleme auch auf die übrigen Industrieländer übertragen werden; sie ist, natürlich unter Abwägung der jeweils vorhandenen Rahmenbedingung, auch für dichtbesiedelte Regionen der Entwicklungsländer gültig. Für diese Länder als Ganzes sind allerdings eher die in den folgenden Abschnitten geschilderten Maßnahmen relevant.

Ebenfalls vor einer solchen Präsentierung langfristiger energetischer Zukunftsvisionen soll das neben der Einsparung zweite wichtige Konzept zur Minderung des Einsatzes fossiler Energieträger diskutiert werden: *der vermehrte Einsatz nichtfossiler Energiequellen.* Die Effektivität eines langfristigen Gesamtkonzeptes wird dann daran zu messen sein, wie gut es gelingt, beide Strategien zusammenfließen zu lassen.

Es gibt zwei Bewertungskriterien für jede, also die bereits genutzte und die neu einzuführende Form der Energie:
– *ihre Ergiebigkeit und*
– *das mit ihrer Nutzung verbundene Risiko.*
Bewertungsfaktor der Ergiebigkeit einer Energiequelle ist der sogenannte Erntefaktor ε. Für jedes energieerzeugende System ist er definiert als das Verhältnis der gesamten im Verlaufe der Lebensdauer der Anlage erzeugten Energie zu der für Bau, Betrieb und Entsorgung aufzuwendenden Energie. Ist der Erntefaktor kleiner als 1, wird also weniger erzeugt als verbraucht, ist somit der Betrieb der Anlage Unsinn.

Hierbei wird häufig übersehen, daß auch finanzielle Kosten Energieaufwendungen darstellen. Wer ein Produkt für 1 DM kauft und wissen möchte, wieviel Energie im Mittel hierfür verbraucht wurde, wieviel Energie er also für 1 DM bekommt, betrachte das spezifische Primärenergieaufkommen der einzelnen Wirtschaftszweige. Ist das Produkt Strom, also reine Energie, so erhält man für 1 DM bis zu 20 kWh; handelt es sich um eine Werkzeugmaschine, weniger als 2 kWh. Der Mittelwert für alle Industrieprodukte betrug 1985 2 kWh/DM. Das heißt umgekehrt, die eingesetzte Kilowattstunde muß mit einem

191

Preis von 50 Pfennig bezahlt werden. Zur Probe kann man den Primärenergieverbrauch, das heißt das gesamte energetische Aufkommen, durch das Bruttosozialprodukt, also das gesamte wirtschaftliche Aufkommen, teilen. Das Ergebnis (1984) ist: 2 kWh/DM. Was bedeuten diese Rechenspielereien in unserem Zusammenhang? Betrachten wir eine Windenergieanlage. Wer, mit der Begründung, eine saubere, schadstofffreie Energiequelle benutzen zu wollen, bereit ist, 40 000 DM auszugeben, handelt erst dann sinnvoll, wenn diese Anlage im Verlaufe ihrer – wartungsfreien – Lebensdauer mehr als 80 000 kWh erzeugen kann. Die 40 000 DM bedeuten ja nach obigem Aufwand von 80 000 »schmutzigen«, konventionellen Kilowattstunden: Erst wenn mehr als diese Energiemenge in Form von sauberer Energie erzeugt wurde, hat man der Umwelt einen Dienst erwiesen.

Es wird heute häufig und mit großer Emphase gefordert, aus fossilen oder nuklearen Energieträgern oder beiden auszusteigen und statt dessen weiche, regenerative Quellen zu nutzen. Dagegen ist im Prinzip nichts einzuwenden, nur muß für jeden Alternativkandidaten der Erntefaktor sorgfältig abgeklopft werden. Tabelle 13 zeigt eine Abschätzung von Erntefaktoren in Frage kommender Energiequellen für die Bundesrepublik. Man sieht, daß die konventionellen Träger zum Teil recht deutlich bessere Werte aufweisen als die erneuerbaren. Hierbei ist für fossile Brennstoffe anzumerken, daß vermehrter Aufwand für die Schadstoffzurückhaltung den zukünftigen Erntefaktor min-

Tabelle 13:
Erntefaktoren und Ergiebigkeiten diverser Energiequellen (Quelle: K. Heinloth und B. Diekmann, Energie. Aktualisierung gemäß einer entsprechenden Vorlesung, gehalten von B. Diekmann im Wintersemester 1986/87 an der Universität Bonn).

Wirkungsgrad η	= Endenergie/Primärenergie
Erntefaktor ε	= gesamte erzeugte Energie/gesamte aufgewendete Energie
Potential heute	= Zahlenangaben für die BRD, 1985 in Mill. Tonnen SKE
	Gesamter Endenergieverbrauch: 258 Mt SKE

192

Energiequelle	Art der Umwandlung	η	Endenergie	ε heute	ε Zukunft	Potential heute	Potential Zukunft	Bemerkungen
1. Kohle	Kraftwerk	0.4	Strom	3.5	≤ 3.5			
	Heizkraftwerk	0.7	Strom + Wärme	6	≤ 6			
	Heizwerk	0.9	Wärme	8	≤ 8	53		
	Privatheizung	~0.6	Wärme	8	≤ 8			
2. Öl	Kraftwerk	0.4	Strom	3.5	≤ 3.5		≥ 78	
	Heizung	0.8	Wärme	8	≤ 8	126	s. Text	
	Motorantrieb	0.2	Treibstoff	–	–			
3. Gas	Kraftwerk	0.4	Strom	3.5	≤ 3.5			
	Heizung	0.8	Wärme	8	≤ 8	57		
4. Sonne	Biomasse → Bioalkohol	0.5–1	Treibstoff	1–2	1–2		(1.7)	
	Biomasse → Biogas	0.5–1	Strom + Wärme	2–10	2–10		13–17	
	Solarzellen	0.12	Strom	1	≤ 6		1.2–2.4	
	Energiedach	0.6	Wärme	0.5–2	2–5		13–24	
	Solarkraftwerk	0.3	Strom + Wasserstoff	1	≤ 3–4	< 1		Einsatz in Wüstengebieten
5. Erdwärme	Wärmepumpe	2	Wärme	0.7–1.7	0.7–1.7	< 1	7	
6. Wind	Kilowattbereich	0.3	Strom	3–11	3–11	< 1		
	Megawattbereich	0.3	Strom	≤ 1	≤ 1	< 1	2.5	
7. Wasserkraft		0.9		13–18	13–18	2	~2	
8. Kernspaltung	Leichtwasserreaktor	0.4	Strom	9	6–9	16	40	
	Brutreaktor	0.4	Strom	2.5	6–9			heut. Wert: Kalkar
	Hochtemperaturreaktor	0.4	Strom + Wärme	2–3	6–9			heut. Wert: Uentrop
9. Müll	Kraftwerk	0.4	Strom	≥ 3	≥ 3	4	≤ 4	

dern dürfte. Dabei sind Folgeschäden durch die CO_2-Emission sogar noch unberücksichtigt, weil sie schwer quantifizierbar sind. Der aufmerksame Leser wird die Kernfusion als Energiequelle der Zukunft vermissen. Es ist aber in allen einschlägigen, also mit Fusionsforschung beschäftigten Wissenschaftlerkreisen unbestritten, daß es erst in frühestens fünfzig Jahren gelingen dürfte, diese Quelle in großtechnischem Maße anzuzapfen. Die Zahlen in der energiepolitisch brisanten Spalte »Potential Zukunft« der Tabelle sind durch Überschlagsberechnungen zustande gekommen, es handelt sich also nicht um präzise Vorhersagen; der an den Details interessierte Leser sei auf K. Heinloth und B. Diekmann (1983) verwiesen.

Bioalkohol aus Biomasse
50 Prozent der jährlichen Zuckerrübenernte und Nutzung aller Freiflächen bei einem Ertrag von 1 Liter Aethanol pro 12 kg Zuckerrüben ergeben eine energetische Ernte von 1,7 Mt SKE, das sind 3,5 Prozent des derzeitigen Benzinverbrauchs. Da hierbei der Destillationsaufwand unberücksichtigt bleibt, ist es günstiger, dieses Potential in Biogas umzusetzen.

Biogas aus Biomasse
Aus demselben Zuckerrübenpotential ließen sich über Vergasung gewinnen: Strom 3 Mt SKE, Wärme 5 Mt SKE. Nutzt man zusätzlich 25 bis 50 Prozent aller anfallenden Abfälle von Stroh, Holz, Kot usw., ergeben sich weitere 4,5 bis 9 Mt SKE als Wärme.

Solarzellen
Der jährliche Stromertrag pro Quadratmeter Solarzellenfläche beträgt für die in Deutschland gültigen Sonnenscheinverhältnisse 100 kWh im Jahr. Belegt man alle 14 Millionen Einfamilienhäuser der Bundesrepublik mit 7 bis 14 Quadratmeter Solarzellenfläche, ergäbe sich ein Stromertrag von 1,2 bis 2,4 Mt SKE.

Energiedächer
Decken 30 bis 50 Prozent aller Haushalte zwei Drittel ihres nach
Wärmedämmung verbleibenden Heizwärmebedarfs aus Kollek-
toren, könnten 13 bis 24 Mt SKE erzeugt werden.

Bei *Wärmepumpen* ($\eta = 2$) können 50 Prozent der Raumwärme
aus dem Wärmereservoir (Luft, Grundwasser, Erdreich) gewon-
nen werden. Würden in 20 Prozent aller Haushalte Wärmepumpen arbeiten, erhielte man 7 Mt SKE.

Wind
10 Prozent der Fläche der Bundesrepublik weisen mittlere Windgeschwindigkeiten auf, die den Einsatz von Windrotoren mittlerer Leistung sinnvoll erscheinen lassen. Decken also 10 Prozent
der Bevölkerung 70 Prozent ihres Strombedarfs aus Wind,
könnte man 2,5 Mt SKE erzeugen.

Wasserkraft
Hier darf das Potential – man denke an die Diskussion über das
Flußwasserkraftwerk an der Donau in Österreich – aus ökologischen Gründen im wesentlichen als ausgeschöpft betrachtet werden: 2 Mt SKE.

Addiert man alles zusammen, erhält man 55 Mt SKE aus erneuerbaren Quellen. Dies ist ein Wert, der den energetischen Aufwand für die Installierung der jeweiligen Quelle nicht berücksichtigt, weil letzterer schwer zu quantifizieren ist. Der Wert
entspricht 20 Prozent unseres heutigen und 30 Prozent des nach
Einsparung hoffentlich in fünfzig Jahren relevanten Endenergieverbrauchs. Detaillierte Studien wurden in jüngster Zeit vom
Deutschen Institut für Wirtschaftsforschung (DIW), der Deutschen Forschungs- und Versuchsanstalt für Luft und Raumfahrt
(DFVLR) und der Kernforschungsanlage Jülich angefertigt.
C. J. Winter (1987) vergleicht mehrere solcher Studien: Die
Schätzungen des Beitrages der genannten Energiequellen
schwanken zwischen 40 und 61 Mt SKE im Jahre 2030.

Erneuerbare Quellen haben ihren Stellenwert in einer zukünftigen Energieversorgung. Er ist aber kleiner, als es uns heute manchmal von interessierter Seite vorgerechnet wird. Wie steht es mit der Kernenergie? Betrachten wir zunächst ihren maximal möglichen Beitrag. Heute erzeugen wir jährlich 16 Mt SKE Endenergie in Form von Elektrizität aus 20 sogenannten Leichtwasserreaktoren. Beschränken wir uns hier darauf abzuschätzen, welchen Anteil Kernenergie maximal an einer zukünftigen Energieversorgung haben könnte; auf die Sicherheitsaspekte werden wir noch zurückkommen. Berücksichtigt man die hohe Sensibilisierung von Bevölkerung und Politikern und den langwierigen Prozeß von Planung, Genehmigung und Bau, der durch den hohen technischen Aufwand bedingt ist, so ist es unrealistisch, den Anteil der Kernenergie um mehr als einen Faktor 2 oder 3 innerhalb von fünfzig Jahren zu steigern: $16 \times 2{,}5 = 40$ Mt SKE pro Jahr. Beim Stichwort Kernenergie muß neben der Ergiebigkeit der zweite Bewertungsfaktor nichtfossiler Energieträger, das Risiko, angesprochen werden.

Das Risiko ihrer Nutzung
Das Risiko irgendeiner Aktivität ist definiert als das Produkt von Schadenshäufigkeit und Schadenshöhe. Nehmen wir ein Beispiel: Herr Müller muß wöchentlich von Hamburg nach München fahren. Er hat Angst vor dem Fliegen und wählt das Auto. Die Lebensversicherungsgesellschaft, bei der ja neben Herrn Müller auch andere potentielle Mitreisende versichert sein können, macht eine Risikoabwägung.

$$\text{Auto:} \quad \frac{1 \, \text{Unfall mit Todesfolge}}{4 \cdot 10^6 \, \text{km}} \cdot \frac{1 \, \text{Toter}}{\text{Unfall mit Todesfolge}} = 2.5 \cdot 10^{-7}$$

$$\text{Flugzeug:} \quad \frac{1 \, \text{Unfall mit Todesfolge}}{10^9 \, \text{km}} \cdot \frac{50 \, \text{Tote}}{\text{Unfall mit Todesfolge}} = 0.5 \cdot 10^{-7}$$

Sie empfiehlt das Flugzeug; diese Empfehlung würde sich aber ändern, wenn Flugzeugabstürze bei gleicher Eintrittshäufigkeit im Mittel mehr als 500 Opfer aufwiesen.

196

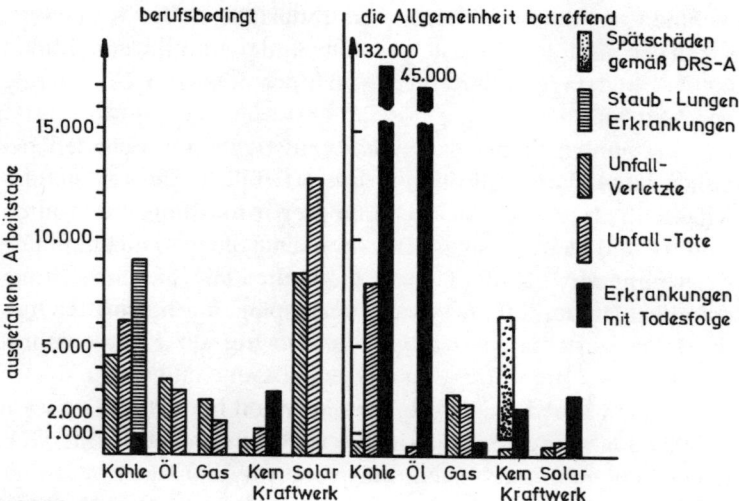

Abbildung 38:

Ausmaß direkter gesundheitlicher Schädigung, bedingt durch verschiedene Energietechniken, bezogen jeweils auf eine gewonnene Menge an Endenergie von 1 Mt SKE. Als Maß dient die Zahl der ausgefallenen Arbeitstage pro Person; ein Todesfall wird dabei – zwar etwas makaber, aber zur Anschaulichkeit der Statistik nötig – als 6000 ausgefallene Arbeitstage, etwa 15 Lebensjahren entsprechend, gerechnet (Quelle: S. C. Black und F. Niehaus, 1980, und Deutsche Risikostudie Kernkraftwerke).

Das bedeutet für unsere Belange, daß die Entscheidungsträger in ihrer Verantwortung, Schaden von der Bevölkerung abzuwehren, das Risiko jedweder Energienutzung im Auge behalten und minimieren müssen. Subjektive Ängste vor großen, aber unwahrscheinlichen Schäden können zu Fehlentscheidungen führen. Abbildung 38 vergleicht das Risiko der Nutzung verschiedener Energiequellen für beruflich Betroffene (links) und die Allgemeinheit (rechts). Um auch Unfälle ohne Todesfolge berücksichtigen zu können, werden ausgefallene Arbeitstage aufgetragen, 1 Todesfall entspricht 6000 Arbeitstagen.

197

Nehmen wir die berufsbedingten Todesfälle in der Kohlewirtschaft: so sind dies 53 Tote pro Jahr in der Bundesrepublik bei 6000 Arbeitstagen oder einem Toten pro erzeugter Endenergie von 1 Mt SKE.

Die erstaunlich hohe Zahl von berufsbedingten Schäden bei Solarkraftwerken ergibt sich aus dem Erfahrungswert der Bauwirtschaft bezüglich der Unfallopfer pro Tonne verbauten Betons und dem riesigen Bauvolumen solcher Anlagen: Die Errichtung einer Anlage von 1 Gigawatt elektrischer Leistung erfordert (in der Sahara) eine Sonnenspiegelfläche von 11 Quadratkilometern, langfristig verwindungsfrei auf einer entsprechend großen Betonfläche zu justieren.

Nun zu den Schäden, die die Allgemeinheit betreffen. Die Zahl 132 000 Tage durch Erkrankungen mit Todesfolge pro Mt SKE Kohle bedeutet nach obigem Beispiel etwa 1000 Tote pro Jahr in der Bundesrepublik, dies sind emissionsbedingte Bronchialkarzinome, Pseudokrupp usw., nicht aber CO_2-emissionsbedingte Schäden. Diese Zahl erscheint angesichts von 40 000 Lungenkrebstoten pro Jahr, davon aber etwa 30 000 durch Rauchen, eher unterschätzt.

Bei der Kernenergie sind zusätzlich die Rechnungen der »Deutschen Risikostudie Kernkraftwerke (DRS-A)« eingezeichnet. Die Unterkante des Balkens markiert den von der Studie angegebenen Wert für die Wahrscheinlichkeit, daß es bei 25 Reaktoren zu einer Freisetzung von Radioaktivität nach einer Kernverschmelzung in einem Reaktor kommt und daß mehr als 1000 Menschen tödliche Langzeitstrahlenschäden erleiden. Die Wahrscheinlichkeit für 1000 oder mehr Soforttote (Frühschäden) nach einem solchen größten anzunehmenden Unfall ist um 2 bis 3 Größenordnungen kleiner. Bei der Oberkante haben wir uns erlaubt anzunehmen, die Experten hätten das Risiko um einen Faktor 5 zu klein errechnet.

Die DRS-A-Studie ist für einen Reaktor mit deutschem Sicherheitsstandard erstellt (Druckwasserreaktor, Typ Biblis). Sie errechnet einen mittleren zeitlichen Abstand zweier GAUs in einem Reaktor von 10 000 Jahren. In Tschernobyl ist es nach 2000 »erfolgreichen« Reaktorbetriebsjahren auf der Welt zu einem GAU gekommen, wobei hier die vorliegenden Informationen über Unfall und Vorgeschichte auf gravierende Mängel bei Reaktorkonzeption und -handhabung schließen lassen. Vernachlässigt man dies für einen Augenblick und vergißt darüber hinaus, daß Wahrscheinlichkeitsabschätzungen ja nur Erwartungswerte berechnen und keine präzisen Einzelvorhersagen machen können, ergibt sich durch Tschernobyl keine Widerlegung, sondern ganz im Gegenteil eine Bestätigung der DRS-A-Studie.

Statistisch signifikante strahlenbedingte Krebserkrankungen durch Tschernobyl sind nur in dem betroffenen Gebiet der Sowjetunion zu erwarten. Expertenschätzungen schwanken – vermutlich beeinflußt durch die jeweilige »energieweltanschauliche Attitude« – zwischen einigen hundert und einigen hunderttausend. Multipliziert man das bei großen Strahlendosen recht genau bekannte Verhältnis Krebserkrankung/Strahlendosis mit der von der Sowjetunion bekanntgegebenen integralen Strahlenbelastung, muß man mit 1000 bis 5000 Krebstoten rechnen. Trotz dieser bedrückenden Schadenshöhe ergibt – wie oben ausgeführt – die kleine Eintrittswahrscheinlichkeit ein insgesamt geringes Risiko, das nach Abbildung 38 ähnlich ist dem Risiko anderer nichtfossiler Energieträger und etwa eine Größenordnung kleiner als die Nutzung fossiler Träger. Hier kommt es zwar kaum zu solch großen Unfällen, aber kleine Unfälle treten überproportional häufig auf.

Im Vergleich zu anderen Risiken des täglichen Lebens ergibt sich im jährlichen Mittel als Todesursache für die 700 000 Toten jährlich in der Bundesrepublik (in Prozentzahlen):

20	an Krebs,
2,5	durch Unfälle bei Beruf und Freizeit,
1,4	durch Teilnahme am Straßenverkehr (1 Stunde/Tag),
0,36	durch Teilnahme am Flugverkehr (1 Stunde/Woche),

≤0,089	aufgrund der natürlich vorhandenen Radioaktivität,
0,001	durch Spätschäden (Krebs) aus 25 Reaktoren in der Bundesrepublik (nach DRS-A),
$5,6 \cdot 10^{-8}$	durch Frühschäden aus 25 Reaktoren in der Bundesrepublik (nach DRS-A).

Es geht uns nicht darum, das Gefahrenpotential der Kernenergie zu verharmlosen. Wir sind uns auch durchaus der Problematik bewußt, die ein zwar extrem seltener, aber großer Unfall für die betroffene Region bedeutet. Wir müssen jedoch konstatieren, daß das Risiko der friedlichen Nutzung der Kernenergie kleiner ist als das anderer Energiequellen, insbesondere fossiler Quellen. Diese Aussage gilt schon ohne die Berücksichtigung der Schäden des Treibhauseffekts. Selbst wenn man vorsichtig ist und das Eintreten dieses Effekts als nicht zu 100 Prozent gesichert ansieht, muß man doch von einer sehr hohen Eintrittswahrscheinlichkeit ausgehen, und dies bei global verheerenden Konsequenzen. Dieses zusätzliche Risiko bestärkt uns in der Aussage, daß das Risiko aller nichtfossilen Energiequellen (regenerative + nukleare) keinen Ausschließungsgrund für ihren Ausbau darstellt.

Dieser Exkurs in die Risikoproblematik hat uns gezeigt, daß es keinen zwingenden Grund gibt, das unter dem Stichwort Ergiebigkeit abgeschätzte Potential aller nichtfossilen Quellen nicht voll zu nutzen. Dies ist in Abbildung 39 schematisch dargestellt, dabei geht man also von folgenden kurzfristig einzuleitenden, mittelfristig zu verwirklichenden und langfristig – in fünfzig Jahren – wirksam werdenden Maßnahmen aus:

– Einsparung des Endenergieverbrauchs um 30 Prozent
– maximaler Ausbau erneuerbarer Quellen bis zu einem vermutlich erreichbaren Anteil von 30 Prozent des zukünftigen Bedarfs,
– Ausbau der Kernenergie im Rahmen des Machbaren bis zu einem Anteil von 25 Prozent des zukünftigen Bedarfs.

In einem solchen Szenario beträgt der Anteil fossiler Brenn-

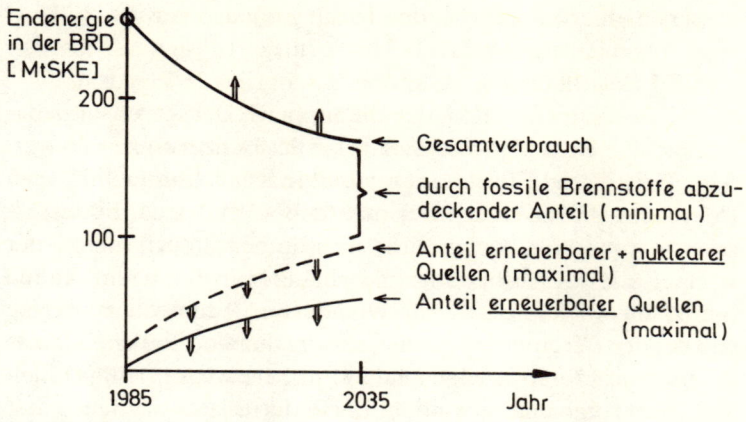

Abbildung 39:
Skizzierter Energiebedarf in der Bundesrepublik.

stoffe 45 Prozent des zukünftigen beziehungsweise 30 Prozent des heutigen Bedarfs. Das große Vorratspolster an Kohle dürfte bei Verknappung der leichter zugänglichen Öl- und Gasressourcen zu einem vermehrten relativen Stellenwert der Kohle führen, was besonders der Rohstoffsituation in der Bundesrepublik sehr zugute käme.

Natürlich gibt es kein Patentrezept, diese für die Bundesrepublik als Industrieland angestellten Überlegungen pauschal auf die Dritte Welt zu übertragen. In grober Näherung dürfte aber das Einsparpotential an fossiler Energie geringer sein: steigender Gesamtbedarf bei einem größeren »Substitutionspotential erneuerbarer Quellen« (klimatische Bevorzugung, ländliche Strukturen) und einem kleineren »Substitutionspotential Kernenergie« (fehlendes Know-how, fehlende Infrastruktur).

Bei der Diskussion möglicher kurz-, besonders aber mittelfristiger Möglichkeiten war die Bedeutung der Wasserstofftechnologie hervorgehoben worden: Wasserstoff als Energieträger – ein langfristig anzustrebendes Ziel. Dies war auch eine der Haupt-

201

aussagen einer entsprechenden Fachtagung des Verbandes deutscher Ingenieure im März 1987 in Stuttgart (Tagungsprotokoll im VDI-Bericht Nr. 602, 1987).

Zum einen kann natürlich der auf Sonnen- oder Kernenergiebasis erzeugte Wasserstoff als Ersatz für das Benzin eingesetzt werden. Existierende Prototypen verschiedener Automobilfirmen (Mercedes, Großversuch Berlin und BMW) zeigen die technische Machbarkeit, wobei sich der sogenannte Kryotank, der wärmeisolierte Aufbewahrungsbehälter für flüssigen, kalten ($-260\,°C$) Wasserstoff durchsetzen dürfte. Technische Probleme wie bei der Bereitstellung eines entsprechenden Tankstellennetzes und Sicherheitsaspekte sind zwar keineswegs gering, sollten aber auch keine unüberwindbaren Hindernisse darstellen.

Zum anderen glauben wir aber, daß die Rolle des Wasserstoffs erst bei einer langfristig zu erreichenden Änderung des Energiegesamtkonzepts voll zur Entfaltung kommen dürfte.

Langfristige Konzepte der Energieversorgung
Wie Abbildung 40 verdeutlicht, nutzen wir Energie zur Zeit weitgehend eindimensional. Das heißt, Kohle wird im Kraftwerk mit einem Wirkungsgrad von 30 Prozent verstromt; etwa zwei Drittel der eingesetzten Primärenergie verbleiben ungenutzt. Eine möglichst frühzeitige horizontale Vernetzung bezieht diese Abfallenergien in möglichst effizienter Weise ein: Die durch die Verwendung des Restanteils fossiler Brennstoffe zwangsläufig verbleibende CO_2-Emission wird durch Abstimmung des Anteils der jeweiligen Kontributoren (Öl, Kohle, Kern) auf den jeweiligen Bedarf an Endenergie (Treibstoff, Raumwärme, Strom) minimiert. Entsprechende, im Detail recht komplizierte Denkstudien wurden an der Kernforschungsanlage Jülich unter dem Namen »Neuzeitliche horizontal integrierte Energiesysteme« (NHIES) entwickelt und publiziert. Ohne dies näher zu erläutern, sei hier die tragende Rolle des Wasserstoffs in derartigen Konzepten betont.

Ein Beispiel soll versuchen, die Idee zu erläutern: Das unter der

Horizontale Vernetzung
in Industrieländern
heute

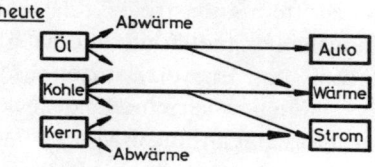

in Zukunft

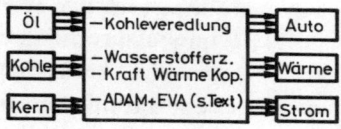

in Entwicklungsländern

in Zukunft

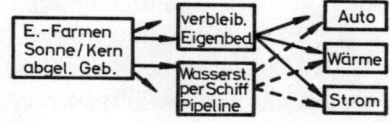

Abbildung 40:
Ideenskizze zukünftiger Energieversorgung

Federführung der KFA Jülich entwickelte ADAM- und EVA-
Konzept ermöglicht in einem Einzelröhren-Versuchsanlagen-
ofen (EVA) unter Zuführung von Hochtemperaturwärme
(T $\simeq$ 800 °C) aus einem Hochtemperaturreaktor die Reaktion:
Methan + Wasser ergibt Kohlenmonoxid + Wasserstoff;
Wärme + CH_4 + $H_2O \rightarrow CO + 3H_2$.
Die entstandene sogenannte Synthesegasmischung $CO + 3H_2$
läßt sich im normalen Erdgasverbundsystem praktisch verlust-
frei zum Verbraucher transportieren, wo es in einem »Gegen-
stück«-Ofen ADAM bei niedrigerer Temperatur (T $\simeq$ 200 °C)

203

unter Raumwärmefreisetzung wieder zu Methan und Wasser verbrannt wird. Das Methan wird zum Reaktor zurückgeführt, womit sich der schadstoffemissionsfreie Kreislauf schließt.

Für die Entwicklungsländer bietet sich die Möglichkeit, durch Errichtung großtechnischer Energiefarmen auf Sonnen- und/ oder Nuklearbasis in sonnenreichen, aber – wegen Flächenproblemen und Sicherheitsaspekten – entlegenen Wüstengebieten den eigenen Energiebedarf zu sichern und Wasserstoff per Schiff oder Pipeline zu exportieren. Dies könnte dann die volkswirtschaftliche Brücke schlagen, die durch den verminderten Bedarf an fossilem Brennstoff (Öl) im Staatshaushalt dieser Länder entsteht.

Es wäre dringend zu wünschen, die Konzeption entsprechender Pilotprojekte schon jetzt zu starten.

Die Belastung der Umwelt durch die Nutzung fossiler Brennstoffe, insbesondere der Treibhauseffekt, stellen eine Herausforderung an die Menschheit dar, der nur durch Mut und Entschlossenheit entgegengewirkt werden kann.

8.2 Empfehlungen für Landwirtschaft und Industrie

Viele der im vorangegangenen Abschnitt getroffenen Feststellungen, wie Einsparungen, Vermeidung von Verlusten usw., lassen sich von der Energienutzung auf andere Bereiche des Wirtschaftslebens übertragen. Hierbei müssen natürlich die jeweiligen Rahmenbedingungen berücksichtigt werden. Während bei der Energiewirtschaft der Erntefaktor ein einfaches Kriterium für die Bewertung einer Alternative darstellt – wird mehr Energie für eine Quelle aufgewendet, als sie je erzeugen kann, ist die Inbetriebnahme unsinnig –, können hier andere Aspekte einen größeren Stellenwert erhalten: Arbeitsplatzsicherung, Strukturerhaltung usw.

Um so mehr ist hier der Staat gefordert, den einzelnen Wirtschaftszweigen beim Einstieg in zukunftsorientierte Technologien zu helfen. Aus der Sicht nachfolgender Generationen macht sich unsere Gesellschaft doch recht unglaubwürdig, wenn sie bereit ist, 20 Prozent des Staatshaushalts zur Abwehr äußerer Bedrohungen aufzuwenden (Wehretat), zur Abwehr der geschilderten Umweltbedrohungen aber nur zögerlich und halbherzig eingreift und auf die Kräfte des freien Marktes setzt. Auf sich allein gestellt, wird kein mittelständischer Betrieb, trotz bester Absicht, in der Lage sein, der ihm gestellten Herausforderung gerecht zu werden. Gefragt ist also eine verantwortungsbewußte Wechselbeziehung von staatlicher Hilfestellung und Eigeninitiative.

Es würde den Rahmen dieses Buches sprengen, dies für jedes mögliche Betätigungsfeld im einzelnen zu diskutieren, beschränken wir uns daher auf einige ausgewählte Beispiele. Es handelt sich bei den vorgetragenen Punkten um Anregungen; einige dieser Ideen mögen sich bei genauerer Kalkulation als nicht praktikabel erweisen, andere mögliche Lösungen können in dieser Auflistung fehlen.

Landwirtschaft

Einsatzmöglichkeiten des Energierohstoffes Biomasse sind offenkundig. Durch rationellere Energienutzung und Verbrennung von Überschußstroh und -holz läßt sich eine Energiemenge erzeugen, die dem heutigen Aufwand für Raum-/Stallheizung und Warmwasser entspricht. Weiterhin bietet sich der Einsatz von Tierwärme und Güllewärmepumpen an, letztere gegebenenfalls durch staatlich geförderte, genossenschaftlich organisierte sogenannte »Güllepools«.

Das Stichwort »staatliche Förderung« ist in der Landwirtschaft ein besonders heikles Thema, der Wildwuchs ist allen wohlbekannt. Das heißt ja nicht, daß diese Förderung grundsätzlich falsch ist, sondern nur, daß sie in ihrer bisherigen Form nicht mehr praktikabel ist. Nicht Subventionierung der Quantität ist gefragt, sondern der Qualität. Die bisherige Förderungspraxis über Preisgarantien hat ja neben der Bevorzugung der Großproduzenten auch in unserem Zusammenhang direkt relevante Folgen: Überproduktion mit entsprechendem energetischen Aufwand für die Erzeugung, Speicherung und gegebenenfalls Vernichtung nicht benötigter Produkte sowie damit direkt verknüpft eine Übersättigung der Böden mit Düngesubstanzen, somit Freisetzung der nicht in die Pflanzen eingebauten Anteile. Gefragt sind also Ideen für ein sinnvolleres Vorgehen. Den angesprochenen Güllepools käme eine dreifache Bedeutung zu:

– Einsatz von Güllewärmepumpen,
– ökonomischeres Haushalten mit der entsprechenden Düngermenge zur Vermeidung von Überversorgung bestimmter Regionen mit nitrathaltigen Substanzen (Stickoxide) bei gleichzeitigem Bedarf an anderen Orten.
– Verwendung zur Biogasgewinnung. Dies verhindert gleichzeitig die Freisetzung des Methans in die Atmosphäre und trägt so direkt zur Minderung des Treibhauseffekts bei.

Industrie
Auch hier gilt es wieder, die eben zitierte verantwortungsbewußte Wechselbeziehung zwischen Eigeninitiative und staatlicher Initialzündung mit Leben zu erfüllen. Dazu ist die Industrie gefordert,
– Überschußproduktionen abzubauen,
– Sinnlos- und Wegwerfprodukte nicht mehr zu erzeugen, man denke dabei an den häufig in keinem vernünftigen Verhältnis zum Warenwert stehenden Verpackungsaufwand oder die vielen Tonnen sinnlos produzierten Werbematerials,
– sparsame und schadstoffarme Produktionstechniken zu entwickeln,
– Produkte zu erzeugen, die ihrerseits möglichst wenig Energie verbrauchen und keine Schadstoffe freisetzen.
Während bezüglich der drei erstgenannten Punkte noch kaum ein Umdenkprozeß zu erkennen ist, sind bei der sparsameren Produktion von Erzeugnissen in den letzten Jahren durchaus

Erfolge erzielt worden: So führten die Anstrengungen der Automobilindustrie zu einer Abnahme des mittleren Benzinverbrauchs von 20 Prozent pro 100 Kilometer. Natürlich ist auch der Verbraucher gefragt: Er kann und muß durch seine Produktwahl gemäß dieser Kriterien den nötigen Druck ausüben.

Dem Staat obliegt es, durch spürbare Erhöhung der Abfallbeseitigungsgebühren sowie der Strafen für unkontrollierte Abfallentledigung ein selektiveres, möglichst rückgewinnendes Müllbeseitigungssystem aufzubauen. Man bedenke, daß auf jeden Bundesbürger 500 kg Hausmüll im Jahr entfallen. Rechnet man Industriemüll, Bauschutt usw. hinzu, sind es sogar über 6000 kg, davon sind 60 kg Sondermüll, also Giftmüll.

Das Steuersystem muß Sparsamkeit und Sauberkeit belohnen, nicht aber eine möglichst hohe Verbrauchsmenge. Man sollte von zuständiger Seite einmal darüber nachdenken, in einer praktikablen Zeitspanne die Mehrwertsteuer durch eine Primärenergie- und Rohstoffverbrauchssteuer zu ersetzen. Eine solche relative Verteuerung von Energie-, das heißt Maschineneinsatz, sollte sich nicht nur für den Energieverbrauch, sondern auch für den Arbeitsmarkt als günstig erweisen.

Dem Leser mag – angesichts der geschilderten Bedrohung – der hier aufgezählte Maßnahmenkatalog in manchen Punkten etwas banal erscheinen. Aber damit bietet sich – wie bereits bei den kurzfristig durchzuführenden Energiesparmaßnahmen ausgeführt – die Möglichkeit, bei Erzeugern und Verbrauchern, bei Staat und Steuerzahlern die Einsicht in die Notwendigkeit der Maßnahmen durchzusetzen. Ohne eine solche Einsicht haben längerfristig angelegte Konzepte auch in Landwirtschaft und Industrie kaum Erfolgschancen.

Wie diese Konzepte im einzelnen aussehen, kann nicht generell angegeben werden. Man benötigt hierfür auch die Erfahrungen der kurzfristigen Maßnahmen.

Wir wollen ein Beispiel herausgreifen, bei dem wieder die zentrale Rolle des Wasserstoffs zum Ausdruck kommt: den Einsatz von Wasserstoff in der Stahlerzeugung. Bisher wird bei der Erzverhüttung der störende Sauerstoff in den Eisenerzverbindungen durch Zugabe von Kohlenmonoxid zum (flüssigen) Metalloxid in den Hochofen entzogen: $Fe_2O_3 + 3\,CO \rightarrow 2\,Fe + 3\,CO_2$. Dieses Verfahren arbeitet sehr effektiv, gleichzeitig werden aber in der Praxis andere Schadstoffe an das Eisen heranreduziert, wie die Fachleute sagen. Diese Schadstoffe müssen dann im Stahlwerk mit genau dem Stoff, den man eigentlich loswerden wollte, dem Sauerstoff, wieder wegbefördert (»herausgefrischt«) werden. Die Direktreduktion ersetzt Kohlenmonoxid durch Wasserstoff: $Fe_2O_3 + 3\,H_2 \rightarrow 2\,Fe + 3\,H_2O$. Dies geschieht in einem Lichtbogenofen, der das Eisenerz in festem Zustand – dem sogenannten Eisenschwamm – beläßt.

Dieser Weg ist energetisch günstiger und schadstofffrei. Trotz derzeit hoher Wasserstoffkosten sind die Stahlerzeugungskosten vergleichbar, wie eine bereits vorhandene Anlage der Hamburgischen Stahlwerke zeigt. Sicherlich hat die Stahlindustrie andere Sorgen, als ihren kompletten Produktionsablauf umzustellen, hier ist deshalb staatliche Initiative gefordert. Entsprechende Investitionen zahlen sich in der Zukunft aus.

Man mag an dieser Stelle einwerfen, daß die geschilderten Maßnahmen nur die Industrieländer und industrialisierten Regionen der Entwicklungsländer betreffen, nicht aber die Dritte Welt in ihrer Gesamtheit. Hier geht es wohl eher darum, die unter den jeweiligen natürlichen Rahmenbedingungen gewachsenen Strukturen wiederherzustellen oder zumindest ihre völlige Zerstörung aufzuhalten. Dies ist ganz entscheidend verknüpft mit dem Kernproblem einer zukünftigen, maßvolleren Bewirtschaftung des Ökosystems Erde, der Bevölkerungsentwicklung.

8.3 Bevölkerungspolitische Maßnahmen

Obwohl selbst nicht direkt durch einen Bevölkerungsanstieg betroffen, kommt den Industrieländern eine klare Mitverantwortung zu. Durch Ausbeutung des Potentials an Rohstoffen

ANWENDUNG VON VERHÜTUNGSVERFAHREN

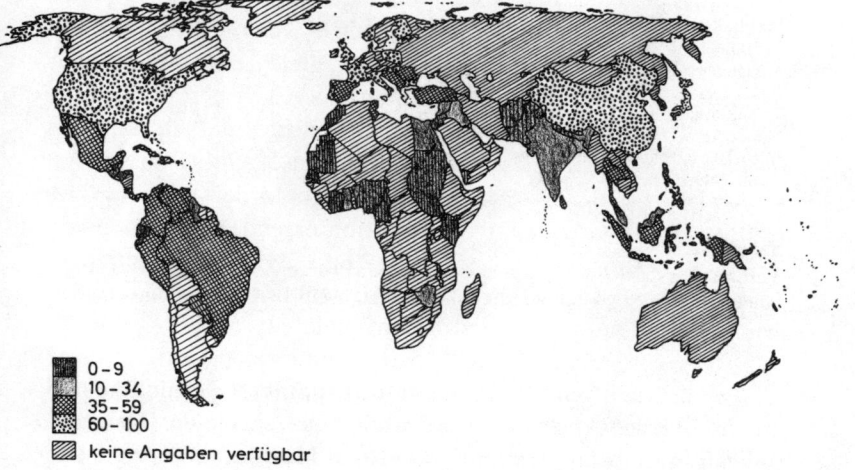

- 0-9
- 10-34
- 35-59
- 60-100
- keine Angaben verfügbar

Abbildung 41:
Prozentsatz der Frauen im gebärfähigen Alter (15 bis 49 Jahre), die ein Verhütungsverfahren anwenden (Quelle: Weltentwicklungsbericht der Weltbank, 1984).

und manchmal an Arbeitskräften, aber auch durch die unbesonnene Übertragung von Kultur, politischen und religiösen Weltanschauungen haben sie das soziale, ökonomische und ökologische Gefüge großer Teile der Welt schwer durcheinandergebracht.

Man macht es sich wohl zu einfach, wenn man die Bemühungen der Volksrepublik China um eine Eindämmung der Bevölkerungsexplosion und die damit verbundenen zum Teil drastischen Maßnahmen nur unter dem Blickwinkel »bürgerlicher Freiheiten« betrachtet und verurteilt. Die häufig zitierte Trendwende der Weltbevölkerungsentwicklung, nämlich die Verminderung der jährlichen Zunahme von 2 Prozent (1974) auf 1,7 Prozent (1986) ist doch ganz wesentlich auf die Halbierung der entsprechenden Zahlen (2,4 auf 1,2 Prozent) in der Volksrepublik

	Kolumbien (1978)	Sri Lanka (1982)	Thailand (1978)
Sterilisation			
Frauen	18	33	7
Männer	2	7	10
Pille	35	4	4
Intrauterinärpessar	16	5	7
Kondome	3	7	40
Injizierbare, Pessare, Spermizide	7	4	7
Coitus interruptus	19	40	24

Tabelle 14:
Verbreitung spezieller Verhütungsverfahren in drei ausgewählten Entwicklungsländern (Quelle: Weltentwicklungsbericht der Weltbank, 1984; Zahlen in Prozent).

China zurückzuführen. Derartige Bemühungen gleichen häufig einem Balanceakt auf dem Hochseil: die von vielen Entscheidungsträgern klar erkannte Notwendigkeit einerseits sowie berechtigte Entscheidungshoheit in Individual- und Intimsphäre, aber auch traditionelle, häufig religiös motivierte Vorbehalte auf der anderen Seite. Gerade den geistigen Führern der Dritten Welt kommt hier eine große Verantwortung zu. Dies gilt in besonderem Maße für die Sachwalter ethischer Normen der Alten Welt, deren Wertvorstellungen – nur zu häufig in einer den vorhandenen Strukturen unangepaßten Vorgehensweise – auf die Dritte Welt übertragen wurden.
Die Empfindlichkeit des Themas verbietet die Aufstellung eines kurzfristigen Maßnahmenkatalogs in Schlagworten. Wesentlicher Bestandteil einer erfolgversprechenden Bevölkerungspolitik ist die Empfängnisverhütung. Abbildung 41 zeigt für alle Länder den Prozentsatz der Frauen im gebärfähigen Alter an, die Verhütungsmittel verwenden. Fast überall tragen die Frauen die Hauptlast, wie die Verteilung der angewendeten Verhütungspraktiken in einigen ausgewählten Entwicklungsländern zeigt (vgl. Tabelle 14).
Mit der Verteilung von Verhütungsmitteln ist es natürlich nicht getan; unerläßlich sind flankierende Maßnahmen.

Hierzu sind zwei Beispiele aus dem Weltentwicklungsbericht 1984 der Weltbank interessant:

– Vergleicht man die Kinderzahl einer Familie und die Schulbildung der Frau, ergibt sich in allen betrachteten Ländern ein deutlicher Zusammenhang: je höher die Schuldbildung, desto geringer die Kinderzahl. In Jordanien betrug die über mehrere Jahre beobachtete durchschnittliche Familiengröße bei Analphabetinnen neun, bei Sekundarschulabsolventinnen jedoch nur vier bis fünf Personen. Ähnliche Reduktionen werden aus Kolumbien und Brasilien berichtet.

– Abbildung 42 zeigt einen weiteren eindeutigen Zusammenhang zwischen relativer Geburtenrate und Pro-Kopf-Einkommen. Die senkrechte Achse gibt die relative Geburtenziffer,

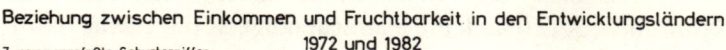

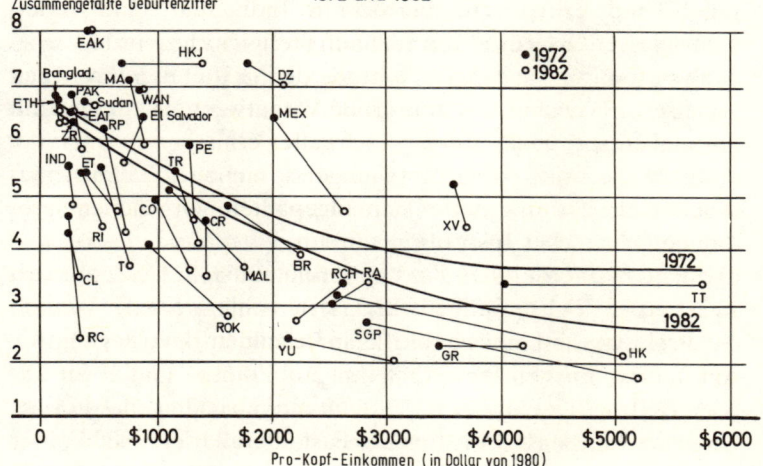

Abbildung 42:
Zusammenhang zwischen relativer Geburtenrate und Pro-Kopf-Einkommen. In der senkrechten Achse die relative Geburtenziffer, in der waagerechten das Pro-Kopf-Einkommen der Familie in Dollar (Quelle: Weltentwicklungsbericht der Weltbank, 1984).

211

die waagerechte das Pro-Kopf-Einkommen in Dollar wieder. Die offenen Kreise stellen die Verhältnisse von 1982 dar, die geschlossenen die des Jahres 1972. Beide Punkte eines Landes sind durch eine Gerade verbunden, das Land ist mit seinem internationalen Autokennzeichen abgekürzt. Ebenfalls eingetragen sind die für beide Jahre gültigen Mittelwerte. Neben der erwähnten eindeutigen Korrelation sieht man auch einen Entwicklungstrend in fast allen Ländern hin zu mehr Pro-Kopf-Einkommen und weniger Kindern.

Durch die Wahl des zweiten Beispiels soll nicht einem rein materialistischen Rezept das Wort geredet werden, es ist ja häufig – wie gezeigt – neben der ethischen Unzulänglichkeit auch energieaufwendig. Wir haben diese Auswahl deshalb getroffen, weil Möglichkeiten aufgezeigt werden, die ohne externe Eingriffe in die Privatsphäre auskommen, insbesondere die Familie als Keimzelle des gesellschaftlichen Zusammenlebens zwar selbstregulierend verkleinern, aber doch in ihrer Substanz unverändert belassen. Es würde den Rahmen dieses Buches sprengen, zu analysieren, welche Möglichkeiten im Einzelfall den jeweiligen gesellschaftlichen und weltanschaulichen Rahmenbedingungen optimal entsprechen.

Aufgabe der offiziellen Entwicklungshilfepolitik aller Industrieländer, der internationalen Organisationen und entsprechender kirchlicher Institutionen ist es, entsprechende Ansätze nachhaltig zu fördern. Es sind also nicht nur politische, sondern auch geistige Führer aufgefordert, sich – angesichts der evidenten Problematik einer zukünftigen Bewohnbarkeit der Erde – von überkommenen Wertvorstellungen zu lösen und konstruktive Beiträge zu liefern. Die Aufforderungen des »Sich-Untertan-Machens« der Erde und des »Wachset und mehret euch« müssen mit neuem Inhalt erfüllt werden.

9. Schlußfolgerungen

Unser Buch geht von zwei Aspekten aus: von der Inbesitznahme der Erde durch den Menschen, die sich in Bevölkerungswachstum, steigendem Energieverbrauch sowie steigender industrieller und landwirtschaftlicher Produktion äußert, und vom Klima unserer Erde, das ein sehr kompliziertes und nur teilweise verstandenes Wechselwirkungssystem darstellt, mit ausgeprägten natürlichen Variationen. Der Treibhauseffekt, oder genauer gesagt die Intensivierung des Treibhauseffekts durch den Menschen, bringt diese beiden Aspekte in einen wichtigen und folgenschweren Zusammenhang.

Das Klima ist ein Teil unserer Umwelt, und absichtlich haben wir schon im ersten Kapitel die Wechselbeziehung Mensch–Umwelt diskutiert. Die eine Seite dieser Wechselbeziehung ist die Abhängigkeit des Menschen von der Umwelt im allgemeinen und vom Klima im besonderen. Die andere Seite ist die zunehmende Einflußnahme des Menschen auf seine Umwelt und auf das Klima, häufig unbewußt und mit ungewollten negativen Folgen. Da wir alle mehr oder weniger an dieser Einflußnahme beteiligt sind und da die von uns verursachten Umwelt- bzw. Klimaänderungen wieder auf uns zurückwirken, handelt es sich nicht um Themen, die Wissenschaftler noch geraume Zeit in ihrem Elfenbeinturm diskutieren können, sondern es handelt sich um ein Problem, das uns alle angeht. Wir sind sogar überzeugt, daß es sich um eines der wichtigsten Probleme der Menschheit handelt.

Die öffentliche Meinung läßt sich leider nur zu häufig durch kurzfristig eintretende Beeinträchtigungen unserer Umwelt, vom Tagesgeschehen und den Katastrophenmeldungen der Medien beeinflussen. Das verführt uns dazu, langfristig auf uns zukommende Gefahren wie die schleichenden weltweiten Klimaänderungen durch die menschliche Aktivität, den direkten und indirekten Treibhauseffekt zu übersehen oder mindestens zu unterschätzen. Die typische politische Zeitskala von nur einigen Jahren – Wahlperioden, mittlere Lebensdauer einer Regierung – verstärkt diese Gefahr sehr.

Wir haben eingesehen, daß wir durch unsere Aktivität die Zusammensetzung der Atmosphäre der Erde in nicht mehr zu übersehender Weise ändern und haben dabei besonders die klimawirksamen Spurengase betrachtet. Diese Bestandteile der Atmosphäre sind es, die erst ganz allmählich und dann immer schneller die Lawine des Treibhauseffekts ins Rollen bringen. Die Folge sind weltweite Klimaänderungen, von denen wir nach den aufwendigen Klimamodell-Rechnungen annehmen müssen, daß sie in etwa zehn bis zwanzig Jahren ein größeres Ausmaß als die natürlichen Klimaschwankungen annehmen und dann offensichtlich in Erscheinung treten werden. Im Gegensatz zu den toxischen Substanzen der Luft- und Wasserverschmutzung, die wir relativ rasch aus unserem Umweltsystem entfernen könnten, wenn wir nur wollten, müssen wir mit den klimawirksamen Spurengasen und den daraus resultierenden weltweiten Klimaänderungen wahrscheinlich jahrhundertelang leben, bis sich die Situation (vielleicht) wieder beruhigt hat.

Wenn auch die sozioökonomischen Auswirkungen, die mit diesen Klimaänderungen verbunden sein werden, nur sehr schwer und zum Teil nur spekulativ abschätzbar sind, müssen wir dieses Risiko doch sehr ernst nehmen. Und je mehr Menschen auf dieser Welt leben, um so schwieriger werden sich zumindest die Anpassungsprobleme an die geänderten Klimabedingungen gestalten. Das Schreckensbild von zwei Milliarden hungernder Menschen auf der Welt zeigt uns heute schon, wie schwer uns das Umverteilen fällt. Wird jemals irgendein Land bereit sein, das von günstiger werdenden Klimabedingungen profitiert, einen Teil seines Gebietes an Länder abzutreten, die von anhaltender Dürre betroffen sind?

Wir müssen in vielerlei Hinsicht von überkommenen Wertvorstellungen Abschied nehmen, wenn wir den Planeten, auf dem wir leben, nicht ruinieren wollen. Was den Treibhauseffekt betrifft, so haben wir nachdrücklich auf die Möglichkeiten zur Abhilfe verwiesen: Geburtenkontrolle, Abschied von der Doktrin des Wirtschaftswachstums, Einschränkung des Lebensstandards und besonders den Abbau des Überflusses in den Industrieländern. Wie schwer aber, so scheint es, kommen die richtigen Entscheidungen zustande. Und damit meinen wir keinesfalls nur die Entscheidungsträger in Politik und Wirtschaft, sondern auch die Allgemeinheit. Wir respektieren Demonstranten, die sich Sorgen um unsere Umwelt machen. Mit dem Herausgreifen eines einzigen Problems, etwa dem Risiko der Kernenergie, und dem Ausblenden der anderen, zum Teil größeren Probleme erweisen wir uns und unseren Kindern allerdings einen schlechten Dienst. Das gilt ganz besonders dann, wenn wir kurzsichtige Emotionen an die Stelle von kritisch abwägendem und wissenschaftlich fundiertem Sachverstand setzen. Gerade beim Klimaproblem, das wollten wir mit diesem Buch zeigen, können wir uns weder weiteres Zuwarten und noch weniger falsche Weichenstellungen leisten.

Gewiß, kein vernünftiger Mensch wird dafür plädieren, ganz bestimmte Energiequellen zu bevorzugen, wenn andere, weniger risikoreiche, zur Verfügung stehen. Deshalb treten wir auch sehr nachdrücklich für drastische Energiesparmaßnahmen und größtmöglichen Einsatz regenerativer Energiequellen ein. Es ist jedoch kurzsichtig und letztlich unverantwortlich, den Ausstieg aus Kernenergie *und* fossiler Energie zu fordern, ohne gleichzeitig zu sagen, daß uns dann kurzfristig nur noch 10 Prozent und langfristig vielleicht 30 Prozent unseres derzeitigen Energiepotentials zur Verfügung stehen. Wir bezweifeln, daß eine Mehrheit der Menschen dieses Landes zu vorindustriellen

Verhältnissen zurückkehren will. In anderen Ländern wie in Nordafrika kann die Situation allerdings anders sein; hier kann nur eine Fall-zu-Fall-Analyse zeigen, ob dorthin Atomreaktoren oder besser Solartechnik exportiert werden sollten.

Wir sollten eigentlich aus der Geschichte gelernt haben, daß extreme Lösungen höchst selten die richtigen Lösungen sind. Wenn wir also mit Augenmaß reagieren und dabei nicht zuletzt die Arbeitsplätze und damit die Lebensgrundlage unserer Mitmenschen erhalten wollen, geht es nicht ohne sachliche und emotionsfreie Risikoabwägung. Und diese Abwägung kann natürlich nur so aussehen, daß wir *jedes* bekannte Risiko in unsere Abschätzungen mit einbeziehen. Die realistische Folgerung kann dann nur so aussehen, daß wir neben den Maßnahmen der Energieeinsparung und der maximal möglichen Nutzung regenerativer Energiequellen weder auf die Kernkraft noch auf die fossile Energie zunächst ganz verzichten können. Dabei dürfen wir aber nicht alle Reaktortechniken in einen Topf werfen – im Sinne eines »alles oder nichts« – und uns auch nicht von dem unglaublichen Leichtsinn in Tschernobyl die Augen trüben lassen. Wer würde beispielsweise jemanden, der in einem trockenen Wald ein offenes Feuer entfacht, mit dem vergleichen, der zu Hause seinen Kachelofen anheizt? Die Konzentration auf inhärent sichere Systeme (Hochtemperaturreaktoren in kleineren Einheiten) und die Durchsetzung hohen Sicherheitsstandards – auch im Ausland, besonders im östlichen – sind die Gebote der Stunde.

Auch die fossilen Energieträger, darunter vor allem der Kohlebergbau, werden weiterhin ihre Bedeutung haben. Eine energische Reduzierung des Ausstoßes toxischer Substanzen *und* eine maßvolle Reduzierung des Ausstoßes klimawirksamer Spurengase, die man nicht durch Filteranlagen abfangen kann, sind allerdings unumgänglich. Die Argumente dafür wurden ausführlich erläutert; hinzu treten aber noch weitere: die begrenzte zeitliche Verfügbarkeit vor allem von Erdöl und Erdgas sowie die Tatsache, daß wir diese fossilen Energieträger noch für andere wichtige Dinge brauchen und sie deshalb nicht nur verbrennen sollten.

Gerade die Risikoabwägung hat gezeigt, wie eng die Klimaproblematik in die allgemeinere Umweltproblematik eingebettet ist. Wir haben es mit einem ebenso brisanten wie komplexen Problemkreis zu tun. Diese Komplexität und die vielen noch ungelösten Fragen erfordern eine besonders intensive Klimaforschung im breitesten Sinn, im Rahmen der Umweltforschung und einschließlich der technischen Entwicklung alternativer Energietechniken wie der Solarwasserstofftechnik. Diese Forderung ist nicht neu und wird von wissenschaftlichen Gremien immer wieder erhoben: so im UN-Aufruf an die Nationen der Welt im Rahmen der »Weltklimakonferenz«, im SCOPE-Aufruf (1986) und der Presseerklärung der Deutschen Meteorologischen und Physikalischen Gesellschaft (1987). Wir wollen keinesfalls einer Forschungsrichtung den Vorzug geben und halten eine breit angelegte Grundlagen- wie angewandte Forschung für wichtig und letztlich lebensnotwendig für die Menschheit. Wir würden es begrüßen, wenn in diese Forschung sehr viel mehr Geld investiert werden könnte anstelle unsinniger Ausgaben für Werbung, Verpackung und nicht zuletzt für die Rüstung. Solange aber nur sehr begrenzte Mittel für die Forschung zur Verfügung stehen, ist eine Wertung und entsprechende Schwerpunktbildung unerläßlich.

Eine weitere wichtige Forderung, die damit zusammenhängt, ist eine wesentliche Intensivierung der Rückkopplung zwischen Wissenschaft und Entscheidungsträgern, und zwar in dem Sinn, daß neue und genügend abgesicherte wissenschaftliche Erkenntnisse möglichst rasch den Entscheidungsträgern in Politik und Wirtschaft nahegebracht und in die Tat umgesetzt werden. Das ist eine Forderung sowohl an die Entscheidungsträger als auch an die Wissenschaftler, die ihre Forschungsergebnisse verständlich und überschaubar darstellen sollten.

Damit eng verknüpft ist die Information der Öffentlichkeit, denn in einem demokratischen Staat werden zwar die Entscheidungsträger gewählt, doch diese beziehen leider ihr wissenschaftliches Wissen oft durch die Medien, statt die direkte Informationsquelle der Wissenschaft zu nutzen. Wir müssen also – und damit sind wieder die Wissenschaftler angesprochen – unsere Forschungsergebnisse möglichst vielen Menschen objektiv und somit ideologiefrei und verständlich nahebringen und dabei besonders auf die Gefahren hinweisen.

Es wäre wünschenswert, wenn die Medien diese Absichten, wo immer sie sichtbar sind, besser unterstützen würden, besonders dadurch, daß Teile der Presse auf simplifizierte und überzogene Information – manche Journalisten sind hier eben einfach überfordert – verzichten würden. Ähnliches gilt für andere Teile der Medien, namentlich das Fernsehen, das durchaus mehr wissenschaftliche Informationen allgemeinverständlich aufbereiten könnte.

Schließlich kommen wir noch einmal auf die Frage zurück: Was sollen wir tun, um der Gefahr des Treibhauseffekts zu begegnen? Wir haben hier ein Paket von allgemeinen Maßnahmen vorgeschlagen. Jeder von uns kann aber einen Beitrag leisten, und je mehr von uns das tun, desto effektiver werden wir sein. Fassen wir die wichtigsten Maßnahmen noch einmal zusammen:

– Auf einen Teil der klimawirksamen Spurengase können wir sofort und vollständig verzichten, da diese Gase ohne weiteres durch andere zu ersetzen sind. Das betrifft vor allem die Verwendung von Chlorfluormethanen in Spraydosen und Kunststoffschäumen (Verpackungsmaterialien), weitgehend auch die Verwendung dieser Substanzen in Kühlmitteln. Diese Maßnahme würde zugleich eine Entschärfung der Gefahr des stratosphärischen Ozonabbaus mit sich bringen.

– Ebenfalls sofort muß die unsinnige Brandrodung der tropischen Wälder aufhören; statt dessen sollte intensiv und nachhaltig aufgeforstet werden. Diese Maßnahmen verhindern einen Abbau der natürlichen Kohlenstoffspeicher (Vegetation) und tragen somit zu einer Minderung des atmosphärischen Kohlendioxidanstiegs bei. Eng mit dieser Forderung

218

verknüpft ist der Schutz der durch toxische Substanzen (saurer Regen usw.) gefährdeten Wälder sowie die Verbesserung des regionalen Stadtklimas durch Vergrößerung der Grünanlagen.

– Eine zentrale Forderung betrifft den direkten Kohlendioxidausstoß. Wir müssen versuchen, möglichst bald zu einer sinnvollen und maßvollen Reduktion zu kommen. Dazu tragen bei: die Einsparung von Energie durch Wärmedämmung, Verwendung sparsamer Brenner in Heizungsanlagen und geringere Raumtemperatur, Kraftstoffersparnis durch Bevorzugung entsprechender Automobile und Förderung des öffentlichen Nahverkehrs; weniger energieintensive Fertigungstechniken. Die zweite wichtige Maßnahme ist die umfangreichere Nutzung nichtfossiler Energiequellen, dies bedeutet zugleich auch einen wesentlichen Beitrag zum Umweltschutz.

– Bei einer Reihe von weiteren klimawirksamen Spurengasen müssen wir ebenfalls zu einer wesentlichen Verminderung der Emission kommen. Dazu gehören der sparsamere Düngemitteleinsatz und vor allem die Vermeidung von Überdüngung, um die Emission von Distickstoffoxid zu vermindern, sowie Verringerung der Emission vieler klimawirksamer Spurengase durch Maßnahmen in den Bereichen Kläranlagen, Reinigungsmittelindustrie, chemische Industrie allgemein und Landwirtschaft allgemein.

– Nicht zuletzt sind in den Bereichen energische Maßnahmen erforderlich, wo es zur Emission von Schadgasen kommt, die teils direkt, häufig aber auf indirektem Weg auch klimawirksam werden. Dazu gehört vor allem die Freisetzung einer Reihe von Schadgasen im Kraftverkehr – vor allem Kohlenmonoxid und Stickoxide –, in Industrie und Landwirtschaft. Nicht zu übersehen sind dabei die Spurengase, die neben Kohlendioxid bei der Nutzung fossiler Energie und Verbrennung von Biomasse freigesetzt werden. Diese Vorgänge, vor allem beim Kraftverkehr, bei der Nutzung fossiler Energie und in der Industrie, führen unter anderem zum Anstieg des bodennahen Ozons, der rasch und wirksam bekämpft werden muß.

– Bei einigen wenigen klimawirksamen Spurengasen sind Abwehrmaßnahmen entweder gar nicht oder nur in sehr geringem Ausmaß zu verwirklichen; dies betrifft vor allem die Methanfreisetzung beim Reisanbau, zum Teil auch bei der Großviehhaltung. Um so mehr sind Abwehr- und Vorsorgemaßnahmen bei den anderen klimawirksamen Spurengasen erforderlich.

Noch einmal sei betont, daß viele dieser Maßnahmen zugleich zur Abwehr von Umweltgefahren in Luft und Gewässern beitragen und somit doppelt notwendig sind. Es ist offensichtlich, daß jeder von uns dazu beitragen kann, damit wir den Treibhauseffekt verringern. Wir müssen aber auch unseren Einfluß im politischen und wirtschaftlichen Rahmen – und dies in internationaler Zusammenarbeit – so weit wie nur irgend möglich einsetzen. Dies kann und muß wissenschaftlich fundiert sowie unter realistischer Abwägung aller Risiken geschehen. Auch in der Forschungspolitik müssen wir diesen Problemen gerecht werden, indem wir – ohne die Grundlagenforschung insgesamt zu vernachlässigen – Schwerpunkte im Bereich der Klima- und Energieforschung setzen. Es fehlt nicht an internationalen Stellungnahmen und Aufrufen, in denen diese Schwerpunkte klar definiert sind.

Viele Probleme würden dadurch gelöst, wenn wir für unsinnige Ziele weniger Energie aufwenden würden. Dies betrifft einen großen Bereich der menschlichen Aktivitäten und reicht vom Verpackungswahn bis zur Rüstungsindustrie, wobei im letzten Fall natürlich nur weltweit ausgewogene Maßnahmen zu verantworten und dringend erforderlich sind. Ein weiteres Grundübel ist die enorm ansteigende Zahl der Weltbevölkerung sowie das Komfort- und Anspruchsdenken der Industrieländer.

Literatur

Auswahl zum Thema Energie

Allgemeinverständliche Werke

Erneuerbare Energien, Broschüre, herausgegeben von (und zu beziehen über): Bundesministerium für Forschung und Technologie, Bonn 1987.
Fricke, J. und W. L. Borst: Energie. Lehrbuch der physikalischen Grundlagen. München 1981.
Heinloth, K. und B. Diekmann: Energie. Physikalische Grundlagen ihrer Gewinnung, Umwandlung und Nutzung. Stuttgart 1983.
Verein Deutscher Ingenieure (VDI, Hrsg.): Wasserstoff-Energietechnik. VDI-Bericht Nr. 602. Düsseldorf 1987.
Vollmer, U.: Überleben die Tropenwälder. In »Entwicklung und ländlicher Raum«, Heft 2/85 (1985), S. 3.
Wie funktioniert das? Energie-Erzeugung, Nutzung und Versorgung. Meyers Nachschlagewerke, Bibliographisches Institut Mannheim.
Winter, C. J.: Sonnenenergie und Wasserstoff – Energien für unser Land. Deutsche Forschungs- und Versuchsanstalt für Luft- und Raumfahrt. Stuttgart 1987.

Werke zu Detailfragen, Datensammlungen

Black, S. C. und F. Niehaus: Comparisons of Risks and Benefits Among Different Energy Symstems. In W. Bach, J. Pankrath und J. Williams (Hrsg.): Interactions of Energy and Climate. Dordrecht-Boston-London 1980, S. 421–436.

Bundesanstalt für Geologie und Rohstoffe (Hrsg.): Survey of Energy Resources. World Energy Conference, Colombo. Hannover 1980.

Bundesministerium für Forschung und Technologie (BMFT, Hrsg.): Deutsche Risikostudie Kernkraftwerke. Version A. Bonn 1979; Version B in Vorbereitung.

Daten zur Entwicklung der Energiewirtschaft in der Bundesrepublik 1985, herausgegeben von (und zu beziehen über) Bundesministerium für Wirtschaft, Bonn 1986

Food and Agricultural Organization (FAO): World Agricultural Statistics, Rom 1985, und FAO Monthly Bulletin of Statistics, Vol. 9, Mai 1986.

Häfele, W. u. a.: Das Konzept der neuartigen horizontal integrierten Energiesysteme, der Fall der Nullemission, KfA Jülich 1984.

Vereinigung industrielle Kraftwirtschaft (VIK): Statistik der Energiewirtschaft 1985/86. Essen 1987.

Weltbank: Weltentwicklungsbericht 1984: Kennzahlen der Weltentwicklung. Washington 1985.

Weltentwicklungsbericht 1986: Bevölkerungsveränderung. Bonn 1987.

Auswahl zum Thema Klima

Allgemeinverständliche Werke

Bach, W.: Gefahr für unser Klima. Wege aus der CO_2-Bedrohung durch sinnvollen Energieeinsatz. Karlsruhe 1982.

Deutscher Wetterdienst (Hrsg.): Klimarelevante Spurenstoffe, Promet Hefte 4/85 und 1/86. Offenbach a. M.

Evangelische Akademie Loccum (Hrsg.): Mensch und Klima. Anthropogene Einwirkungen auf Atmosphäre und Klima. Rehburg-Loccum 1988.

Flohn, H.: Das Problem der Klimaänderungen in Vergangenheit und Zukunft. Darmstadt 1985.

Schönwiese, C.-D.: Klimaschwankungen. Verständliche Wissenschaft, Band 115. Berlin-Heidelberg-New York 1979.

Schwarzbach, M.: Das Klima der Vorzeit. Eine Einführung in die Paläoklimatologie. Stuttgart 1974.

Verein Deutscher Ingenieure (VDI, Hrsg.): Globales Klima. Mögliche Klimaänderungen durch anthropogene Spurenstoffe. Schriftenreihe VDI, RdL Nr. 7. Düsseldorf 1987.

Grundlagenwerke

Bolin, B., B. R. Döös, J. Jäger und R. A. Warrick (Hrsg.): The Greenhouse Effect. Climatic Change and Ecosystems. Scientific Committee on Problems on the Environment (SCOPE), No. 29. Chichester-New York-Brisbane-Toronto-Singapore 1986.

Schönwiese, C.-D.: Climate Variations. In G. Fischer (Hrsg.): Landolt-Börnstein, Zahlenwerte und Funktionen, Neue Serie, Band Meteorologie, Teil V/4c. Berlin-Heidelberg-New York 1987 (im Druck).

U. S. Department of Energy (DOE, Hrsg.): Projecting the Effects of Increasing Carbon Dioxide (und weitere fünf Bände zu diesem Thema); M. C. MacCracken und F. M. Luther (Hrsg.). Livermore 1985.

Die gemeinsame Presseerklärung der Deutschen Meteorologischen und Physikalischen Gesellschaft: »Warnung vor drohenden weltweiten Klimaänderungen durch den Menschen«, ist veröffentlicht in »Physikalische Blätter« 8/87, S. 347 und ist außerdem bei den Geschäftsstellen der Deutschen Meteorologischen Gesellschaft e. V., Feldbergstraße 47, 6000 Frankfurt am Main 1, und der Deutschen Physikalischen Gesellschaft e. V., Hauptstraße 5, 5340 Bad Honnef, erhältlich.

Abkürzungen

ADAM	Gegenstück zu »EVA«, Name willkürlich
AIDS	Immunschwächekrankheit (acquired immune system deficiency syndrom)
BRD	Bundesrepublik Deutschland
C	Kohlenstoff
cal, kcal, ...	Kalorie, Kilokalorie, ...
CO_2	Kohlendioxid
DFVLR	Deutsche Forschungs- und Versuchsanstalt für Luft- und Raumfahrt
DIW	Deutsches Institut für Wirtschaftsforschung
DOE	US-Energieministerium (Department of Energy)
DRS	Deutsche Risikostudie (Kernkraftwerk, vgl. Literatur)
EBM	Energiebilanzmodell (Klimasimulation)
E. L.	Entwicklungsländer
EPA	UN-Umweltschutzorganisation (Environmental Protection Agency)
eV	Elektronenvolt
EVA	Einzelröhren-Versuchsanlage-Ofen
FAO	UN-Ernährungsorganisation (Food and Agricultural Organization)
GAU	größter anzunehmender Unfall (in einem Kernkraftwerk)
GCM	(atmosphärisches) Zirkulationsmodell (general circulation model)

Gt	Gigatonne (eine Milliarde Tonnen)
I. L.	Industrieländer
K1	Würm-Kaltzeit (-Eiszeit)
K2	Riß-Kaltzeit (-Eiszeit)
K3	Mindel-Kaltzeit (-Eiszeit)
KfA	Kernforschungsanlage (z. B. in Jülich)
kWh	Kilowattstunde
m	Meter
mm	Millimeter; beim Niederschlag Liter pro Quadratmeter
Mrd.	Milliarde(n)
Mt	Megatonne (eine Million Tonnen)
NHIES	neuzeitlich horizontal integrierte Energiesysteme
O	(mit Index) Optimum, relativ warme Klimaepoche innerhalb W1
O_H	(Holozänes, postglaziales) Klimaoptimum
O_J	Mittelalterliches Klimaoptimum
O_K	Modernes (neuzeitliches) Klimaoptimum
P	(mit Index) Pessimum, relativ kalte Klimaepoche innerhalb W1
P_J	Kleine Eiszeit
ppb	milliardstel Volumenanteile (10^{-9}; nicht billionstel Anteile, im englischen Sprachgebrauch gilt: 1 Milliarde = 1 Billion)
ppm	millionstel Volumenanteile (10^{-6})
RCM	Strahlungskonvektionsmodell (radiative convection model)
SKE	Steinkohleeinheit
t	Tonne
UN, UNO	Vereinte Nationen (United Nations; United Nations Organization)
UV	ultraviolett(er Spektralbereich, unterteilt in UVA, UVB und UVC)
VDI	Verein Deutscher Ingenieure
W_1	Neo-Warmzeit (Postglazial)

225

W_2	Eem-Warmzeit
W_3	Holstein-Warmzeit
WHO	Weltgesundheitsorganisation (World Health Organization, UN-)
WMO	Weltmeteorologische Organisation (UN-)
Wsec	Wattsekunde

Energetische Maßeinheiten (J, cal, eV, kWh, kg, SKE) sowie Erklärung der Zusätze kilo, Mega usw. siehe Tabelle 3.

Chemische Symbole wie O_2, CO_2 usw. siehe Tabellen 1, 8 bis 10; sonst jeweils im Text erklärt.

Zur Potenzschreibweise von Zahlen:

$10^1 = 10$; $10^2 = 100$; $10^3 = 1000$ usw.

$10^{-1} = 0{,}1$; $10^{-2} = 0{,}01$; $10^{-3} = 0{,}001$ usw.

Register

227

229

231